15 교회의 부흥 사례

다음 세대가 살아야 교회가 산다

추 천 사

총회는 "주여, 이제 회복하게 하소서"라는 주제 아래 에스라 개혁을 주창하고 있습니다. 에스라는 무너진 성벽을 재건하면서 다시는 이런 부끄러움을 당하지 말자고 눈물 어린 호소를 하고 있습니다. 에스라는 조국이 무너진 이유는 말씀이 무너졌기 때문이라고 역설하고 있습니다. 지금의 한국교회는 뿌리가 썩어가고 있음을 직시하며 안타까움을 금할 길이 없습니다.

총회 산하 9800여 교회 중 교회학교가 없는 곳이 절반에 가깝다는 보고는 참으로 가슴 아프게 합니다. 심각한 저출산과 이농 현상 때문이라고 할 수도 있겠지만 다음 세대에 복음을 전수하지 못하고 있는 기성세대의 책임이 크다 하지 않을 수 없습니다.

이렇게 어려울 때 용천노회가 앞장서서 다음 세대를 살리기 위해 귀한 자료집을 발간하는 일은 참으로 고무적인 일이 아닐 수 없습니다. 유대인들은 하나님께서 주신 선교 사명에는 실패했지만, 말씀 전수에는 성공을 거둔 민족입니다. 지금도 그들은 자녀들에게 말씀을 가르치고, 외우게 하고, 말씀을 생활화하는데 최선을 다하고 있습니다.

하나님 말씀 속에 지혜가 있다는 것을 알고 있기에 생명을 걸고 말씀을 전수하는 것입니다. 지난 2000여 년 동안 나라를 잃은 떠돌이 민족이었지만 1948년, 기적처럼 나라를 재건할 수 있었던 힘도 '말씀 전수'에 있었습니다.

그들의 후손이 노벨상의 30%를 차지하고, 세계 경제를 움직이고 있다는 것은 모두가 알고 있는 사실입니다. 한국교회는 지금도 늦지 않았습니다. 아직도 교회학교가 살아 있는 교회가 절반이나 남아 있기 때문입니다.

이번 용천노회 다음 세대 자료집을 통해 목회자가 깨어나고, 교사들이 깨어난다면 한국교회에 다시 소망의 불을 지피게 될 것입니다. 총회 산하 68개 노회 중 선두 그룹에서 달려가고 있는 용천노회가 발간하는 이 책을 통해 다시 한번 한국교회에 희망을 주고 용기를 주는 기회가 되기를 간절히 바라마지 않습니다.

하나님의 은혜가 용천노회와 한국교회 위에 충만하게 임하시기를 기도하며 다시 한번 다음 세대를 살리기 위한 자료집을 발간하게 됨을 진심으로 축하드립니다.

2020년 10월

신정호 목사

(대한예수교장로회 총회장)

추 천 사

오늘날 한국교회가 다중적인 위기에 직면해 있지만, 그중에서도 가장 심각한 위기를 하나만 고르라고 한다면 다음 세대의 위기를 들 수 있습니다. 지난 10년 사이에 우리 교단(예장 통합)의 교회학교 학생 수는 41.9%가 감소하였습니다. 거의 절반이나 줄어든 것입니다.

이것은 단지 교회학교의 위기, 다음 세대의 위기가 아니라 한국교회의 위기이며 한국교회 존립의 문제라고 할 수 있습니다. 한국교회가 주님 오시는 그날까지 영광스러운 교회로서의 사명을 감당하기 위해서는 다음 세대가 신앙의 대를 건강하게 이어가야 할 것입니다.

그런데 이런 다음 세대의 위기 속에서도 한국교회 내에서 교회학교가 활발하게 움직이는 교회들이 적지 않습니다. 저출산으로 인해 학령인구가 감소하고, 초고령화 사회로 진입하는 상황 속에서도 교회학교의 부흥을 경험하는 교회들이 있습니다.

신앙은 상황에 종속되지 않습니다. 척박한 상황을 뚫고 다음 세대를 건강하게 세워나가는 교회들은 한국교회의 희망이 아닐 수 없습니다. 이 자료집은 한국교회 안에서 교회교육의 모범이 되는 교회들의 사례들을 묶은 것입니다. 용천노회 안은 물론 다른 교단의 사례들도 포함하고 있습니다.

교회교육에 있어서 현장은 매우 중요합니다. 교회학교 현장에서 몸부림을 치면서 새로운 변화를 일구어내는 것은 너무나 소중합니다. 미국이나 유럽에서 발달한 기독교교육 이론을 한국에 접목하는 노력도 필요합니다. 그러나 서구의 상황과 한국의 상황은 너무나 다릅니다. 한국적인 상황, 도시와 농촌의 상황, 구체적인 지역의 상황에 맞는 교육만이 진정한 변화를 가져옵니다.

그런 점에서 이 사례집은 어떤 기독교 교육학 서적보다 유용한 자료를 제공해 줄 것입니다. 이 자료집을 통해서 용천노회 모든 교회의 다음 세대 교육이 새로워지고, 한국교회가 다음 세대 위기를 극복할 수 있는 희망을 얻을 수 있기를 바랍니다. 다시 한번 자료집 발간을 축하드리며, 이 자료집이 발간되기까지 수고하신 모든 분께 감사드립니다.

박상진 교수

(장로회 신학대학교, 기독교 교육학)

추천사

요즘 다음 세대를 위한 강의를 할 때마다 꼭 하는 말이 하나 있다. 부모된 자들이나 교사들이 '안된다'라는 말을 절대로 하지 말라는 것이다. 흔히 어른들이 교회학교에 대하여 말할 때마다 자기들 유년 시절과 비교하면서 "왕년에는 많이 모이고 잘됐는데 요즘은 안된다"라는 말을 입버릇처럼 한다.

이 말은 반드시 삼가야 한다. 마치 그 시절은 되었고 지금은 안되는 것처럼 생각하는 것은 상대적인 비교일 따름이다. 사회, 환경, 문화 등의 변화에 따른 어려움이 있는 것을 모르는 바 아니다. 하지만 생각해보라. 1세기 사도들이 복음을 전할 때의 여건은 어떠했으며, 우리나라 한 세기 전 선교 초기는 어떠했는가? 어느 나라, 어느 시대마다 여건이 좋아서 된 적은 없다. 하나님의 나라가 세워지는 역사에 있어서 주권과 능력은 우리에게 있는 것이 아니라 하나님께, 그리고 복음 자체에 있다. 그러므로 복음의 본질과 능력을 붙잡고 전하며 가르칠 때 여전히 역사는 일어날 것이다.

이번에 용천노회에서 다음 세대를 가슴에 품고 열심히 가르치는 교회, 아니 몸부림치며 섬기는 교회의 현장 사례 모음집을 펴냄으로써 좋은 정보를 공유하며 통찰력을 얻는 기회가 될 것이다. 다음 세대 교육현장이 더욱 중흥하는 역사가 있기를 소망하며 추천한다.

드림교회 임만호 목사

THE CHURCH WILL LIVE
WHEN THE NEXT GENERATION
LIVES
다음 세대가
살아야
교회가 산다

프롤로그

"한국교회 다음 세대가 위태롭다!"

오래전부터 들어온 말이고, 지금은 누구나 공감하고 있습니다. 구체적인 사례나 통계적 수치를 보면 더 가슴이 미어집니다. 우리의 자녀들, 우리의 다음 세대의 복음화율이 선교학적으로 미전도 종족 수준입니다.

교회마다 나름대로 최선을 다하고 있지만 큰 변화가 없는 것은 무엇 때문일까요? 시대적 상황은 빠르고 크게 바뀌어 가는데 교회학교 교육현장의 대응은 매우 느리거나 아직도 과거와 전통에 갇혀 있지는 않나요?

중학생 시절 가정과 교회에서의 신앙교육이 얼마나 중요했던가를 뼈저리게 체험했던 저는 대학진학 후부터 줄곧 중·고등부 교사로 섬겼고, 1990년 안수집사로 임직 후 장로로 피택될 때까지 8년간은 중등부장과 고등부장으로 섬겼습니다. 장로 장립 후에도 두 번의 교육부장을 맡으며 40여 년간의 우리 교회 교육부서의 변화를 꿰뚫어 볼 수 있었습니다. 나름대로 해마다 최선을 다해왔음에도 불구하고 우리 교회 교회학교도 시대적 흐름의 영향 아래 있음을 부인할 수 없었습니다.

3년 전 두 번째 교육부장을 맡으면서 새로운 돌파구를 찾기 위해 담임목사님께 보고 후 담임목사님의 적극적인 지원으로 교육 담당 목사님, 장로님들과 협력하여, 시대적 어려움을 함께 겪으면서도 위기를 오히려 기회로 바꿔 교회학교가 크게 성장한 교회의 성장 DNA를 우리 교회에 접목하기로 하고, 교파를 초월해서 교회 탐방에 나섰습니다. 이를 바탕으로 많은 연구와 2년에 걸친 준비 끝에 올해부터 오랫동안 유지해온 교육부서의 틀을 바꾸며 새롭게 출발할 수가 있었습니다.

다음 세대의 부흥은 담임목사님을 비롯한 목사님들과 장로님들의 정확한 현실적 문제 인식과 비전을 통한 교회학교 교육정책의 과감한 변화와 교회의 아낌없는 관심과 투자가 출발점이라고 생각합니다. 그 후에 다음 세대를 살리는 교사와 교역자들의 사명과 열정, 그리고 부모가 본을 보이는 가정에서의 신앙교육으로 완성될 수 있다고 생각합니다.

이에 우리 용천노회에서는 교회의 정책을 결정하시는 목사님, 장로님들이 가장 쉽게 모일 수 있는 정기노회시 충분한 시간을 할애해서 "다음 세대 부흥 콘퍼런스"를 개최하기로 했습니다. 그리고 그 뜨거운 마음을 교회 형편에 맞게 바로 교회학교 교육현장에 정책적으로 적용할 수 있도록 교회학교가 부흥하는 교회의 성공적 사례를 모은 "다음 세대 부흥 사례집"을 발간하게 되었습니다.

우리는 믿음의 선배들을 통해 복음의 바통을 받았습니다. 우리도 다음 세대에 이 복음의 바통을 전해 주어야 합니다. 예기치 못했던 코로나19 사태로 어려움이 더해졌지만 그럼에도 불구하고 이 사명을 감당하시기 위해 애쓰시는 모든 분에게, 그리고 다음 세대 부흥을 꿈꾸면서 최선을 다하시는 모든 교회에, 이 책이 실질적으로 도움을 주는 참고자료로 활용되기를 소망합니다.

이 책이 발간되도록 노회 임원으로, 준비위원장을 맡아 수고하신 류철배 목사님과 협력하신 강정용 장로님, 교육자원부장 김종욱 목사님, 다음 세대 위원장 이명덕 목사님께 감사드리며, 발간 취지에 공감하시고 기꺼이 원고를 써주신 각 교회 목사님들께 감사드립니다. 특별히 원고수집, 편집, 교정 등, 모든 실무를 맡아 수고하신 교육자원부 총무 최규명 목사님과 원주 충정교회에 진심으로 감사드립니다.

2020년 10월 한국교회 다음세대 부흥을 꿈꾸며...

하충열 장로

(대한예수교 장로회 용천노회 노회장)

contents

하나님 나라의 승리를 위해 반드시 해야 하는 한 가지,
바로 이 땅의 다음 세대를 살리는 일입니다

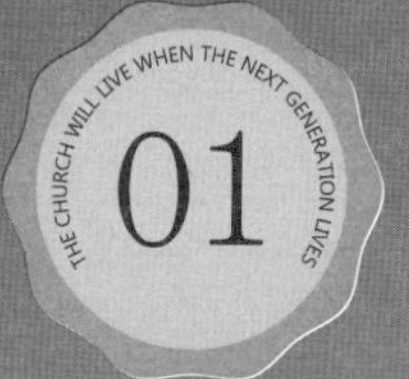

번동제일교회

THE CHURCH WILL LIVE
WHEN THE NEXT GENERATION
LIVES

담임목사	김정호 목사
교회연락처	02-985-2411(FAX 02-985-2425)
주소	서울시 강북구 덕릉로 40 다길 13
홈페이지	www.bundong.com

번동제일교회 교육부의 성장과 부흥사례, 그리고 제언

문제의 인식

현재 한국교회는 심각한 위기를 경험하고 있다. 교회의 수는 늘어나고 있지만, 교인 수는 급감하고 있다. 대한예수교장로회 통합 교단의 교세 통계를 보면 2016년 교회는 8,984개에서, 2017년 9,096개로 112개가 증가했지만, 교인은 2,730,900명에서 2,714,314명으로 16,586명이 감소했다.

교세 통계를 2009년부터 2017년까지로 확대해서 보면 그 문제가 더욱 심각한데, 2009년 교회는 7,997개에서 9,096개로 1,099개가 증가하여 엄청난 성장을 보이는 것 같지만 교인은 2,802,576명에서 2,714,314명으로 88,262명이 대폭 감소했다. 목회자의 수는 14,997명에서 19,832명으로 4,835명이 증가했다.[1]

목회자의 수는 기하급수적으로 증가했지만, 교인의 수는 급감하는 매우 기형적인 구조를 보이고 있다. 이는 한국교회가 얼마나 큰 위기를 경험하고 있는지를 잘 보여주고 있다.

그렇다면 왜 사람들이 교회를 떠나는지, 그 이유가 중요할 것이다. 통계조사를 보면 개인의 신앙의 다양성을 인정하지 않는다(66.9%), 속마음을 터놓고 이야기하기 어렵다(65.4%), 교회는 교세 확장에 몰입한다(65%), 목회자가 권위주의적이다(54.6%), 목회자는 욕심이 많다(54%) 등의 이유가 있

1) www.pck.or.kr

었다.[2)]

분석해보면 교회가 공적인 역할을 감당하지 못하고 성장주의에 매몰되고, 공교회성을 잃어버렸으며, 목회자, 혹은 교회의 탐욕스러운 모습이 현재의 한국교회의 위기를 자초했다고 할 수 있을 것이다.

한국교회는 현재 여러 가지 이유로 인해 사람들에게 조롱과 비판의 대상이 되고 있으며, 이는 매우 심각한 위기로 다가오고 있다. 그리고 문제는 이러한 위기가 우리가 흔히 다음 세대라 부르는 청년 이하 세대들에게서 더 심각하게 나타나고 있다는 것이다. 이러한 현실은 구체적인 데이터를 찾아보지 않아도 교회 현장에 있는 사역자라면, 특히 교육부를 담당하고 있는 교육목사나 교육전도사라면 뼛속 깊이 체감하는 문제일 것으로 생각한다.

필자는 군종목사 7년의 사역 동안 많은 군인 가족들을 만났다. 군부대는 그 특성상 주로 지방 혹은 외곽지역에 있는데, 군인 가족들이 자녀들을 주일학교에 보내려고 해도 주일학교가 없는 교회가 대부분이기 때문에 자녀들을 주일학교에 보내지 못하는 경우를 많이 보았다. 지금 사역하는 번동제일교회에 부임하기 전에는 경상남도의 한 대형교회에서 사역했는데, 지역의 교회들을 주일학교가 있는 교회와 청년부가 독립적으로 운영하는 교회가 거의 없는 것을 보고 절망스러워했던 기억이 있다.

우리가 처한 현실은 이렇게 혹독하고 어려운 것은 분명하다. 그러나 언제까지 한국교회가 위기이고, 다음 세대가 위기라고만 외치겠는가! 지금 우리가 처한 상황을 분석하고 대안을 제시해야 한다. 사실 교회가 위기를 경험하지 않은 적은 한 번도 없었다. 초대교회로부터 어느 시대나 교회는 무수한 위기를 경험해 왔고, 언제나 그 위기를 이길 방법을 찾아왔다. 그리고 그

2) 실천신학대학교대학원 21세기교회연구소와 한국교회탐구센터가 설문조사기관인 지앤컴리서치에 의뢰하여 2018년 10월 4일~16일까지 826명을 대상으로 조사했으며, 실천신학대학원 홈페이지에서 확인이 가능하다.

위기를 잘 극복하고 지금까지 이르렀다. 특별히 코로나19 사태라는 엄청난 위기의 상황 가운데 우리는 더 냉철하면서도 또한 더 열정적이어야 한다.

한 가지 분명한 것은 하나님은 살아계시기 때문에 하나님의 교회는 절대 망하지 않는다. 그리고 우리는 그러한 하나님의 역사에 동참한 하나님의 사람들이다. 우리는 교회의 위기, 특별히 교회를 떠나는 다음 세대의 위기라고 하는 이 시점에서 새로운 대안을 마련하기 위하여 최선을 다해야 할 것이다.

허수에 속지 말고, 패배주의에 빠지지 말라

먼저 우리는 우리가 처한 상황을 정확하게 분석할 필요가 있다. 그러기 위해서는 눈에 보이는 허수에 속아서는 안 된다. 현재 교회의 상황을 보면 분명 다음 세대가 엄청난 위기를 경험한 것처럼 보인다. 주일학교에 출석하는 인원들은 눈에 띄게 줄었다. 특히 이런 현상은 청소년들에게 더 심각하다. 현재 한국교회 안에 청소년 부서(중등부, 고등부)가 상당수 있다. 청년들 역시 마찬가지이다. 각 교회 청년부는 줄어드는 청년들 때문에 힘들어하고 있다. 그러나 우리는 여기서 눈에 보이는 허수에 속아서 현실을 분석해서는 안 된다.

베이비부머 세대들을 중심으로 한국교회는 1970년대와 1980년대 엄청난 부흥을 경험했다. 당연히 교회에 젊은 세대가 중심이 될 수밖에 없었다. 그러나 지금의 사회적 현실은 동일하지 않다. 지금은 베이비부머 세대가 아니라 베이비쉬크 세대이다. 자녀를 낳는 것을 거부한다. 각 가정을 보면 자녀가 한 명이거나 대부분은 두 명이다. 세 명 이상이면 다자녀로 분류한다. 학교가 처한 현실을 보면 이러한 현상은 더욱 명확하다. 필자가 1990년대 초, 중, 고를 다녔는데 그 당시 한 반의 인원은 거의 50명이었다. 한 학년에 반도 15반 정도가 되었다. 그러나 지금은 그렇지 않다. 한 학년에 많아야 8반 정도, 한 반의 인원은 20명 내외이다. 지방으로 갈수록 학년 당 학생의 수는 더 줄어든다.[3]

즉, 다음 세대의 절대적인 인원의 수치가 줄어들었다는 이야기이다. 이는 청년 세대도 마찬가지이다.

그래서 예전에 비해 교회학교 인원이 줄었다는 것을 단순비교로 결론을 내는 것은 허수이다. 객관적인 인구 구성이 차이가 나기 때문이다. 그렇다면 교회학교의 위기라는 것 역시 허구라는 것인가? 그렇지 않다. 다만 눈에 보이는 숫자에 대한 집착으로 교회학교가 위기라고 말하고 패배주의에 빠져서는 안 된다는 것이다. 이것으로는 정확한 원인의 파악이 되지 않기 때문이다.

한경직 목사는 한국교회의 황금어장으로 학원 선교와 군 선교를 언급했다. 그런데 더는 이 두 가지도 황금어장이 아니다. 현재 군 선교의 문제도 매우 심각하다. 종교활동 인원의 수가 매우 급격히 줄어들었다. 더이상 간식으로 아이들의 관심을 끌고 선교를 할 수 있는 세대가 아니다. 군대 교회는 점점 비어가고 있다. 그 가장 큰 원인은 IPTV와 핸드폰의 보급에 있다. 교회보다, 신앙보다 더 중요한 가치를 발견했기 때문이다. 우리는 여기서 우리가 경험하고 있는 다음 세대에 대해서 중요한 특징 하나를 발견해야 한다. 이들은 가치를 따라서 움직이는 세대라는 것이다. 어느 것에 내 시간을 투자해야 더 가치가 있는지, 더 즐거운지를 판단하고 움직이는 세대라는 것이다.

---

3) 필자의 자녀가 1~2학년을 다닌 창원 양곡초등학교는 학년당 4반, 18~20명이었으며, 현재 다니고 있는 서울 수송초등학교는 학년당 6반, 20명 내외이다.

이것은 교회에 매우 희망적인 이야기이다. 교회가 다음 세대를 만족시킬 수 있는 가치를 제공해줄 수만 있다면 다음 세대를 충분히 움직일 수 있다는 말이 되기 때문이다. 그래서 우리가 더이상 눈에 보이는 숫자와 현상에 집착하며 패배주의에 빠질 필요가 없다. 아무 생각 없어 보이는 아이들일지라도 그 아이들은 갈급한 세대이다. 그래서 자신들이 가치 있다고 생각하는 것에 목숨을 건다. 교회가 그 가치를 제공해줄 수 있고, 그들에게 복음이 그 가치가 될 수 있다면 다음 세대는 새로운 부흥의 세대가 될 것이다. 그러므로 다음 세대, 우리의 자녀들에게는 충분히 절대적인 희망이 존재한다.

상황 분석

번동제일교회는 전형적인 전통교회이다. 동네에 깊숙이 감추어져 처음 찾아오기는 매우 힘들지만, 동네와 함께 성장해 온 교회이며 아름다운 전통을 가득 품고 있는 좋은 교회이다. 처음 부임했을 때 교육부는 영아부, 유아부, 유치부, 유년부, 초등부, 소년부, 중등부, 고등부, 청년부, 이렇게 9개의 부서로 구성되어 있었다. 사역자는 유아부~고등부까지 교육전도사가 8명, 청년부 사역을 돕는 준전임 전도사 1명이 사역하고 있었다. 특별할 것이 없는 평범한 중대형교회의 모습이었다.

그러나 번동제일교회만의 특수한 상황이 몇 가지 있었다.

먼저 교회학교의 부흥을 열망하는 담임목사와 장로들이 있었다. 이것이 다음 세대 부흥에 있어서 가장 중요한 요소이다. 담임목사님은 교육부서의 부흥을 위해 실무책임자인 필자에게 모든 권한을 위임해 주셨기에 자유롭게 고민하고 계획하고 사역할 수 있었다. 그리고 교회학교의 위기를 심각하게 받아들이며 그것을 돌파하고자 하는 훌륭한 장로님들이 계셨다. 패배의식에 물들어 절망하는 모습이 아니라 어떻게든 이 위기를 돌파하기 위해 기대하며 힘을 모아준 장로님들과 그 외 믿음의 동역자들이 있다는 것은 매우 고무적이고 긍정적인 요인이었다.

두 번째는 교사들의 자질이 매우 훌륭하다는 것이다. 후에도 언급하겠지만 교회학교의 부흥에 있어서 가장 중요한 열쇠는 교사들이 가지고 있다. 그래서 훌륭한 교사는 매우 중요하다. 그런 면에서 번동제일교회는 교회학교 부흥을 위해 준비된 교회였다. 코로나19로 인하여 모이기가 어려운 지금 상황 속에 지난주 교회학교 교사 총 115명 중 결석은 단 10명에 그쳤다. 물론 모든 교사가 개근하는 것이 원칙이지만, 현재 상황을 고려한다면 교사들이 사명감과 헌신이 매우 크다는 것 외에는 설명이 되지 않는다.

세 번째로 시설의 준비가 잘 되어 있었다. 번동제일교회 교육부의 가장 큰 장점은 모든 교육부서가 부서실과 교사실을 가지고 있다는 것이다. 이것은 교회학교에 대한 시설투자가 매우 잘 이루어져 있음을 보여주는 면이라고 할 수 있다. 시설이 잘 갖추어져 있다는 단순한 평가가 아니라, 이는 교회학교를 위해 교회가 얼마나 투자하는지를 보여주는 좋은 예라고 할 수 있다. 현재 중, 고등부가 통합하여 청소년부로 모이고 있는데 이 예배를 위해 몸이 불편한 분들과 어르신, 어린이를 동반한 성도들을 위하여 본당 예배를 중계하던 중예배실을 사용하도록 교회가 허락해 주었다. 이는 결코 쉬운 일이 아니며, 교회가 얼마나 교회학교의 부흥을 열망하는지를 증명한다.

마지막으로 교육부를 위한 예산 투자가 적극적이었다. 번동제일교회 교육부에는 다른 교회에는 없는 예산이 있다. 그것이 교육활동비이다. 이는 부서별로 지급하는 예산 외에 교육부가 교회학교 부흥을 위해 사용할 수 있는 예산이다. 교육부는 이 예산을 통해 교육부 사역자들의 심방 지원, 교사대학, 아기 학교, 교육부 비품 지원, HAPPY DAY(총동원 주일), 절기 행사 등을 진행하고 있다. 또한, 부서별로 지급되는 예산 역시 전체 예산 규모를 생각하면 적은 편이 아니다. 번동제일교회는 다른 부서의 예산은 삭감해도 교육부서의 예산은 삭감한 적이 없다.

이런 면들을 고려해보면 번동제일교회는 교회학교 부흥을 위해 잘 준비된 교회라고 할 수 있다. 2018년 7월 처음 부임했을 때 청년부를 제외한 영아부부터 고등부까지의 평균 출석 인원이 170명이었는데, 코로나19 직전 영아부부터 청소년부까지의 출석 인원은 210명이었다. 이것은 단순한 수적 근거에 불과하고, 단순히 숫자에 보이지 않는 하나님의 역사, 그리고 부흥의 경험들을 현재 우리는 하고 있다. 그것에 대해서 몇 가지 나누어 보려고 한다.

시스템을 재정비하라

번동제일교회 교육부는 2020년을 시작하며 큰 변화를 경험했다. 교육부서를 통합하고 재편성한 것이다. 이는 매우 큰 도전이었다. 대부분 교육부서가 통합하는 경우는 교사와 학생이 줄어서 불가피하게 이루어지는 경우가 대부분이다. 이런 면에서 본다면 현재 우리 교회 교육부의 상황은 부서의 통합이 필요한 상태가 아니었다. 그런데도 취학부서 이상인 유년부, 초등부, 소년부, 중등부, 고등부를 3개의 부서로 통합하였다. 그 통합안은 아래와 같다.

<table>
<tr><th colspan="2">현행</th></tr>
<tr><td>부서</td><td>사역자</td></tr>
<tr><td>영아부(~18개월)</td><td rowspan="8">교육전도사</td></tr>
<tr><td>유아부(18개월~5세)</td></tr>
<tr><td>유치부(6세~7세)</td></tr>
<tr><td>유년부(초1~초2)</td></tr>
<tr><td>초등부(초3~초4)</td></tr>
<tr><td>소년부(초5~초6)</td></tr>
<tr><td>중등부(중1~중3)</td></tr>
<tr><td>고등부(고1~고3)</td></tr>
<tr><td>청년부(기혼 전)</td><td>부목사1/ 준전임1</td></tr>
</table>

<table>
<tr><th colspan="2">개편안</th></tr>
<tr><td>부서</td><td>사역자</td></tr>
<tr><td>영아부(~18개월)</td><td></td></tr>
<tr><td>유아부(18개월~5세)</td><td></td></tr>
<tr><td>유치부(6세~7세)</td><td></td></tr>
<tr><td>초등1부(초1~초3)</td><td></td></tr>
<tr><td>초등2부(초4~초6)</td><td rowspan="2">준전임전도사</td></tr>
<tr><td>청소년부(중1~고3)</td></tr>
<tr><td>청년부(기혼 전)</td><td>부목사1/ 준전임1</td></tr>
</table>

시스템을 이렇게 정비한 것에는 몇 가지 이유가 있었다.

첫 번째, 현재 교육시스템이 학년별 교육의 한계를 벗어나고 있다. 현재 교회학교의 시스템은 학교 교육의 시스템을 따르고 있다. 그래서 나이를 고려하여 단계적으로 부서를 편성하여 운영하고 있다. 그러나 현재 상황을 고려하면 이것은 점점 무의미한 일이 되어 가고 있다. 다양한 정보의 유입, 변화하는 사회적 상황, 신체적 성숙도와 정신적 성숙도를 고려했을 때 세대별로 교육에 있어 분리의 필요성이 점점 사라지고 있다. 그래서 세대별 통합 교육을 오히려 고려해야 할 때이다. 그래서 취학부서와 청소년부를 중심으로 부서를 통합하며 1차 시스템 정비를 진행하였다. 후에는 초등학교 1~6학년을 통합하여 2~3개의 부서로 나누어 통합부서로 시스템을 정비할 예정이다.

현재 청소년부는 중학교 1학년부터 고등학교 3학년까지 함께 모여서 예배를 드리고 셀 모임을 진행하는데 전체적으로 긍정적인 면이 매우 많다. 예배의 분위기가 성숙해졌으며, 멘토와 멘티 관계의 형성, 건강한 공동체성의 회복 등이 일어난다. 특히 각 부서에서 진급하면서 아이들이 증발되던 마이너스 현상도 줄어들고 있다.

두 번째, 부서 통합을 통해 얻은 에너지이다. 앞서 언급한 것처럼 아이들의 절대적인 수가 줄어들었다. 그리고 교사들의 수도 많이 줄었다. 이러한 문제의 해답을 부서 통합을 통해 찾을 수 있었다. 물론 부서가 통합되면서 교사들 간의 크고 작은 진통도 있었지만, 그런데도 좋은 교사들이 각 부서로 배치되어 더욱 효과적으로 사역할 수 있었다. 그리고 아이들도 더 많이 모여 함께 예배함으로 예배 분위기가 이전과 비교해볼 때 월등히 좋아졌다. 특히 청소년부 같은 경우에 중학생은 고등학생을 의식하고, 고등학생은 중학생을 의식하여 예배 시간에 잡담, 핸드폰 사용 등이 눈에 띄게 줄어들었다. 또한, 예배의 분위기는 더욱 뜨겁고 열정적으로 바뀌었다. 부서 통합이 예배의 회복으로 이어진 좋은 케이스라고 할 수 있다.

세 번째, 부서실의 폭넓은 활용이다. 번동제일교회는 교육 부서실이 매우 잘 확보된 경우이다. 그런데도 두 가지의 이유로 부서실의 추가 확보가 필요했다. 먼저는 청소년 쉼터이고, 또 다른 하나는 어린이 실내놀이터, 즉 Kids Cafe였다. 지금의 세대는 교회를 찾아오는 세대가 아니다. 교회를 찾아올 이유를 만들어줘야 한다. 그래서 계획했던 것이 위의 두 가지 공간이다. 그러기 위해서는 부서를 통합하고 공간을 확보할 필요가 있었다. 그리고 현재는 청소년 쉼터는 조성 중이고, 어린이 실내놀이터는 축소된 형태로 운영 중이다. 청소년 쉼터의 경우는 다과와 책, 책상 등을 준비해서 청소년들이 찾아와 공부할 수 있고, 당구대 등, 청소년들이 건전하게 교회에서 여가를 보낼 수 있는 시설 등을 설치할 계획을 세우고 있다. 어린이 실내놀이터는 지역적 특성을 고려하여 젊은 엄마들이 자주 찾아올 수 있는 공간으로 조성하기 위해서 계획 중에 있다. 두 가지의 계획 모두 코로나19의 여파로 더디게 진행 중이지만, 교육부서의 부흥과 선교적 교회의 완성을 위해 반드시 필요한 계획이다. 교회 안에 작은 공간이라도 있다면 확보하여 이런 시도를 해보길 권면한다. 아이들이 먼저 교회를 찾아올 수 있는 환경만 만들어 줄 수 있다면 그것으로 교회학교 사역은 대성공이라고 생각한다. 마지막으로 사역자의 문제이다. 이는 다음에서 더욱 자세히 다루도록 하겠다.

사역자에 투자하고,
사역자는 시간을 투자하라

사실 교육부서 시스템을 개편한 가장 큰 이유는 사역자 때문이었다. 필자가 부임했을 당시 교육부서는 모두 교육전도사들이 담당하고 있었다. 청년부는 준전임전도사가 주일 외에 하루 더 출근하여 사역을 도왔고, 교육부서의 사역들 역시 그가 돕는 상황이었다. 모든 교육전도사가 매우 훌륭한 사역자였다. 아직도 부서 개편 후에는 여전히 함께 사역하는 교육전도사들도 있다. 그런데도 내가 사역자를 위한 시스템 변화를 시도했던 것은 시간 때문이었다.

교육전도사는 구조상 교육부서에만 집중할 수 있는 상황이 아니다. 신학교에서 공부하면서 사역을 병행하는 PART-TIME 사역자이기 때문이다. 그래서 대부분은 주일에만 출근한다. 그러나 그렇게 해서는 특히 초등학교 고학년 이상의 부서에서는 무언가를 기대하기가 매우 어렵다. 교사 심방은 고사하고 학생 심방도 잘 안 되는 상황이기 때문이다. 그렇다고 교육전도사에게 그런 것을 요구하기도 어렵다. 이는 구조상의 문제이다. 물론 교육전도사들이 이런 한계를 뛰어넘어 열정을 보여주면 좋겠지만 이는 강요하기 어려운 문제이다. 또한, 교육전도사의 책임 역시 아니다. 교회에서는 직무에 적합한 대우를 해주고 요구를 하는 것이 합리적이다. 그래서 우리 교회는 부서를 조정하면서 사역자를 준전임전도사로 교체를 했다.

1차 계획은 모든 부서의 사역자를 준전임전도사 이상으로 조정하고 상대적으로 시간 투자가 많이 필요한 청소년부는 전임전도사를 청빙하는 것이었다. 그러나 교회의 현실과 상황이 녹록지 않았다. 여러 가지 상황들을 고려해야 했다. 그래서 초등학교 고학년 부서와 청소년부는 준전임사역자를 청빙하여 주일 외에 일주일에 두 번은 부서를 돌볼 수 있게 했다. 그리고 준전임전도사들에게 부서를 총괄하는 임무 역시 부여했기 때문에 부서를 통합하여 한 눈에 그 업무들이 들어오게 할 필요가 있었다. 그래서 청년부 준전임전도사가 미취학부를 총괄하고, 초등2부 준전임전도사가 초등1부와 초등2부를 총괄하고, 청소년부 준전임전도사가 청소년부를 총괄하고, 교육목사가 3명의 준전임전도사를 총괄하는 원스톱 시스템을 구축하였다.

매주 화요일 오전에는 3명의 준전임전도사들과 부서의 현안과 상황, 행사 등을 계획하고 논의하는 회의와 기도의 시간을 가지며, 그 외 시간은 준전임전도사들이 학생과 교사를 심방하는 시간을 가지고 있다. 결석자를 파악하고 전화심방을 하는 사역 역시 매주 이루어진다. 현재 코로나19 사태로 잠정 연기 중에 있으나 준전임전도사들을 중심으로 각 학교 방문 및 심방을 계획 중에 있으며, 준전임전도사들이 각 부서의 성경학교와 수련회에 협력하며 인력의 부재 요소를 커버해주는 긍정적인 효과도 나타나고 있다. 무엇보다 분명한 시스템의 정립으로 교육부 교역자들이 ONE TEAM으로서 사역하며, 긍정적인 영향력을 각 부서에 미치고 있다.

가장 대표적인 것이 이번 어린이 주일 행사였다. 올해 어린이 주일은 코로나19로 인해 어린이가 교회에 없는 어린이 주일이었다. 이런 상황 가운데 교육목사가 특별히 지시하지 않았지만 준전임전도사들을 중심으로 사역자들이 기획하여 유튜브로 생중계되는 어린이날 행사인 '5월의 산타'를 계획하고 실시했다. 이 행사는 조회 수만 1,100회를 넘는 뜨거운 호응을 얻었고, 코로나19로 인해 교회학교에 나오지 못했던 학생들이 교회에 대해서 다시 생각할 좋은 기회를 제공해주었다. 이는 좋은 사역자 시스템이 얼마나 훌륭한 결과를 가져올 수 있는지를 잘 보여주는 일례라고 할 수 있다.

무엇보다 교육은 결국 시간과의 싸움이다. 교회는 사역자들이 더욱 시간을 투자하고 헌신할 수 있도록 지원해야 하고, 그런 방안을 고민해야 한다. 그러기 위해서 각 부서에 연령, 상황 등을 고려하여 더 책임감 있게 사역할 수 있는 사역자를 세우고, 그 사역자들이 마음껏 사역할 수 있도록 시스템을 정비해야 할 것이다.

교사를 교육하라

앞서 번동제일교회의 상황을 언급하면서 교사들의 훌륭함에 대해서 말했다. 이는 교회학교 부흥에 있어서 매우 중요한 요소이다. 그러나 아무리 교사들의 자질이 훌륭하다고 해도 교사들을 교육하고 훈련하는 시스템이 없으면 무용지물이다. 간단하게 말하면 학교의 교사들이 학생들을 가르치기 위해 얼마나 많은 것을 배우고 훈련하는가? 교사에게 있어 가장 중요한 것은 신앙과 인격이다. 삶으로 학생들을 가르치기 때문이다. 그러나 그에 못지않게 중요한 것은 교회학교 교사는 하나님의 말씀을 가르치는 사람들이라는 정체성이다. 그래서 교회는 교사들을 교육하고 양육하는 데 최선을 다해야 하며, 교사들이 학생들에게 하나님의 말씀을 효과적으로 가르치기 위한 도움들을 제공해야 한다.

이런 이유로 계획했던 것이 교사계속교육이다. 번동제일교회 교육부는 교사계속교육을 신설하여 진행하였고, 실질적으로 도움이 될 수 있는 커리큘럼을 계획하고 그에 맞는 강사들을 선정하기 위해서 많은 고민과 노력을 하였다. 그렇게 2019년 전반기에 5주간의 "1차 교사계속교육"을 계획하였고 그에 대해 매우 긍정적인 평가를 얻었다. 교사계속교육은 멈추지 않고 계속 진행할 예정이다. 먼저 2019년 1차 교사계속교육의 커리큘럼을 공유한다.

일시	제목	주제	강사
4월 6일	하나님의 단일계획	성경개론	이OO목사 (OO의교회)
4월13일	우리가 믿음을 교육할 수 있을까?	기독교교육	권OO목사 (필OO기독국제학교 교장)
4월20일	아동발달의 이해와 행복한 소통	의사소통	백OO소장 (맘스멘토 연구소)
4월27일	말이 通하는 교수법	교수법	이OO장로 (국민대학교 교수)
5월 4일	우리 주변의 이단 (자체 강의: 강사-교육전도사)	이단	1.하나님의 교회: 홍달성 2.여호와의 증인: 조민기 3.몰몬교: 허동일 4.신천지: 김드리 5.종합: 정의식

5주 동안 진행된 교사계속교육은 교사에게 반드시 필요한 5가지의 주제를 가지고 진행했다. 성경개론, 기독교 교육, 의사소통, 교수법, 그리고 요즘 가장 문제가 되는 이단이다. 각 강의는 최고의 전문가들을 엄선하여 강

사로 선정하였다. 성경개론은 현재 장로회신학대학교에서 구약학 박사 학위 중이며 신학대학원 입시 강사로 학생들을 가르치면서 말씀 중심의 목회를 하고 있는 목사를 강사로 선정했다. 기독교교교육은 장로회신학대학교에서 기독교교육학과 학사와 석사 학위를 취득하고 수년간 교육목회에 헌신하다가 현재는 기독교 대안학교 교장으로 사역하고 있는 목사를 선정하였다. 의사소통은 의사소통 전문가로 다양한 강연 활동을 하는 어린이 교육 전문가를 강사로 선정하였다. 교수법은 현재 국민대학교에서 교양대학(커뮤니케이션 전공) 교수로 일하고 있는 장로를 강사로 선정하였다. 그리고 이단은 본 교회 사역자들이 각 이단을 연구하여 강의하였다. 이상 강사들에 대한 교사들의 평가는 매우 긍정적이었다.

교사계속교육을 계획함에 있어 가장 중요한 점은 '어떤 주제로 할 것인지'이다. 이에 대해서 각 교회는 그 교회의 상황에 맞는 연구와 고민을 해야 한다. 그리고 엄선된 주제에 대해서 전문성을 가진 강사를 선정해야 한다. 강사를 선정하면서 반드시 기억해야 할 것이 있다. 교사대학은 교사부흥회가 아니란 것이다. 즉, 교사들이 은혜를 받으러 나오는 자리가 아니라 전문적인 도움을 받기 위해 오는 자리라는 것을 잊어서는 안 된다. 그러므로 강사들의 전문성은 매우 중요하다.

2차 교사계속교육은 코로나19로 인하여 잠정 중단이 된 상태이다. 그래서 2020년 교사헌신예배를 겸하여 교사교육을 실시하였는데, 강사는 교회교육 전문가인 원주 충정교회 최규명 목사였는데, 이 역시 매우 유익하고 좋은 시간이었다. 그리고 집중된 커리큘럼을 가지고 있는 교사계속교육 외에 교사들을 대상으로 한 성경공부 프로그램을 계획하고 있다(코로나19로 인해 아직은 시행 전이다). 교육목사와 준전임전도사들이 각기 다른 범위와 과정의 성경공부를 개설하여 교사들이 자유롭게 수강신청을 하여 함께 공부할 수 있는 프로그램이다. 그 계획은 아래와 같다.

과목	시간	장소	강사
기초성경반	3월 8일(주일) 오후 5시~	미션룸	정의식 목사
성경개관 및 모세오경	3월 6일(금) 오후 7시~	영아부실	김드리 전도사
구약개관	3월 6일(금) 오후 7시~	초등2부실	조민기 전도사
신앙인의 말씀과 삶	3월 14일(토) 오전 11시~	청소년부실	서현우 전도사

이렇듯 교사들에게 지속해서 전문적인 도움을 제공하는 것은 매우 중요하다. 교사들의 자질 향상은 결국 학생들의 신앙 성숙으로 이어진다는 사실을 잊지 말아야 할 것이다.

신앙훈련과 교육프로그램을 적극적으로 개발하고 시행하라

교사교육을 효과적으로 시행하였다면 다음은 학생들의 교육에 대해서 고민해야 한다. 교회학교는 세상의 지식이 아니라 하나님의 말씀을 가르치는 곳이고, 성경적 가치관으로 참된 그리스도인의 삶을 살아가도록 양육하는 곳이다. 그래서 신앙훈련과 교육프로그램에 대해서 치열한 고민과 많은 연구가 있어야 한다.

일주일에 한 번 공과공부를 가르치는 것은 기본훈련이라고 할 수 있다. 세상에 얼마나 다양한 교육과 이론, 많은 정보가 있는가? 이런 세상을 살아가는, 그리고 살아가야 하는 학생들에게 일주일에 10~20분 말씀을 가르치는 것으로는 충분하지 않다. 그래서 현재 번동제일교회 교육부는 학생들을 위한 효과적인 신앙훈련 프로그램을 기획하고 있다. 코로나19로 인하여 적극적인 실행은 이후가 될 것이다.

먼저 새벽기도 훈련이다. 번동제일교회는 2020년부터 온 가족 특별새벽기도회를 토요일에 실시하고 있다. 현재는 정착단계로 분기에 1회 실시하고 있으며, 정착단계가 끝나면 매월 1회, 그리고 매주 1회로 늘려갈 것이다. 학생들이 기도의 자리에 나와서 부모와 교사들이 기도하는 것을 보는 것만으로도 훌륭한 신앙훈련이 된다. 그리고 교육부는 개학 전 일주일 동안 "신학기 특별새벽기도회"를 실시한다. 개학 전 일주일 동안 월요일부터 금요일까지 취학부서 이상의 학생들이 모여서 함께 말씀으로 무장하고 기도하는 시간이다. 교사들은 학생들을 위해 기도해주며, 학생들은 초등학생부터 고등학생까지 조를 이루어 공동체 기도를 한다. 이 시간을 통해 기도제목을 나누며 함께 기도하는 공동체라는 인식을 가지게 한다.

두 번째는 제자훈련 통합과정이다. 이 과정은 초등학교 1학년부터 고등학교 3학년까지 하나의 과정을 수료하여 제자훈련을 받는 과정이다. 과정별 중점사항은 아래와 같다.

	초등1부	초등2부	청소년부	영어 과정
중점과제	말씀암송 훈련	말씀통독 훈련	교리공부	영어성경
내용	신약 15개 구절 암송	신구약성경 통독	기독교핵심교리 공부	영어성경구절 암송, 영어성경 통독
기간	12주	12주	12주	12주
운영	※1년에 두 번 통합하여 운영하고 각 과정 수료 후 다음 과정 진급하여, 영어과정은 별도로 운영한다. 예) 2020-1기 교회학교 제자훈련 ※이전 과정 수료가 필요할 때는 교역자에 의하여 별도의 보수교육을 받도록 한다.			

이는 주일 외에 토요일의 시간을 활용하여 진행하도록 한다. 청소년부에

새로 온 친구가 제자훈련 학교를 받고자 하면 부서담당 교역자와 이전 단계에 대한 보수교육을 진행해야 하며, 보수교육 역시 1년에 2회 정기적으로 시행한다. 영어 과정은 별도로 개설하여 운영하도록 하지만, 초등1부 과정을 마친 학생만 수강할 수 있도록 한다. 이런 체계적인 제자훈련을 통해 교회학교는 말씀 중심의 삶을 살아가는 학생들을 세울 수 있다. 더불어 이단의 공격에도 흔들리지 않고, 자신의 신앙을 굳건히 지킬 수 있는 믿음의 용사로 학생들을 양육할 수 있을 것이다.

세 번째는 각 부서 현실에 맞는 예배이다. 세상은 정말 빠르게 변하고 있다. 그러나 교회는 그 변화에 속도를 맞추지 못하는 것이 냉정한 현실이다. 이것은 예배 역시 마찬가지이다. 우리는 학생들이 왜 예배에 늦고, 예배 시간에 집중하지 못하는지를 고민해야 한다. 이는 단순히 학생들이 신앙적으로 성숙하지 못하고, 주의가 산만하기 때문만은 아니다. 학생들이 유튜브를 시청하는 것을 본 적이 있는가? 그때만큼 집중하는 것을 본 적이 없다. 결국, 학생들이 예배를 온전히 드리지 못하는 것은 예배가 재미없기 때문이다. 이 표현이 불편한 분들이 계실지 모르겠지만 이는 우리가 처한 현실이다.

캄보디아에 선교를 가서 크마에어로 설교하지 않고 한국어로 설교를 한다면 회중들이 알아듣겠는가? 우리는 복음이라는 절대 진리를 지금의 문화와 상황에 맞게 번역할 필요가 있다. 이것이 올바른 상황화이다. 그래서 예배 역시 이런 번역의 과정을 거쳐야 한다. 각 세대에게 맞게 예배를 준비하고 드려야 한다. 번동제일교회 교육부는 사역자들을 중심으로 이렇게 예배를 준비하고 드리고 있다.

미취학부서는 설교 시간에 철저하게 시청각 자료를 준비한다. 또한, 아이들이 흥미를 느낄 수 있는 드라마를 준비하여 예배 시간에 보여준다. 드라마의 내용은 예배의 설교를 중심으로 한다. 초등1부는 율동과 찬양 중심의 예배, 초등2부와 청소년부는 경배와 찬양 예배를 드리고 있다. 특별히 초등2부의 경배와 찬양 예배에 대해 많은 우려가 있었지만, 오히려 학생들이 예배에 더욱 집중하는 모습을 보여주며, 성인 예배에도 쉽게 적응하는 모습을 볼 수 있어 매우 긍정적이었다.

그리고 이 모든 과정에서 전도사들이 철저하고 열심히 말씀을 준비한다. 전도사들은 부서 교사들에게 설교로 인정받아야 한다. 부서에서 오래 헌신하며 많은 교역자의 설교를 들어온 교사들에게 인정받는 설교가 학생들에게도 영향력을 미칠 수 있음을 반드시 기억해야 한다. 또한, 떠들거나 조는 학생들은 모두 나 때문이라는 생각을 해야 한다. 교역자는 목숨 걸고 말씀을 준비해야 한다. 그리고 교사들은 그 설교에 잘 반응해주어야 한다. 그럴 때 예배가 살아나고 회복된다.

학생들의 시각을 넓히는 교육부가 되라

개인적인 경험을 잠시 나누려고 한다. 필자가 처음으로 해외 단기선교를 간 것은 2006년이었다. 당시 유년부 교육전도사로 사역하고 있었는데, 교육목사님의 요청으로 어린이사역을 맡아 청년부의 캄보디아 단기선교를 2주간 다녀오게 되었다. 그리고 그 2주간의 시간이 필자의 삶과 사역을 완전히 변화시켰다. 더 넓은 세상을 보고 그 가운데 광대하게 일하시는 하나님을 직접 경험하는 것은 매우 중요하다. 그래서 교회학교가 더 넓은 세상을 바라보는 것은 매우 중요하다.

일례로 작년 청년부 여름단기선교에 고등부 학생들을 동행시켰는데, 그 학생들의 세계관과 신앙관이 완전히 변화되는 놀라운 기적이 일어났다. 그 학생들은 지금 청소년부의 임원으로 헌신하고 있으며, 예배와 삶이 회복되는 놀라운 변화를 보여주었다. 그리고 지금도 선교지를 위해 기도하고, 선교지를 후원하는 훌륭한 믿음의 사람으로 거듭났다. 이런 이유로 교회학교는 학생들의 해외프로그램을 상황이 허락하는 한에서 적극적으로 실시해야 한다. 번동제일교회 교육부가 계획 중인 프로그램을 소개하고자 한다.

먼저 취학부서를 대상으로 한 필리핀 어린이 영어캠프이다. 초등학교 3학년 이상부터 초등학교 6학년이 대상이며, 필리핀 립바 지역의 '디모데학교'에서 4주간의 과정으로 실시한다. 영어캠프가 필요한 이유는 몇 가지가 있다. 먼저 지역의 불신자 학생들을 초청하기에 매우 좋은 매개체가 된다는 것이다. 4주 동안 매일 영어로 성경을 공부하고 예배를 드리기 때문에 신앙적인 성장도 도모할 수 있다. 이는 많은 기대 속에서 계획되고 진행되었지만, 코로나19로 인해 겨울로 연기된 상황이다. 필리핀 어린이 영어캠프의 일정을 간단히 소개한다.

시간	내용	비고
7:00–8:30	기상 및 아침 식사	
9:00–12:00	공부 (man to man)	읽기, 쓰기, 말하기
12:00–1:00	점심 식사	
13:00–15:00	공부 (group)	문법
15:00–16:30		스토리 북 (월~목) 영어 가스펠 송 배우기 (금)
16:30–18:30	자습	숙제 (문장 만들기) 및 단어 외우기 (50~70단어–수준별)
18:30–19:30	저녁 식사	
19:30–20:00	단어 시험	단어 시험
20:00–21:00	예배	
21:00–22:00	휴식	
22:00–	취침	

두 번째로 청소년부를 대상으로 한 해외단기선교 사역이다. 이는 여러 가지로 매우 중요하다. 먼저 해외단기선교를 다녀온 학생들의 공동체성이다. 동역자라는 인식이 생기면서 서로 신앙으로 끌어줄 수 있는 관계가 형성된다. 그리고 신앙적으로 놀랍게 성장할 수 있다. 살아서 역사하시는 하나님을 선교지에서 만날 수 있는 좋은 기회가 된다. 또한, 해외에서 스스로 사역을 감당하면서 인격적으로도 성숙하는 기회가 될 수 있다. 그리고 더 넓은 세계를 보며 넓고 깊은 세계관을 형성하게 된다. 이런 이유로 청소년부의 해외단기선교 사역은 반드시 필요하다.

세 번째로 청년들을 대상으로 한 성지순례이다. 보통 청년들은 해외단기선교 사역을 많이 감당한다. 그러나 청년들에게 단기선교 사역만큼이나 중요한 것이 성지순례이다. 직접 말씀을 눈으로 보고 느낄 수 있는 시간이며, 이런 시간을 통해 신앙이 성장할 수 있는 좋은 기회가 되기 때문이다.

이렇게 단계적으로 교육부의 해외 사역이 이루어진다면 여러 가지 면으로 놀라운 성과가 있을 것이다. 각 교회는 예산이 허락하는 한에서 최대한 해외 사역을 감당하면 좋겠다. 이것은 학생들과 청년들에게도 매우 매력적인 사역이 될 것이라고 생각한다.

초청하라 그리고 찾아가라

아무것도 하지 않아도 교회로 찾아오는 시대는 지났다. 교회는 적극적으로 초청의 사역을 해야 한다. 그래서 번동제일교회 교육부가 실시하는 것이 HAPPY DAY이다. HAPPY DAY는 전반기에 1회, 후반기에 1회 실시하는 총동원전도주일 개념의 행사이다. 전반기에는 5월 어린이 주일에, 하반기에는 추수감사절에 실시한다. 2019년 상반기 HAPPY DAY의 진행계획은 별도로 첨부하겠다. 번동제일교회 교육부는 HAPPY DAY를 통해 2019년 전반기에는 51명, 후반기에는 43명을 초청하였다. 그리고 그들의 정착을 위해 애를 썼고, 이는 전반적인 교회학교의 성장으로 이어졌다.

HAPPY DAY의 성공을 위해서는 몇 가지 요소가 필요하다. 먼저는 교회의 적극적인 후원이다. 투자가 없는 성장은 절대 이루어지지 않는다. 번동제일교회는 HAPPY DAY를 위해 적극적인 예산 투자를 했고, 어른들은 공간을 내어주며 불편함을 감수했다. 그리고 교사들이 철저히 기도로 준비해야 한다. 교역자들은 머리를 맞대고 더 좋은 아이디어를 위해 고민해야 한다. 이러한 준비를 통해 성공적인 HAPPY DAY가 가능할 수 있었다.

이렇게 초청을 했는 데도 찾아오지 않는다면 그때는 찾아가야 한다. 그래서 학교 심방이 중요하다. 이 과정 가운데 한 가지 유의해야 할 것은 예전처럼 무조건 학교 앞에서 아이들을 찾아가서는 경찰에 신고를 당할 수도 있다는 사실이다. 사전에 아이들에게 연락하거나 부모님과 상의가 되어야만 한다. 그래서 정확한 약속을 잡고 학생들을 찾아가서 만나고 심방해야 한다. 혹시 학생들이 새로운 학생들을 데리고 온다면 이 역시도 부모님에게 연락하는 방법을 통해 안전성을 확보하고 심방을 진행해야 한다.

청소년들을 대상으로는 '블레싱 택시'라는 프로그램이 있다. 학교에서 야간자율학습을 하고 늦게 끝나거나 학원에서 늦은 시간에 마치는 학생들을 찾아가서 교회 차로 집까지 데려다주며 심방을 하는 것이다. 물론 부모님들이 직접 데리러 오는 경우도 많지만, 아닌 경우도 많으므로 그 시간을 활용해서 심방을 하는 것이다.

이런 심방 사역을 위해서는 교역자들의 헌신이 필요하다. 그러나 분명한 것은 자주 찾아가고 만나면 열매가 있다는 것이다. 그러나 될 수 있으면 1:1 만남은 피하고 교사를 동반하거나 1:다수의 만남을 하는 것이 바람직할 것이다.

교회학교 사역은 결국 분위기 싸움이다

어떻게 들릴지 모르겠지만 다년간의 교회학교와 청년부 사역으로 내린 경험은 교회학교, 부서의 부흥은 결국 분위기 싸움이라는 것이다. 그리고 이것은 어떤 것보다 중요하다. 그래서 교회학교는 몇 가지 반드시 기억해야 할 것이다. 이것은 본 교회 교사들에게 강조하는 것이다.

먼저 부정적인 말을 해서는 안 된다. 부정적인 말은 부정적인 분위기를 만들고, 그것은 모두를 지치게 만든다. 긍정적인 말을 해야 한다. 그래서 교사들의 관계는 항상 칭찬이 중심이 되어야 한다. 교사는 학생들에게 칭찬만 해야 한다. 최악인 부서는 교사들이 모여서 학생들을 욕하는 부서이다. 교사들이 모여서 다른 교사의 욕을 하는 부서이다. 우리는 항상 칭찬하고 긍정적인 말을 하는 공동체를 만들어야 한다. 그리고 교사들은 항상 웃어야 한다. 그곳이 하나님의 나라가 아니겠는가? 하나님의 나라는 반드시 성장할 수밖에 없다.

두 번째는 교회학교 교사들은 학생들에게 예배의 본이 되어야 한다. 그래서 지각해서는 안 된다. 이것은 가장 기본이 되는 것이다. 지각하는 교사를 본 학생들은 예배에 늦는 것을 아무렇지도 않게 생각한다. 필자가 유년부 사역을 할 때 52주를 지각한 교사가 있었는데 그 반 아이들은 모두 지각을 했다. 극단적으로 말하면 지각을 할 바에는 결석하는 것이 낫다. 그리고 합리적인 결석의 이유를 제시하는 것이 교육적 효과는 훨씬 높다. 그리고 교사들 역시 교육부서 예배의 예배자라는 사실을 잊어서는 안 된다. 번동제일교회 교육부의 철칙이 한 가지 있다면 예배 시간에 절대 교사들은 교사실에 들어갈 수 없다는 것이다. 모두 예배에 참여해야 하고, 예배의 본을 보여야 한다. 그것을 통해 예배가 얼마나 소중한 것인지 학생들에게 몸으로 알려줄 수 있다.

마지막으로 교사들이 서로 간의 존칭을 반드시 사용해야 한다는 것이다. 교사들은 보통 한 부서에 아주 오래 함께 사역한 경우가 많다. 그리고 교사 중에는 청년 교사들도 있다. 그렇다고 해서 함부로 대하거나 하대를 하면 교사로서의 권위는 땅바닥에 떨어진다. 교사들은 서로 하나님께 부름을 받은 사람임을 기억하며 서로 존중하고 세워주어야 한다. 그럴 때 질서 있고 아름다운 부서 분위기가 형성될 것이다.

포스트코로나 시대의 대안, 랜선교회

사실 사례집을 집필하면서 어렵고 힘이 들었다. 많은 계획을 했으나 코로나19로 인해 임상 경험이 절대적으로 부족했기 때문이다. 코로나19는 한국의 목회 생태계를 바꿀 만큼 엄청난 영향을 주었다. 교회학교에 이에 대한 대안을 마련해야 한다. 필자는 개인적으로 코로나19는 오히려 교육부서에 발전적인 영향을 준 부분도 있다고 생각한다. 이 사태로 인해 주목받게 된 랜선교회 때문이다. 랜선교회란 인터넷으로 만나는 교회를 이야기하는데, 코로나19 사태로 교회학교 예배가 중지되고 실시간 인터넷 예배를 드리면서 부각된 용어이다. 이번 사태로 인해 교회학교는 어쩔 수 없이 영상예배를 준비하고 드리게 되었다. 그러나 시대의 변화를 생각하면 이는 이미 이루어졌어야 한다. 지금 학생들은 대부분 스마트폰으로 모든 일상을 마주한다. 그래서 그런 일상에 대응할 대안이 교회에도 필요한 것이다.

번동제일교회 교육부는 유튜브에 부서별 채널과 교육부 통합채널을 개설했다. 부서별 채널은 각 부서 온라인 실시간 예배 중계를 위한 공간이다. 많은 장비 없이 스마트폰만으로도 온라인 실시간 예배 중계가 가능하다. 아직 코로나19로 인해 예배가 완벽히 회복되지 않은 시점에서는 반드시 필요한 부분이며, 포스트 코로나 이후에도 이러한 온라인 예배는 지속적으로 필요할 것으로 본다. 또한, 부서별 광고 영상, 설교 영상 등을 업로드하는 공간으로도 쓰인다.

특별히 이번 코로나19 사태로 인해 3~4월까지 교회학교 예배를 중단하였는데, 그 시기에는 각 부서 교역자들이 매주 설교 동영상을 녹화하여 공유하였다. 교육부 통합채널은 교육부 전체행사, 광고, 영상 등을 공유하는데 사용하고 있다. 앞으로 이 공간을 통해 온라인 실시간 교리공부, 제자훈련, 신앙 상담 등의 다양한 콘텐츠를 진행할 예정이다. 이러한 활발한 영상사역을 통해 영상과 스마트폰에 익숙한 다음 세대들에게 더 친근하고 효과적으로 다가갈 수 있을 것이다.

작은 교회 등에서는 독자적으로 영상 콘텐츠를 개발하거나 온라인 실시간 예배를 진행하는 것이 기술적으로 어려울 수 있다. 그래서 이런 분야에 있어 노회나 총회 차원의 적극적인 공동대처가 필요하다. 그리고 이런 공동사업에는 반드시 젊은 사역자들이 참여하여 시대의 흐름에 맞는 대처를 해야 할 것이다.

분명히 새로운 부흥의 시대는 시작될 것이다

로이드 웨스트(Lloyd K.Wast)는 "한 그룹 안에 교회 출석과 정규적으로, 그리고 신실하게 기독교인으로 살아가는 실제적인 신자가 20% 미만인 경우가 미전도 종족이다."라고 주장했다. 1982년 로잔세계복음화협의회에서는 미전도 종족의 정의를 "자기가 속한 족속 안에 자신의 족속을 그리스도께로 인도할만한 견실한 공동체가 없는 사람의 집단"이라고 정의하였다. 현재 학원 복음화율은 넥타선교회에서는 5% 미만, 청소년선교단체들의 통계로는 3.8%로 추산하고 있다. 이는 굉장히 심각한 문제인데, 학원 복음화율을 3%로 규정하고 한 반에 학생이 30명이라고 했을 때 통계적으로 한 반에 그리스도인이 한 명 미만이라는 것이다. 청년 복음화율은 보통 3% 미만으로 추산한다. 이는 미전도 종족이 다른 곳에 있는 것이 아니라 초, 중, 고등학생들, 그리고 청년들, 바로 다음 세대라는 것을 의미한다.

다음 세대들은 미전도 종족일 뿐 아니라 타 문화권이라는 점도 알아야 한다. 요즘 학생들이 하는 말은 그들만의 언어 세계와 규칙을 형성하고 있다. 그것도 연령대에 따라 다르다. 국어사전에 등재하지 않는 말들이 훨씬 더 많이 쓰인다. 같은 모국어를 쓰고 있지만 다른 세대들은 이해하지 못할 말들을 한다.

이런 면을 고려했을 때, 오늘날의 학원선교, 다음 세대 사역은 미전도 종족 선교사역이며 타 문화권 선교사역이다. 우리가 미전도 종족 선교사역과 타 문화권 선교사역에 성공하기 위해서는 어떤 조건들이 있어야 하는가? 헌신 된 선교사가 있어야 하고, 전폭적인 지지와 후원이 있어야 한다. 이를 다음 세대 사역에 적용한다면 헌신 된 선교사의 역할을 하는 사역자와 교사가 있어야 하며, 교회의 전폭적인 지지와 후원이 있어야 한다. 목숨을 건 각

오로 임하지 않으면 어떠한 열매도 거둘 수 없다. 학원선교는 더는 황금어장이 아니라 목숨을 건 선교사역을 각오해야 하는 선교의 현장이 되어 버렸다. 다음 세대 사역의 열매는 마치 얍복강가의 야곱이 절대 포기하지 않고 하나님을 끝까지 붙잡았던 것과 같은 노력과 인내, 헌신과 수고가 필요한 일일지 모른다. 그러나 절대 포기할 수 없는 일이다.

우리는 다음 세대 사역을 위해 목숨 걸고 헌신해야 한다. 그리고 전폭적인 후원과 지지를 해야 한다. 이 글을 쓰며 한 가지 마음에 걸리고 걱정되는 것이 있었다. 그래도 번동제일교회는 어느 정도 규모가 있는 중대형교회이다. 그래서 큰 교회이기 때문에 할 수 있는 사역이라고 생각할지 모른다. 그러나 그것이 아니다. 예산의 액수가 아니라 예산의 비율이 교회가 얼마나 교회학교에 관심을 가지는지를 보여주는 것이다. 그 관심이 모든 부흥의 시작이다.

주일마다 각 교육부서를 돌아보면서 함께 예배를 드릴 때 마음에 강하게 드는 확신이 있다. 분명 이 세대는 부흥한다는 것이다. 다시 살아난다는 것이다. 이토록 하나님을 사랑하는 예배자들, 귀한 시간과 마음을 드려서 하나님을 사랑하는 학생들이 있는데 하나님께서 이 세대를 모른 척하지 않으실 것이다. 이제 우리는 이 확신을 가지고 다음 세대 사역의 새로운 지평을 열어야 할 것이다. 더는 한국교회, 다음 세대가 위기라는 패배감이 아니라 그 속에 하나님께서 열어주시는 새로운 희망을 품고 하나님의 사역을 감당할 때 분명히 하나님의 세대는 다시 일어날 것이라고 믿는다.

우리가 모두 그 하나님의 역사와 기적을 경험하는 바로 그 세대가 되길 간절히 원한다.

2019년 교육부 HAPPY DAY

1) 개요

- **주제** : 총동원 전도 축제 Happy day
- **목적** : 영아부터 고등부 아이들이 교회에서 기뻐 뛰어놀 수 있는 축제의 장을 만들어 주고 이를 통해 믿지 않는 비기독교 친구들이 교회를 쉽게 접근케 하고자 한다.
- **일시** : 2019년 5월 26일(주일) 9:00~13:00
- **대상** : 영아부~고등부
- **장소** : 교육관, 중예배실
- **프로그램** :

1부(9:30 – 11:00) : 영아~소년부 예배, 버블쇼
2부(11:30 – 13:00) : 중, 고등부 예배, 가수 공연
부스 운영(11:00 – 13:00) : 먹거리 부스, 놀이 부스

2) 홍보

- **기간** : 5월 12~26일
- **홍보 방법** :

① happy day 전도지를 친구들에게 나눠주어 아이들이 직접 홍보한다.
② 학교, 혹은 학원 앞에 가서 happy day 전도지를 나누어 주며 홍보한다.
③ 교회 곳곳에 포스터, 현수막, 배너를 설치하여 홍보한다.

- **준비물**: happy day 전도지, 사탕, 포스터, 현수막, 배너

3) 세부내용 : 웰컴

- **장소** : 교육관 유치부실 앞 주차장
- **시간** : 11시
- **방법** : 아이들이 교육관에 입장할 때 팔찌(입장권)를 채워주고 포토존에서 사진을 찍고 솜사탕을 나누어 준다.
- **준비사항** : 솜사탕 기계, 팔찌, 포토존, 폴라로이드, 인형 옷

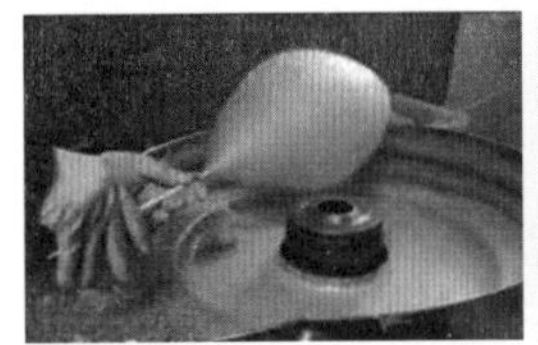

솜사탕

입장권 팔찌

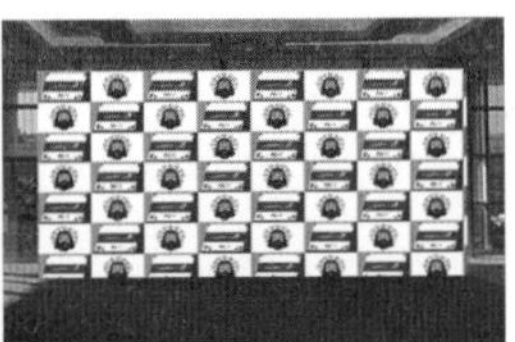

포토존

4) 세부내용 : 1부

1) 유아, 유치부 예배

프로그램	시간	장소	내용
영아, 유아, 유치부 예배	9:30-10:20	유아부실	블랙라이트 공연을 하여 아이들이 즐겁게 예배드릴 수 있도록 한다.

2) 유년, 초등, 소년부 예배

프로그램	시간	장소	내용
유년, 초등, 소년부 예배	9:30-10:20	중예배실	새 친구들이 부담스럽지 않게 열린 예배 형식으로 드린다. 예배 후 친교의 시간에 선물을 나눠주고 경품추첨을 한다.

3) 버블쇼

프로그램	시간	장소	내용
버블쇼	10:20-11:00	중예배실	복음 버블쇼팀을 불러 버블쇼 공연을 통해 복음을 제시한다.

5) 세부내용 : 2부

중·고등부 예배

프로그램	시간	장소	내용
중, 고등부 예배	11:30-12:00	중예배실	새 친구들이 부담스럽지 않게 열린 예배로 드린다. 예배에 참석 한 모든 친구에게 선물을 나누어 주고 새 친구들에게는 특별한 선물을 준다.

가수 공연

프로그램	시간	장소	내용
공연	12:00–13:00	중예배실	가수 이미쉘을 초청하여 공연과 간증을 통해 복음을 전한다.

6) 세부내용 : 부스운영

푸드코트존

- **장소** : 초등부실
- **운영 시간** : 11:00 – 13:00

초등부실 푸드코트

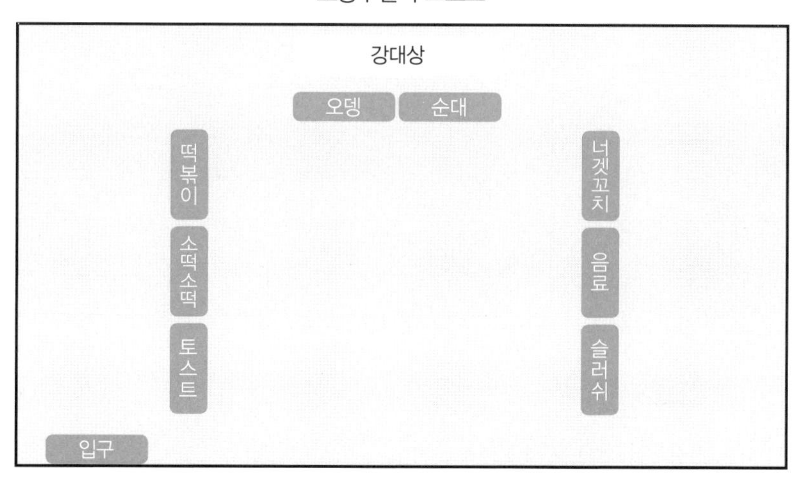

① 메뉴 및 담당 · 너겟과일꼬치, 순대, 오뎅–영, 유아, 유치부
· 소떡소떡–초등부 · 떡볶이–유년부
· 프렌치토스트–소년부 · 슬러쉬–중등부

② 운영 시간: 11:00 – 13:00

③ 먹는 장소: 유년부실

※ 영아 ~ 유치는 유아부실에서

놀이 부스

- **장소** : 교육관
- **운영 시간** : 11:00 – 13:00
- **내용** : 아이들에게 놀거리를 제공하여 교회 안에서 즐거운 시간을 보낸다.

① 유아부실 (키즈존)

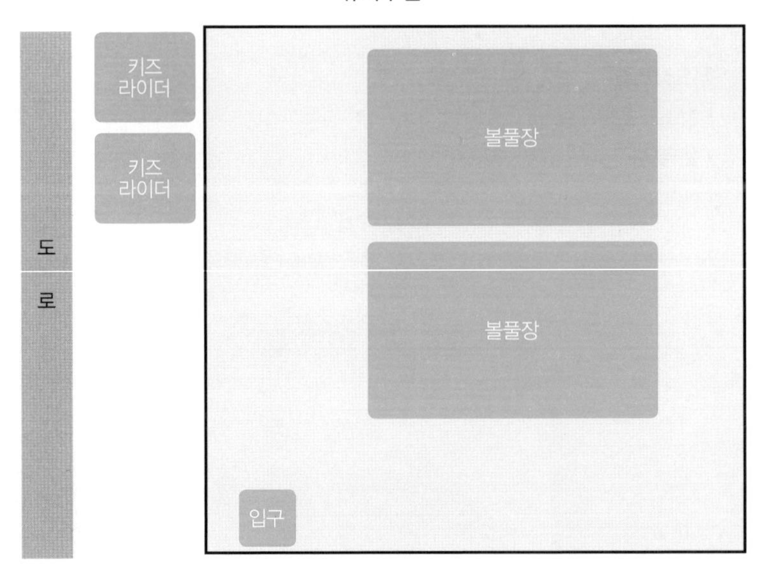

② 유치부실 (아트존)

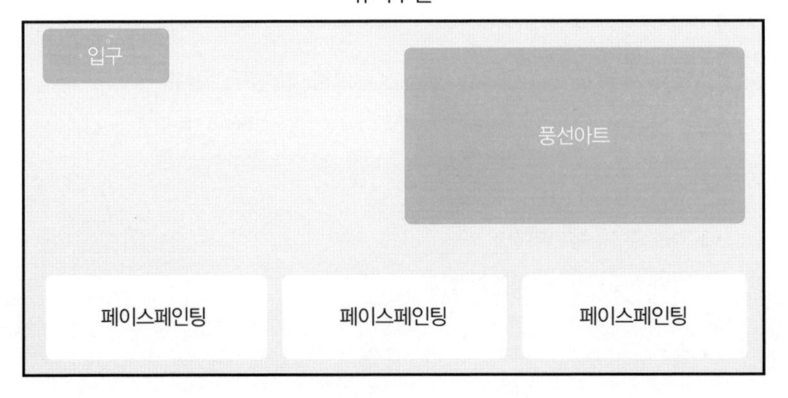

③ 소년부실 (메이드존)

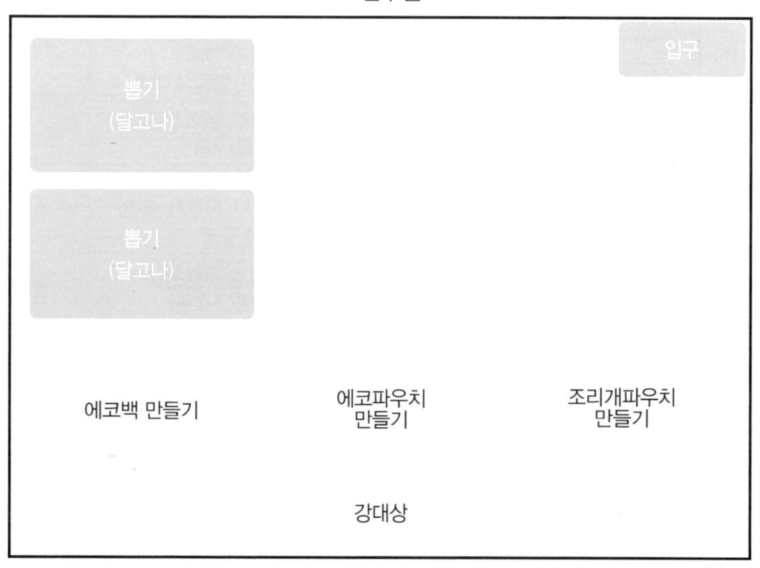

④ 중등부실 (게임존)

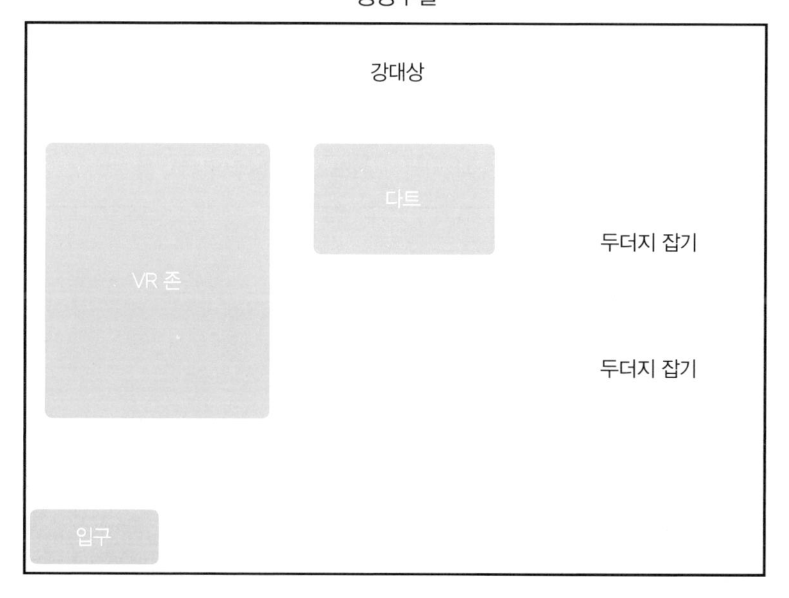

– 준비사항

	구성	준비	담당
키즈존	볼풀장, 키즈라이더	볼풀공 구매, 키즈라이더, 볼풀장 대여	미취학부서
아트존	풍선아트, 페이스페인팅	여러 모양 풍선, 페이스페이팅 물감 구매	
메이드존	뽑기, 에코백 만들기	뽑기 도구 및 재료, 에코백, 조리개 파우치, 파우치, 물감, 붓 구매	소년부
게임존	게임방	VR, 다트기계, 두더지잡기, 펀칭머신 대여	초등부

7) 팀구성

웰컴팀

- **담당자** : 안진주
- **인원** : 9명
- **준비사항** : 솜사탕 기계, 인형 옷, 폴라로이드 대여, 포토존 제작,
  폴라로이드 필름 구매

홍보팀

- **담당자** : 허동일
- **인원** : 2명
- **준비사항** : happy day 전도지, 사탕, 포스터, 배너, 현수막 제작 등

데코팀

- **담당자** : 이한별
- **인원** : 각 부서 2명씩
- **준비사항** : 데코 물품, 풍선 아치 등

예배팀

- **담당자** : 조민기, 신혜은
- **준비사항** : 음향, 찬양, 기도, 말씀, 강사 의전 등

간식팀

- **담당자** : 홍달성, 권오득
- **준비사항** : 음식 재료, 주방 기구 등

놀이팀

- **담당자** : 김드리, 조민기
- **준비사항** : 게임기, VR 대여. 풍선, 페이스페인팅, 에코백 그리기 재료 구매 등

하나님 나라의 승리를 위해 반드시 해야 하는 한 가지,
바로 이 땅의 다음 세대를 살리는 일입니다

THE CHURCH WILL LIVE WHEN THE NEXT GENERATION LIVES

02

보배로운교회

THE CHURCH WILL LIVE
WHEN THE NEXT GENERATION
LIVES

담임목사	류철배 목사
교회연락처	031-203-7942(FAX 031-203-7991)
주소	경기도 수원시 영통구 영통로 501번길 1-7
홈페이지	www.boberoun.com

Awana 사역 소개

Awana는 교회의 다음 세대와 가정을
믿음으로 든든히 세워간다

1. 어와나(Awana)의 뜻

어와나(Awana)는 "부끄러울 것이 없는 인정된 일꾼"(Approved Workmen Are Not Ashamed)이라는 뜻으로 디모데후서 2장 15절의 말씀을 영어 성경에서 따서 만든 이름이다.

2. 어와나(Awana) 사역의 역사와 현재

미국에서 1950년 어린이와 청소년을 위한 선교단체로 등록 후, 현재 110개국, 300만 명의 다음 세대가 어와나를 통해 예수 그리스도의 제자로 훈련되고 있다. 한국에서는 1983년에 시작되어 현재 초교파적으로 대형교회와 작은 개척교회까지 약 370여 교회가 동역하고 있다.

대표적인 교회로는 수원중앙침례교회, 할렐루야교회, 울산방어진제일교회, 일산동안교회, 대전산성교회, 공주꿈의교회, 안산꿈의교회, 지구촌교회, 분당우리교회 등이 있다.

3. 어와나(Awana) 사역의 목적(구원과 훈련)

오늘날 어린이, 청소년 전도는 국내의 전도사역 가운데 가장 풍성한 열매를 맺을 수 있는 분야라고 알려져 있다. 유치원생에서 고등학생에 이르기까지의 청소년들은 감수성이 예민하여 그리스도를 영접하기에 아주 좋은 시기이다. 바울은 디모데가 어린 시절부터 구원에 이르게 하는 지혜를 알려주는 성경을 알았기 때문에 지속적인 믿음을 유지할 수 있었다고 확신하고 있다(딤후 2:15).

매주 마다 성경을 가르치는 교회학교 교육이 많은 유익을 주는 것은 사실이다. 그러나 가정예배가 중단되고 학교마다 잘못된 세상적 가르침을 더욱 중요시하는 오늘날에 와서 우리는 성경을 더욱 확실하고 올바르게 가르쳐야 할 필요에 깊이 공감한다. 매주 모임을 하는 어와나 협회는 미취학 아동부터 고등학생에 이르기까지 청소년들을 위해 고안된 프로그램이다.

어와나 프로그램은 성경 중심적으로 이루어져 있고 아이들에게도 매력적일 뿐만 아니라 하나님을 영화롭게 한다. 어와나의 목표는 하나님의 말씀으로 어린이와 청소년을 구원하고 훈련하는 것에 있다. 하나님의 계획안에서 이 목표들을 이루기 위해 어와나 사역자들은 오늘도 청소년들을 돕고 있다.

4. 어와나(Awana) 사역의 5가지 원리

복음중심의 사역

어와나 사역의 제일 된 목적은 어린이와 청소년들을 예수 그리스도의 복음으로 인도하는 것이다. 복음을 전하는 것은 어와나 사역의 중심일 뿐만 아니라 전부이다. 어린이와 청소년들에게 복음을 되도록 더 많이, 긴급하게, 그리고 최대한 명확하게 전달하는 것이 첫 번째 사역의 원리이다.

성경암송이 훈련의 핵심

어와나는 성경 지식이 개인적으로 적용되는 것을 강조한다. 어와나는 게임과 특별활동과 같은 어린이들이 좋아하는 프로그램을 가지면서 그 프로그램을 통하여 성경암송에 초점을 맞추고 있다. 어린이와 청소년들이 하나님께서 약속하신 말씀을 믿을 때 어와나는 그들이 말씀을 마음속에 간직하도록 훈련한다. 핸드북에는 약 90개의 구절이 있다. 이 구절들은 교리적인 입장을 고려하여 엄선된 구절들이다. 이런 과정을 통하여 성장한 어린이는 수백 개의 구절을 암송하며 성장한다. 또한, 지도자들은 이러한 진리들을 매일의 생활에 적용할 수 있도록 지도하며 자신도 잘 훈련되도록 해야 할 것이다.

재미있고 흥미진진함

왜 게임을 할까? 물론 어와나가 참으로 가르치고자 하는 것은 하나님의 말씀이지만 게임은 어린이들에게 흥미를 일으킨다. 이 흥미는 그들이 성경 말씀에 관심을 끌게 하고 말씀 사역의 목표를 성취하도록 도전을 준다. 성경공부로 유도하는 게임 시간은 어린이와 청소년들에게 핸드북의 성구를 암송하게 하고 교제 시간의 메시지에 주의를 집중하도록 준비시킨다. 게임들은 청소년들과 그들의 지도자 사이에 우정과 스포츠맨십을 성취해 가도록 동기를 유발해 준다.

어린이와 청소년들이 예수 그리스도를 섬기도록 훈련함

하나님을 알고 사랑하는 것은 다른 어떤 것보다 중요하다. 하지만 하나님을 향한 우리의 사랑이 섬김의 형태인 행동으로 나타나지 않는다면 하나님의 자녀를 향한 하나님의 소원이 성취되었다고 볼 수 없다. 어와나 클럽은 어린이와 청소년들이 어렸을 때부터 하나님을 섬기는 일에 참여하도록 격려하고 있다.

견고한 교사 리더십 개발

모든 어와나 클럽이 동일한 수준은 아니다. 어와나 교사와 부모가 성장하면 할수록 어와나 클럽도 더욱 성숙해진다. 그러므로 모든 어와나 교사는 그리스도 안에서 개인적으로나 공동체적으로 계속 성장해야 한다. 견고한 교사 리더십 개발을 위해 어와나 교사가 되는 과정 또한 쉽지 않다. 정식으로 교사가 되기 위해서는 B.T(Basic Training) 교육 9시간을 이수하고 시험을 통과해야만 어와나 정식교사가 될 수 있다. 또 교사의 영성을 위한 영성 수련회, 컨퍼런스 등, 매년 리더십을 기르기 위해 훈련받고 있다.

5. 보배로운교회 어와나의 시작

보배로운교회 어와나는 2015년 9월에 처음 시작하여 2020년 현재 약 6년이라는 시간 동안 진행되었다. 교회의 재정적인 후원과 기도의 뒷받침으로 어와나 교사모집과 어와나 클럽을 오픈할 준비가 차질없이 진행되었다. 처음 어와나를 시작하며 클럽원들을 모집할 때 많은 성도님은 어와나가 무슨 프로그램인지 모르는 분들이 많았다. 이에 어와나 프로그램에 대한 설명과 함께 처음으로 어와나 클럽원을 모집하였는데, 정원 56명 중 28명이 모집되어 보배로운교회 어와나가 시작되었다.

어와나의 구성은 게임, 말씀암송, 교제시간이다. 많은 친구가 어와나를 하면서 게임에 많은 매력을 느꼈는데, 게임보다는 말씀암송이 어와나의 핵심이기 때문에 말씀암송에 초점을 맞추어 어와나를 운영하였다(게임점수보다는 말씀암송 점수의 배점을 높이는 등).

어와나를 통해 많은 아이가 믿음으로 성장하고 선한 영향력을 끼치자 점차 어와나를 신청하는 아이들이 늘어나기 시작했다. 또한, 아이들의 훌륭한 말씀암송으로 교회에 좋은 인식들이 퍼져나가기 시작했다. 그리하여 지금은 현재 64명의 정원을 꽉 채우고도 대기인원이 있을 정도로 운영되고 있다.

보배로운교회 어와나를 위해 교역자를 포함하여 17명의 교사가 아이들을 부끄러울 것이 없는 인정된 일꾼으로 훈련하고 양육하기 위해 열심히 노력하고 있다.

6. 보배로운교회 어와나 클럽원 / 학부모 / 선생님의 반응

클럽원

보배로운교회 어와나 클럽원들은 다른 교회 어와나와 달리 게임시간보다 말씀암송에 재미와 흥미를 느끼는 것을 볼 수 있다. 한 주 동안 가정에서 자신이 암송할 수 있는 만큼 말씀을 암송해오는데, 같은 팀 클럽원끼리 서로 말씀을 암송할 개수를 정하고 격려하며 말씀암송에 초점을 맞추는 모습을 볼 수 있다. 아이들은 말씀을 암송하며 궁금한 내용은 선생님과 교역자들에게 물어보고 암송한 말씀에 따라 살아가기 위해 노력한다.

또 어와나의 목적 중 하나인 훈련 부분에 있어서 어와나 프로그램에 참여하며, 게임을 하거나 말씀을 암송할 때, 까불고 장난치는 아이들이 있는데 단순한 교회학교 예배, 프로그램이 아니기에 이러한 부분에 대해 철저히 교육하고 훈련함으로써 진지하게 어와나 프로그램에 임하는 아이들을 볼 수 있다. 아이들 스스로 어와나를 기다리고 기대하며, 재미있게 게임하고 말씀

암송하고 교제하고 있다.

학부모

처음 어와나 프로그램에 대해 반신반의했던 학부모님들도 아이들이 누군가의 강요에 의한 것이 아닌 스스로 말씀을 암송하는 것에 놀라고, 대견하다고 많이 느끼셨다. 특별히 불티단(7세~2학년)의 경우 처음 어와나를 시작하는 나이가 7세인 경우가 많은데, 아직은 혼자서 말씀을 암송하는 것이 어렵다(아직 한글을 떼지 못한 경우). 그러므로 가정에서 부모님들이 말씀암송을 도와주시는데 아이의 말씀암송을 지도하며 부모님 자신도 말씀을 함께 암송하여 믿음의 성장을 할 수 있어 좋고, 또 집안 곳곳, 눈에 잘 보이는 곳마다 말씀을 적어서 붙여, 아이와 함께 암송하는 시간을 보내신다. 또 고학년부터는 사춘기가 시작되는데 함께 말씀을 암송하는 공통분모로 인해 어와나를 시작하기 이전보다 더욱 관계가 좋아졌다고 말씀하신다.

선생님

매주 아이들이 적게는 2~3구절, 많게는 10구절 이상씩 말씀을 암송하여 점검받는데 아이들의 말씀암송을 보며 선생님 자신도 많은 도전을 받는다고 한다. 또 아이들이 말씀을 암송하며 궁금한 성경의 내용과 단어를 선생님께 물어보는데, 이로 인해 개인적으로 성경을 읽고 연구하는 시간이 많아졌다고 한다. 또 어와나 교사를 시작하기 전에는 성경을 읽는 것과 말씀을 암송하는 것은 상상할 수 없었는데, 믿음의 본을 보이기 위해 매일 출근하기 전 성경을 읽고 말씀을 암송하며 선생님 자신부터가 부끄러울 것이 없는 인정된 일꾼이 되기 위해 노력하며 살아가는 모습을 볼 수 있다.

7. 보배로운교회 어와나 진행 순서

보배로운교회 어와나는 상반기 10주(3~5월, 매주 토요일), 하반기 10주(9~11월, 매주 토요일)의 커리큘럼으로 진행되고 있으며, 세부 진행 순서는 게임시간 40분, 말씀암송 40분, 대그룹시간 40분으로 총 2시간 진행하고 있다.

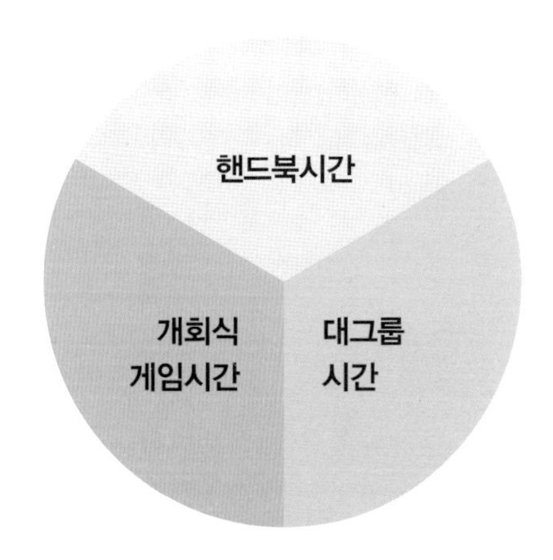

개회식

기 입장식, 어와나의 기도, 어와나 주제성구 암송, 어와나 다짐, 어와나 주제가로 진행되며, 개회식에 어와나 클럽원이 다 같이 참여하고 진행함으로써 일체감을 가지게 해준다.

또한, 어와나 주제성구를 다 같이 암송함으로써 '부끄러울 것이 없는 인정된 일꾼'으로 자라기 위한 마음을 다시 새기고 특별히 클럽원들이 각 클럽의 맞는 단복을 입음으로 자연스럽게 동질감이 생긴다. 또 개회식부터가 어와나의 시작이기에 개회식에 지각하면 개근상을 받지 못한다. 이로 인해 지각에 관한 생각도 심어주어 제시간에 예배에 참석할 수 있도록 훈련하고 있다.

1) 게임시간(40분)

게임은 클럽원들이 지속적으로 어와나 클럽에 오게 하는 도구이다. 게임 시간을 통해 클럽원들은 협동심과 페어플레이 정신을 배우고 공동체성을 키워나간다. 또 나 자신만을 생각하는 이기주의적인 성향이, 남을 생각하고 팀원을 생각하는 배려와 존중의 성향으로 바뀐다. 만약 게임이 침체되거나 없어지면 어와나의 출석은 그만큼 저하될 것이다.

2) 핸드북 시간(40분)

핸드북 시간을 통해 한 주간 가정에서 암송한 말씀을 점검받는 시간을 갖는다. 이 시간의 강조점은 클럽원들과 교사의 개인적인 접촉에 있다. 교사는 클럽원들에게 성경을 잘 암송할 수 있도록 격려한다.

3) 대그룹시간(40분)

모든 클럽원과 교사들이 모이며, 간증, 찬양, 설교, 시상식 등 교제시간으로 진행된다. 그리고 구원받지 못한 어린이와 청소년들이 가장 많이 복음과 접할 수 있는 시간이다.

8. 보배로운교회 어와나에서 진행하고 있는 클럽 소개

어와나는 연령에 맞게 6개의 클럽으로 구성되어 있으며. 보배로운교회 어와나에서는 불티단(7세–2학년)과 T&T(3–6학년)가 진행되고 있다.

JOURNEY
저니
고등학교

Truth & Training
티앤티
3~6학년

1) 불티단(Awana Sparks) : 7세-초등학교 2학년(3년 과정)

Wisdom(지혜), 예수 그리스도를 아는 성경의 지혜

초등학교 저학년 아이들은 넘치는 에너지와 호기심을 마음껏 발산할 수 있는 기회가 필요하다. 불티단은 흥미진진한 게임과 성경 실화를 배움으로 몸과 마음을 건강하게 하고, 지혜로운 성경적 세계관의 기초를 형성하게 한다.

불티단 모임

일주일에 한 번, 약 2시간의 불티단 모임은 Awana 게임과 핸드북 암송, 찬양과 말씀, 시상식 등으로 진행된다.
〈 게임 시간(40분) / 핸드북 시간(40분) / 대그룹 시간(40분) 〉

불티단 교육과정(커리큘럼)

불티단은 7세-2학년을 위한 3권의 핸드북이 있다. 각 핸드북은 창세기부터 요한계시록까지 36개의 성경 실화를 중심으로 성경의 기초 교리를 암송을 통해 배우도록 구성되어 있다. 가정에서 부모님과 함께 성경 이야기(실화)를 읽고, 성경구절을 암송한다.

1년 동안 각 40과의 핸드북을 진행한다.

플라이트 3:16	행글라이더 핸드북	윙러너 핸드북	스카이스토머 핸드북
〈입단과정〉 요한복음 3:16로 복음 배우기	〈창세기-여호수아〉 위대하신 창조주 하나님의 지혜 배우기	〈사사기-예수님 탄생〉 신앙의 위인들로부터 성경의 지혜 배우기	〈마태복음-요한계시록〉 하나님의 약속과 예수 그리스도의 복음의 지혜 배우기

입단과정 | 행글라이더 | 윙러너 | 스카이스토머

2) T&T(Truth&Training) : 초등학교 3학년-6학년(4년 과정)

Grace(은혜), 하나님과 성경에 대한 질문과 대답 & 복음의 은혜

초등학교 고학년 아이들에게 온갖 유혹이 넘치는 세상에서 확고한 성경적 가치관을 형성할 수 있는 신앙훈련이 꼭 필요한 시기이다. 하나님을 사랑하고 이웃을 사랑하라는 그리스도인의 사명을 실현하기 위해 가장 기본적인 신앙에 대한 질문과 답, 그 답을 뒷받침하는 성경구절을 암송한다. 당당한 성경지식과 하나님의 말씀을 아이들의 생각과 마음에 담아, 인정된 그리스도인으로 살아가는 방법과 하나님의 은혜를 이웃과 나누는 법을 배운다.

T&T 모임

일주일에 한 번, 약 2시간의 T&T 모임은 Awana 게임과 핸드북 암송, 찬양과 말씀, 시상식 등으로 진행된다. 〈게임 시간(40분) / 핸드북 시간(40분) / 대그룹 시간(40분)〉

T&T 교육과정(커리큘럼)

T&T는 초등학교 3~4학년, 5~6학년 두 클럽으로 나누어져 있다. 클럽별로 2권의 핸드북이 있다. T&T 핸드북은 아이들이 하나님과 성경에 대한 가장 궁금한 질문을 바탕으로 그에 대한 답과 성경적 증거(성경구절)를 함께 배운다. 가정에서 매일매일 성경을 읽고, 스스로 성경을 공부하고, 성경구절을 암송한다.

최고의 모험(Adventure) 클럽(3-4학년)		최고의 도전(Challenge) 클럽(5-6학년)	
어드벤처 1권 핸드북	**어드벤처 2권 핸드북**	**챌린지 1권 핸드북**	**챌린지 2권 핸드북**
1. 성경을 주신 이유 2. 하나님에 대해 알기 1 3. 예수님에 대해 알기 1 4. 그리스도인의 삶	1. 가정을 위한 하나님의 말씀 1 2. 왜 교회에 가야하나요? 3. 다른 사람을 돕는 방법 4. 사탄, 천사, 그리고 미래	1. 성경이 참된 증거 2. 하나님에 대해 알기 2 3. 예수님에 대해 알기 2 4. 성령님에 대해 알기	1. 가정을 위한 하나님의 말씀 2 2. 영적 성장 3. 좋은 친구 4. 그리스도인의 장래a

Start Zone

Adventure 1권

Adventure 2권

Challenge 1권

Challenge 2권

9. 보배로운교회 어와나가 참여한 이벤트

어와나 이벤트는 클럽원들에게 특별한 훈련과 경험의 기회를 제공한다. 어와나 이벤트로는 성경퀴즈대회, 올림픽, 영어캠프, 청소년 행사, 영어성경학교, 비전캠프, 장학캠프, 그랑프리(자동차 대회) 등이 있으며, 보배로운교회에서는 매년 성경퀴즈대회와 올림픽에 참가하고 있으며, 작년 가을학기에 처음으로 그랑프리(자동차 대회)를 개최하였다.

1) 성경퀴즈대회

성경퀴즈대회는 어와나 클럽원들이 1년 동안 암송하고 공부한 핸드북의 내용을 점검하는 시간이다. 클럽원들은 전국에 있는 또래 친구들과의 스피드 퀴즈, 객관식 퀴즈, 필기시험 등을 진행하며, 하나님의 말씀을 알아가는 즐거움을 경험한다. 클럽원들은 그해 자신이 공부한 핸드북 중 1권을 선택해 출전할 수 있으며, 참가한 모든 클럽원들은 자신의 성취에 따라 금메달, 은메달, 동메달을 수상한다. 또한, 핸드북마다 최고 득점한 클럽원들에게 멋진 트로피로 시상한다. 성경퀴즈대회는 매년 약 2,000명 이상의 클럽원들과 교사, 부모님 포함 약 3,000명의 인원이 참석하는 한국 어와나의 축제의 장이다.
보배로운교회 어와나 클럽원들은 성경퀴즈대회를 통해 한 해 동안 암송한 말씀을 복습하고 완전히 자신의 것으로 만드는 시간을 가졌다. 성경퀴즈대회에 출전한 클럽원들은 말씀을 암송하는 것에 있어 자신감이 생겼으며, 대부분의 클럽원 모두 우수한 성적을 거두어 다음 해 성경퀴즈대회를 위해 더욱 열심히 암송하는 모습을 볼 수 있었다.

2) 올림픽

어와나 올림픽은 자신의 클럽과 교회의 명예를 걸고 참여하는 열정적인 어와나 게임 축제다. 어와나 올림픽은 클럽원들이 어와나 본부에서 선정한 10가지 종목에 교회의 대표선수로 참여하여 전국에 있는 또래 클럽원들과 경기한다. 각 교회에서 출전한 선수들은 모두 금메달, 은메달, 동메달을 수상하며, 심판학교 훈련을 받은 교사들이 어와나 주심과 선심으로 봉사한다. 매년 어와나 올림픽은 약 7,000명의 클럽원들과 함께 교사와 부모, 심판진까지 약 8,000여명의 인원이 참석하는 어와나에서 가장 큰 이벤트다.

보배로운교회 어와나 클럽원들은 올림픽 준비를 위해 선수로 선발된 이후 약 3주간의 훈련을 통해 게임을 완전히 자신의 것으로 익히고 서로의 노하우를 나누며 올림픽을 준비했다. 올림픽에 출전하여 자신의 팀원이 실수를 해도 "괜찮아! 괜찮아! 끝까지! 끝까지!"라고 격려하며, 평소 게임 시간을 통해 훈련된 팀워크를 발휘하였다. 또 1등, 2등 점수에 연연하기보다는 서로를 격려하고 배려하며 한마음으로 함께 올림픽에 임했다. 이러한 모습을 통해 보배로운교회 어와나만의 공동체성을 키우는 시간이 되었다. 또 자연스럽게 좋은 성적도 따라오게 되었다.

3) 그랑프리(자동차 대회)

어와나 그랑프리는 보호자와 함께 참여하는 자동차 경주대회로서 어와나 클럽원들과 그 가정을 위한 축제이다. 클럽원들은 가정에서 보호자와 함께 어와나 그랑프리에 참가할 세상에 단 하나뿐인 자동차를 만든다. 부모와 자녀가 협력하여 완성된 자동차는 대회 당일에 어와나 그랑프리 전용 트랙에서 진행되는 스피드 경기와 참신한 아이디어와 완성도를 겨루는 디자인 심사에 참여하게 된다.

보배로운교회 어와나에서는 2019년 가을학기 처음으로 어와나 그랑프리 대회를 진행하였다. 처음인데도 많은 클럽원들이 참여하였으며, 부모님들의 관심도 많았다. 그랑프리 대회에 출전하기 위해서 나무로 된 자동차 키트를 부모님과 함께 깎고 꾸미는 등, 다양한 활동이 필요한데, 특히 아버지의 역할이 중요하다. 어와나 그랑프리를 진행하며, 특히 아버지와 클럽원이 자동차를 함께 만들어서 좋은 추억들이 생겼다는 가정이 많이 있었다.

하나님을 믿지 않는 부모님께서 아이가 교회에 가는 것에 대해 부정적이었는데, 그랑프리 대회를 통하여 아이와 함께 그랑프리 대회를 준비하며 생각이 많이 바뀌셨다는 분이 계셨다. 그랑프리 대회는 클럽원과 가족 모두가 함께 참여하는 이벤트이기에 아직 하나님을 알지 못하는 부모님들을 교회에 초청하고 더 나아가 전도할 수 있는 통로이다. 앞으로도 계속해서 보배로운교회 어와나에서는 그랑프리를 진행하여 아직 하나님을 믿지 않는 부모님들을 자연스럽게 교회로 초청하고 그분들에게 하나님의 복음을 전할 것이다.

차OO 선생님

어와나를 알기 전과 후로 제 인생이 바뀌었다고 해도 과언이 아닐 정도로 어와나는 제 삶의 많은 것들을 변화시켰습니다. 어와나를 알기 전, 성경을 암송한다는 것은 저하고는 먼 이야기였습니다. 하지만 어와나 교사로 섬기며 친구들과 함께 성경구절을 암송하기 시작했고, 아침마다 회사에 가기 전, 성경 말씀을 읽는 것을 생활화하여 벌써 성경을 5독 하였습니다. 또 어와나 게임시간에 게임디렉터로 클럽원들을 지도하고 있는데, 주심 선생님이 보지 못해 실격해야 하는 팀이 1등 한 적이 있었습니다. 이때, 실격한 팀에서 본인팀이 실격이라는 것을 시인한 적이 있습니다. 그때 그 팀을 실격처리했지만, 기특하고 솔직한 행동에 추가로 점수를 줬던 기억이 있습니다. 그 모습은 어와나 정신에서 강조하는 '부끄러울 것이 없는 인정된 일꾼'의 모습이었습니다. 앞으로 아이들이 어와나 안에서 부끄러울 것이 없는 인정된 일꾼으로 성장하기를 원하고 저 또한, 부끄럽지 않은 선생님이 되기 위해 더욱 열심히 노력할 것입니다.

김OO 선생님

저는 사춘기에 접어든 딸 아이와 함께할 수 있는 교회프로그램을 찾던 중 어와나를 접하게 되었습니다. 어와나 훈련의 핵심은 말씀암송입니다. 하지만, 어린아이들이 낯선 단어가 많은 성경말씀을 암송한다는 것은 쉽지 않습니다. 그래서 저도 딸아이와 함께 거실, 주방, 화장실에 말씀을 적어놓고 수시로 보며 말씀을 함께 읽고 외우며 시간을 보냈습니다. 그랬더니 어느 순간 딸아이는 저보다 훨씬 먼저 말씀을 외우게 되었고, 모녀 사이에 대화도 많아지게 되었습니다. 또 교사로 섬기며 말씀암송에 재미가 생긴 친구들은 더는 부모님의 강요 없이도 자기 스스로 목표를 세우고, 어와나에서 주어지는 보상을 받기 위해 암송을 준비하는 모습을 볼 수 있습니다. 그러다 보니 암송능력도 좋아지고 자신감도 높아져 다른 분야에서도 주도적으로 자신의 역할을 찾는 모습을 볼 수 있었습니다. 어와나의 목적 중 하나인 훈련이 말씀암송을 통해 이루어지는 것을 보았습니다.

신OO 선생님

어와나 게임 시간을 통해 많은 아이가 규칙을 배우고 그 안에서 배려와 협동심을 기르는 것을 볼 수 있습니다. 또 말씀암송을 통해 성경을 늘 가까이하며 주님의 말씀을 자연스럽게 접할 수 있어 아이들에게 선한 영향력을 끼치는 것을 느끼게 됩니다. 또 아이들이 말씀을 가까이 하다 보니 스스로 기도할 수 있는 자신감이 생기고 또 아이들의 기도를 들어보면 어른들보다 성숙하고 더 감사의 기도를 하는 모습을 볼 수 있습니다. 또 어와나 프로그램 안에는 자연스러운 전도 미션이 있어, 단복을 입고 학교에 가거나 믿지 않는 친구들을 어와나에 초청하여 재미있고 흥미진진한 시간을 보내도록 프로그램이 준비되어 있습니다. 또 어와나에는 어와나 올림픽, 어와나 그랑프리(자동차 대회) 등, 여러 이벤트가 준비되어 있어서 믿지 않은 부모님들도 자연스럽게 어와나에 관심을 가지고 이로 인해 믿지 않은 부모님을 전도할 수 있는 하나의 장이 됩니다. 어와나는 복음을 중요시하며 믿음의 세대를 위해 힘쓰는 아주 귀하고 좋은 신앙 프로그램입니다.

11. 다음 세대를 위해 꼭 필요한 Awana!

보배로운교회에서 어와나를 진행하며, 어와나의 목적인 구원과 훈련이 클럽원들의 삶 속에 나타나는 것을 볼 수 있다. 어느 누가 강요해서 성경을 암송하는 것이 아니라 성경 암송에 재미와 흥미를 느껴 말씀을 암송하고, 게임 시간을 통해 공동체성을 키워 이기적인 마음이 아닌 상대방을 배려하는 마음을 키울 수 있다.

"다음 세대가 위기다!"라는 말이 있다. 여러 이유가 있겠지만, 가장 큰 것은 절대적으로 부족한 성경공부 시간이라고 생각한다.

한 주에 30분이 채 안 되는 시간으로 성경공부를 하고 있는데 이마저도 제대로 이루어지지 않는 실정이다. 교회학교 아이들을 말씀으로 훈련하기에 턱없이 부족한 상황이 계속됨으로써 아이들을 세상에 빼앗기고 교회학교 아이들의 수가 점차 감소하는 것을 볼 수 있다.

하지만 어와나는 어린이와 청소년들이 가정에서 부모님과 함께 성경공부와 성경을 암송하고 매주 2시간씩 어와나를 진행하며 부족한 성경공부의 시간을 채울 수 있다. 또 어와나는 전 세계의 어린이와 청소년 전도에 그 효과가 입증된 사역이다. 매주 재미있고, 흥미진진한 클럽 모임은 예수님을 알지 못하는 아이들을 교회로 오게 만들고 복음을 듣고, 성경으로 훈련할 수 있는 기회를 제공한다.

마지막으로, 교회학교만 졸업한 학생들과 어와나를 경험하고 졸업한 학생을 비교해보면, 교회 출석률, 성경통독, 신앙 나눔, 영적인 믿음에 대한 부분에서 어와나를 경험하고 졸업한 학생이 교회학교만 졸업한 학생들에 비해 월등히 높은 수치를 보이고 있음을 알 수 있다.

이처럼 어와나는 다음 세대 아이들을 살리고 교회로 초청하며, 진정한 구원과 훈련으로 하나님 보시기에 '부끄러울 것이 없는 인정된 일꾼'으로 성장시키기 위한 신앙 프로그램이다.

하나님 나라의 승리를 위해 반드시 해야 하는 한 가지,
바로 이 땅의 다음 세대를 살리는 일입니다

THE CHURCH WILL LIVE WHEN THE NEXT GENERATION LIVES

03

창동염광교회

THE CHURCH WILL LIVE
WHEN THE NEXT GENERATION
LIVES

담임목사	황성은 목사
교회연락처	02-908-9100(FAX 908-9109)
주소	서울시 도봉구 도봉로 120길 16(창동)
홈페이지	www.yumkwang.or.kr

1. 창동염광교회 교육부 "꿈이 있는 마을" 소개

2020년 창동염광교회는 "마땅히 행할 길을 함께 걷는 교회"라는 목회 중점 아래 모든 교회의 사역이 진행된다. 특별히 2022년 교회 창립 50주년을 준비하며 교회교육에 중점을 두고, 가정과 다음 세대를 세워가는 비전을 품고 세상의 그늘을 품는 그리스도인들을 가르치고 일깨우며 세워가는 교회 본연의 모습을 회복함에 초석을 놓는 해로 삼았다.

이러한 중에 '꿈이 있는 마을'은 그 사역의 중심에 놓여 있다. 새로운 부흥은, 장년을 중심으로 한 성년부터의 부흥과 함께, 교육부를 중심으로 한 어린층에서부터의 부흥이 함께 만나는 큰 그림 아래서 이루어져야 한다고 보았다. 따라서 교회의 중심에 교육부가 있다고 해도 과언이 아닐 것이며, 교회의 목회 중점과 함께 연계되어 일관성이 바탕이 된 교육이 되어야 한다. 본 교육편람은 그런 취지로 구상되어 교회의 중직자와 당회에 공유되어 왔으며 이를 기반으로 꾸준히 보고되어 왔다.

그러나 올해 초 발생한 코로나19 사태는 교회와 교육부의 변화를 촉발하였다. 주일 사역뿐 아니라 폭넓게 확장된 주중 사역의 저력으로 주일 1,200명 정도 출석하던 교회학교 각 마을이 심각한 타격을 입었다. 이에 교회학교는 담임목사님의 지지를 바탕으로 지난 2월부터 기존의 모든 사역의 전면 수정을 거쳐 현재에는 각 마을의 사역을 단순화하고, 교역자들을 훈련하여 온라인 콘텐츠 제작과 오프라인 예배, 가정에 교재를 발송하여 진행하는 성경학교 등의 사역으로 재편하였다. 이 재편에는 당회와 장로님들의 적극적인 협조가 있었다.

교회학교는 이에 멈추지 않고 2021년에는 전 세대 교육을 위한 "예수만 섬기는 우리 집"(예섬집) 프로젝트를 준비하여 진행하도록 기획 중이다. 예섬집 프로젝트는 현재 담임목사님의 재가를 얻어 당회의 결정을 앞두고 있지만, 강단에서 선포되는 말씀으로, 장년~영유아에 이르는 전 세대를 가정과 온라인으로 교육하기 위해 교재 제작과 부교재 제작 및 가정 발송, 부모님을 가정에서 교사로 세우기 위한 부모교육 영상을 제작하여 배포하도록 준비하고 있다.

1) 사명선언

"마땅히 행할 길을 함께 걷는 교회학교" (잠 22:6)

2) 비전선언

"성장하고 성숙하는 꿈마을 공동체" (행 2:46-47 / 눅 2:52)

– 생명 공동체

"가정-교회-학교(삼위일체)를 하나로 엮는 꿈마을 공동체" (신 6:7-9)

– 삼위일체 공동체

"세상 속에서 하나님 나라를 이루는 꿈마을 공동체" (마 25:40)

– 선교 공동체

3) 핵심전략

창동염광교회 꿈이 있는 마을은 예배, 양육, 교제, 전도, 섬김을 핵심전략으로 하여 우리의 사명과 비전을 실현한다.

- **예배 (롬 12:1)**

  교사새다짐예배, 성탄축하행사 외 (타교회탐방, 타부서탐방, 교환설교, 영상 및 음향교육, 워십컨퍼런스 및 찬양율동 세미나 지원, 청소년교회 성례주일 등)

- **양육 (골 1:28)**

  교사양성교육, 좋은 부모학교, 염광아기학교, 여름행사, 성경교육(읽기/

쓰기/암송), 청소년 알파, 제자훈련

• **교제 (히 10:24)**

꿈마을 교역자수련회, 부장/교역자 세미나, 교사수련회, 교육부 월례회

• **전도 (단 12:3)**

어린이주일 연합예배, 청소년부흥회

• **섬김 (막 10:45)**

사순절헌금, 선교헌금, 추수감사주일 사랑의 헌물 전달

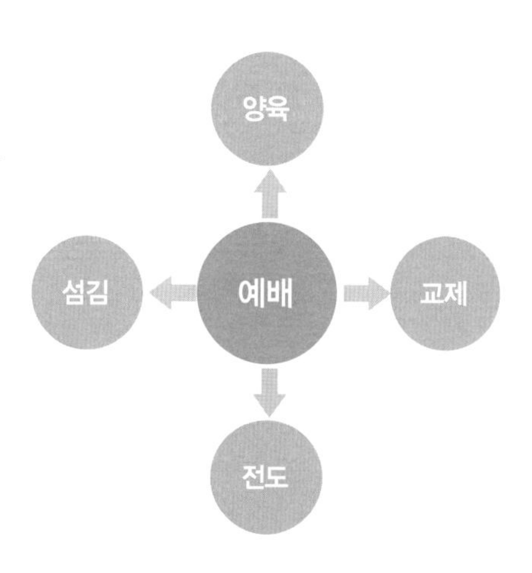

2. 교육원리

1) 가정-교회-학교가 연계되는 교육

① 가정-교회가 연계되는 교육

교회에서는 교사들에 의하여 교육이 이루어질 뿐 가정의 부모들과의 연계를 잘 이루지 못하는 경우가 많다. 이러면 신앙교육은 오직 교회의 역할인 것으로 이해되며, 부모가 자녀의 신앙교육에 관하여 무관심하게 되기 쉽다. 그러나 부모의 신앙교육은 그 무엇보다도 중요하다. 원래 자녀의 교육적 사명은 부모에게 주어진 것이기 때문이다. 그러므로 염광교회 꿈이 있는 마을은 가정과 교회가 상호협력하여 신앙교육을 할 수 있도록 하고, 부모를 자녀신앙교육의 일차적 책임을 진 자로 세운다.

② 교회-학교가 연계되는 교육

자녀들에 대한 신앙교육을 제대로 하기 위해서는 자녀들이 가장 많은 시간을 보내며 가장 많은 영향을 받는 학교에 대해서도 관심을 가져야 한다. 더군다나 학교폭력, 왕따 등 학교의 모습이 왜곡되는 현실 속에서 더욱 그러하다. 교회는 자녀들의 학교생활에 대해서도 관심을 가져야 하며 학교와의 관련성 속에서 신앙교육을 할 것이 요구된다.

2) 지-정-의를 통합하는 전인적인 교육

성경은 우리에게 "예수는 지혜와 키가 자라가며 하나님과 사람에게 더욱 사랑스러워 가시더라"(눅 2:52)라고 말씀하고 있다. 교회의 교육은 성경의 지식을 가르치며, 성경의 지식을 많이 알고 오랜 시간 교회에 조용히 잘 다닌 학생을 신앙생활을 잘하는 학생으로 오해해 왔다. 하지만 이제 교회교육은 지적인 영역을 벗어나서 꿈마을 학생들의 감정적, 의지적 영역까지 통합하는 교육이 되어야 한다. 이를 통해서만 꿈마을 학생들의 머리 속에서만 아니라 일상생활 속에서 하나님의 사람으로 살아가는 것이 가능해진다.

3) 공동체 속에서 이루어지는 교육

신앙은 하나님과 사람과의 관계 속에서 이루어지는 교육이다. 그러므로 하나님에 관하여 아는 것이 아니라 하나님을 알고, 사람에 관하여 아는 것이 아니라 사람을 아는 데로 교육의 구조가 변화되어야 한다. 이것은 인격적인 관계 속에서 가장 효과적인 교육이 이루어질 수 있다는 말이다. 인격적인 관계 속에서 교육이 이루어진다는 말은 교회의 각 부서, 각 부서 안의 각 반에서 사랑의 공동체가 형성되고 그 안에서 교육이 이루어질 때 삶 속에서 변화를 가져오는 교육이 가능하다는 말이다. 그러므로 꿈마을은 지식을 전수하여 하나님에 '관해' 알게 하는 데 역점을 두기보다는 부서, 반 안에서 사랑의 관계를 맺고 그 관계 안에서 하나님을 알아갈 수 있도록 하는 데 보다 더 큰 관심을 기울일 것이 요구된다.

4) 부서간 교육활동을 연계하는 교육

영아부에서 청소년부에까지 이르는 동안 교육은 각 부서 안에서 자율적으로 진행되어 왔다. 그러나 부서의 자율성만을 강조하면 다음과 같은 문제가 있을 수 있다. 먼저 각 부서 사역이 연계성을 가지지 못한 채 개별적으로 이루어진다. 둘째, 연계된 부서 간에 교육내용과 교육과정, 정보 등이 공유되지 못한다. 셋째, 교역자나 부장의 변화에 따라 교육의 방향과 활동이 쉽게 변한다. 그러므로 꿈마을은 이러한 교육활동을 연계하기 위하여 영역별로 서로의 예배와 교육활동을 점검하고 교육활동이 연계성과 통일성을 가질 수 있도록 고려한다. 영역별 담당 교역자를 중심으로 하여 영역 내에 있는 부서 간의 활동들을 점검하며, 나아가 보다 큰 그림을 교육부 내에 그릴 수 있도록 방향을 조정한다.

I. 교육본부

1. 교육표어 : 제자의 삶

주제 성구 : "그러므로 너희는 가서 모든 민족을 제자로 삼아 아버지와 아들과 성령의 이름으로 세례를 베풀고 내가 너희에게 분부한 모든 것을 가르쳐 지키게 하라 볼지어다. 내가 세상 끝날까지 너희와 항상 함께 있으리라 하시니라"(마 28:19-20).

2. 교육목표

1) 그리스도의 제자 된 삶을 살아가도록 한다.

2) 마음을 다하고, 뜻을 다하고, 힘을 다하여 하나님을 사랑한다.

3) 예수님처럼 겸손하게 섬기며 사랑하며 순종하는 교사가 된다.

4) 교사와 학생들이 신앙인의 기초되는 소양을 함양하고 성숙하도록 돕는다.

5) 교사와 학생들이 말씀을 듣고 지키며 행하여 제자가 되도록 돕는다.

6) 각 부서가 주님께서 기뻐하시는 공동체가 되도록 돕는다.

3. 모임 시간 및 장소 : 주일 오전 10시 30분, 교육관 3층 강사대기실

4. 교육부 현황

주 일 학 교							
마을	학급	교사	학생	마을	학급	교사	학생
탁아마을	-	30	29	유년마을	39	56	341
영아마을	12	63	55	소년마을	31	55	362
유아마을	26	45	130	중등마을	31	49	342
유치마을	29	54	190	고등마을	24	36	259
통합유아마을	6	22	36				
통합어린이마을	14	26	73				
총 교사수 : 명 / 총학생수 : 명 (주일 평균 : 명)							

주중학교			
마을	학급	교사	학생
유아지혜놀이터	7	13	70
어린이말씀놀이터	10	12	
유아수요성품학교	9	14	30
어린이수요성품학교	11	23	79
프리아기학교	–	3	–
아기학교	4	12	28가정
어린이토요하자	16	51	96
총 교사수 : 약 명 / 총학생수 : 약 명			

II. 탁아마을

1. 교육목표

1) 부모님들이 아이와 떨어져 온전한 예배를 드릴 수 있도록 돕는다.

2) 아이들이 교회에서 부모님의 품을 경험하도록 돕는다.

3) 정서적인 안정감이 믿음의 토대임을 기억하며 아이들에게 신앙의 토대를 제공한다.

2. 연간 교육활동

월	교육 주제	주요 교육활동 및 교사 준비 사항
연중	탁아 돌보기	정서적 유대감을 제공하는 활동들을 통하여 신앙의 토대 구축하기. (안아주기, 업어주기, 함께 걷기, 장난감 놀이 등)

Ⅲ. 영아마을

1. 교육목표

영아마을 아이들이 마땅히 행할 길을 바르게 배워 하나님 안에서 강하고 지혜롭게 자라나도록 돕는다. 그를 위해 교회와 가정이 함께 아이들에게 바른길을 가르치도록 한다.

2. 대표 사역 소개

1) 성경학교

일 년에 총 2번 봄맞이 성경학교와 여름성경학교를 진행한다. 토요일과 주일 이틀간 교회 내에서 진행하며, 토요일은 기존의 주일예배와는 달리 보호자(부모 또는 조부모)와 함께 참석하도록 하는 것이 특징이다. 정해진 주제에 맞춰 다양한 활동을 구성하여 어린이들이 하나님의 말씀 안에서 보호자와 함께 다채로운 경험을 하도록 기획하고 있다.

2) 진급식

일 년에 총 3번(4월/8월/12월 마지막 주) 30개월이 지난 어린이들이 진급식을 통해 영아마을에서 유아마을로 진급한다.

3) 절기 가정활동

사순절과 대림절 기간을 각 가정이 아이와 함께 말씀을 묵상하며 보낼 수 있도록 가정활동을 기획, 제공한다.

Ⅳ. 유아마을

1. 교육목표

하나님의 말씀을 듣고 말씀을 깨달아 새롭게 되어 하나님께서 기뻐하시는 하나님의 자녀로 살아가요.

2. 대표 사역 소개

1) 성경학교 : 일 년에 총 2회 봄맞이 성경학교와 여름성경학교를 진행한다.

2) 진급식 : 일 년에 총 3회(4월/8월/12월 마지막 주) 30개월이 지난 어린이들이 진급식을 통해 영아마을에서 유아마을로 진급한다.

3) 생일잔치 & 말씀사랑잔치 : 한 달에 한 번씩 총 12회 생일을 맞은 아이들을 축하하고 말씀을 암송하는 잔치가 열린다.

Ⅴ. 유치마을

1. 교육목표

1) 주일 기본 부서로서
   ① 주일 예배를 지키며 예배와 말씀, 찬양을 통해 하나님의 사랑을 알아간다.
   ② 하나님을 사랑하며 이웃을 사랑할 수 있는 교육의 장을 마련한다.

2) 2020년도 중점 : 매달 가정안내문과 기도문을 통해 교회와 가정의 연계를 강화한다.

2. 대표 사역 소개

1) 성경학교
   봄과 여름, 1년에 두 번 성경학교를 진행한다. 토-주일 이틀간 진행되는 일정으로 친구와 함께 교제하며 말씀과 찬양, 기도를 통해 훈련되는 시간이다.

① 봄맞이 성경학교 : 봄맞이 성경학교는 유치마을로 진급한 6세 유아들이 잘 적응할 수 있도록 돕고, 교사와 유아가 친밀해질 수 있도록 돕는다. 또한, 유아들이 하나님의 말씀을 집중적으로 배우고, 그 말씀 안에서 체육놀이, 요리, 음률 활동 등을 통해 글로만 만나던 성경을 직접 경험하도록 한다.

② 여름성경학교 : 여름성경학교는 유아들이 하나님의 말씀을 보다 집중적으로 배울 수 있는 시간이다. 찬양과 말씀, 그리고 교재를 활용하여 하나님의 말씀을 배우고 암기한다. 그뿐만 아니라 함께 하는 놀이를 통해 배운 말씀을 실천할 수 있도록 교육의 장을 마련한다.

2) 어린이주일 교육부 행사

어린이 주일을 맞이하여, 전문 연극팀을 섭외하고 즐거운 시간을 갖는다.

3) 가을 운동회

가을을 맞이하여, 유아들의 몸과 마음을 단련할 수 있는 가을 운동회를 개최한다. 유아 운동회 전문 강사를 섭외하기 때문에 다양한 체육기구로 즐거운 시간을 보낼 수 있다. 가을 운동회는 유치 1,2부가 연합으로 진행하기 때문에, 10시 30분부터 오후 1시 10분간 진행한다.

Ⅵ. 통합 유아마을

1. 교육목표

1) 주일 기본 부서로서

① 신앙 공동체 안에서 하나님께 예배할 수 있다.

② 전인적인 교육을 통하여 믿음 안에 연령에 맞는 발달을 이룬다.

2) 2020년도 중점 : 자녀들이 주 안에서 하나님 말씀을 날마다 더 사랑할 수 있도록 돕기 위해, 가정 연계를 강화한다. (말씀 노래 및 가정예배 안내)

2. 가장 대표적인 사역 소개

1) 봄맞이 성경학교와 여름성경학교

① 성경학교 주제와 주제 찬양, 홍보 및 각종 안내문은 연합으로 진행된다.

② 봄에는 여러 자료를 참조하여 유아 파트 사역자들의 회의로 자체 주제를 선정하여 진행하며, 여름에는 총회에서 제공하는 공과를 사용하되, 작곡이 어려운 찬양과 주제 이미지 등만을 차용하고, 대부분 자체 콘텐츠를 제작하여 프로그램을 구성한다.

③ 여는 예배와 닫는 예배에 연극, 인형극 등을 4개 마을이 연합으로 준비하여 진

행한다.

④ 성경학교 장소는, 유아의 특성을 고려하여 장시간 이동하지 않는 교회 내에서 주로 이뤄진다.

⑤ 통합 유아마을은 성경학교 때마다 재적인원보다 많은 친구를 초청하여, 특별하고 다채로운 활동으로 아이들에게 하나님의 사랑을 경험할 수 있는 프로그램을 기획하고 있다.

2) 대림절 온출전 축제와 성탄발표회, HUG [영아마을, 유아마을, 유치마을, 통합유아마을 공통]

① 교육부 온출전은 대림절을 맞이하여 4주 내내 이어지는 특별한 축제로 이뤄진다.

2019년 12월 알록달록 크리스마스 축제 진행안			
날짜	**절기**	**축제 일정**	**내용**
11월	–	대림 성탄 축제 홍보	안내문 발송, 현수막 게시
12/1	대림1주	선물로 오신 예수님	교역자가 준비한 성극 영상 상영, 후속활동
12/8	대림2주	영원한 생명이신 예수님	크리스마스 리스 도너츠 활동
12/15	대림3주	빛으로 오신 예수님	LED 별 풍선 신체 활동
12/15	성탄발표회1		주일 오후 유아 부서 발표회
12/18(수)	성탄발표회2		수요일 저녁 어린이 부서 발표회
12/22	온출전	예수님의 생명에 함께 참여하기	크리스마스 트리 옷 입기
12/25(화)	성탄 예배		성탄 캘린더 꾸미기, 예수님 생일 축하

② 각 마을 교역자들은 4주간 대림 설교를 함께 준비하여 공유한다.

Ⅶ. 통합 어린이마을

1. 교육목표

1) 하나님을 사랑하고 이웃을 사랑하는 것이 우리가 마땅히 행할 길이라는 것을 안다.
2) 좁은 길이지만 그 길을 마땅히 걸어갈 수 있는 힘을 하나님께 구하는 어린이들이 된다.

2. 대표 사역 소개

가. 말씀챈트

1) 개요

- 히즈쇼에서 나오는 말씀챈트를 매월 선정하여 설교 시작 전에 말씀챈트를 함께 부르며 암송한다.
- 일 년 동안 12개의 말씀 구절을 정확히 암송하여 어릴 때부터 하나님의 말씀을 마음에 새기도록 하는 데 목적이 있다.

2) 자료 사진

나. 성경골든벨

- 매주 전한 말씀 안에서 문제를 만들어 상반기·하반기 2회에 걸쳐 성경골든벨을 진행한다.
- 그동안 들었던 말씀들을 다시 한번 정리하며 마음에 새기게 하는 데 목적이 있다.

다. 통어잔치

1) 개요

- 매달 마지막 주, 의자가 없는 갈릴리홀에서 예배를 드리며 다양한 기획예배를 드리고 있다.

– 통합 어린이마을 특성상 저학년과 고학년이 함께 예배를 드리기 때문에, 통어잔치를 통해 저학년 아이들에게 초점을 맞추어 활동적인 예배를 진행하는데 목적이 있다.

2) 자료 사진

Ⅷ. 유년마을

1. 교육목표

1) 그리스도인으로서 하나님을 사랑하고 이웃을 사랑하는 것이 마땅한 일임을 깨닫게 한다.
2) 하나님을 사랑하면 이웃을 사랑하는 것이 마땅한 일임을 깨닫게 한다.
3) 우리 삶을 통해 하나님을 사랑하고 이웃을 사랑하는 것을 실천하게 한다.

2. 대표 사역 소개

1) 말씀챈트

● 개요

– 히즈쇼에서 나오는 말씀챈트를 갖고 매 월 첫 주에 말씀 한 구절을 배우고 말씀암송 카드를 만들어 한 달에 말씀 한 구절씩 암송할 수 있게 한다.

– 일 년 동안 12개의 말씀 구절을 정확히 암송하여 어릴 때부터 하나님의 말씀을 마음에 새기게 하는데 목적이 있다.

● 대상 및 기타사항

– 유년마을 전체 학생

- 자료사진

아무것도 염려하지 말고 다만 모든 일에 기도와 간구로 너희 구할 것을 감사함으로 하나님께 아뢰라 {빌립보서 4장 6절}	너희는 그의 언약 곧 천 대에 명령하신 말씀을 영원히 기억할지어다 (역대상 16장 15절)	풀은 마르고 꽃은 시드나 우리 하나님의 말씀은 영원히 서리라 (이사야 40장 8절)	찬송하리로다 주의 이름으로 오시는 왕이여 하늘에는 평화요 가장 높은 곳에는 영광이로다 (누가복음 19장 38절)

2) 성경골든벨

- 개요

– 매주 전한 말씀 안에서 문제를 만들어 상반기·하반기 2회에 걸쳐 성경골든벨을 진행한다.

– 그동안 들었던 말씀들을 다시 한번 정리하며 마음에 새기게 하는 데 목적이 있다.

- 대상 및 기타사항

– 유년마을 전체 학생

- 자료 사진

1. 다음의 의미를 지니고 있는 시를 어떤 시대라고 하나요?
자기 의견이 옳다고 생각하는 사람들이 모인 시대. 이때, 하나님께서는 '사사'들을 보내서 이스라엘 백성들이 깨우칠 수 있도록 하셨어요.
BIBLE QUIZ

3) 유년부 가을 운동회

- 개요

– 아이들이 즐겁게 뛰놀며 서로 화합하여 협동심을 갖게 한다.

– 승리주의가 하나님 안에서 함께하는 기쁨과 즐거움을 경험케 하는 데 목적이 있다.

• 대상 및 기타사항

– 유년마을 전체 학생

4) 염광 어린이 합창단과 함께 드리는 찬양 예배

• 개요

염광 어린이 합창단 주관으로 유년마을 예배시간(10:30~11:30 / 12:10~13:10)을 찬양 예배로 드린다(찬양 예배는 감사 절기 또는 성탄절에 맞추어 진행한다). 염광교회의 어린이들에게 다양한 형식의 예배를 경험하게 하며, 찬양의 기쁨을 맛보게 하는 데 1차 목적이 있다. 또한, 염광 어린이 합창단에 대한 홍보와 모집을 2차 목적으로 한다.

• 대상 및 기타사항

연합 여부에 따라 달라질 수 있음.

Ⅸ. 소년마을

1. 교육목표

1) 하나님 사랑과 이웃사랑이 우리가 마땅히 행할 길이라는 것을 안다.

2) 하나님을 사랑하는 것과 이웃을 사랑해야 하는 것이 그리스도인의 의무임을 깨닫는다.
3) 삶으로 하나님을 사랑하고 주변의 이웃을 사랑하는 어린이가 되기를 결단한다.

2. 대표 사역 소개

가. 생명의 말씀읽기

1) 개요
- 어린 나이에 날마다 성경을 읽는 습관을 들여 말씀에 강한 그리스도인을 양육하는 데 목적이 있다.
- 분기별 QT 및 생명의 말씀 시상을 통해 학생의 동기를 고취시킨다.
- 각 어린이들은 해당 주차의 설교를 들은 후 말씀을 읽으며 심화묵상을 한다.
- 말씀읽기표를 통해 매일 말씀을 읽은 시간을 체크하여 담임교사와 부모의 확인을 받는다.

2) 대상 및 기타사항
- 소년마을 전 학년 대상,
- 2019년 기준 150명 참여.

나. 성경퀴즈대회

1) 개요
- 연 2회 성경퀴즈대회를 진행하여 배운 내용을 정리하고 되새긴다.
- 소년마을 성경퀴즈대회는 스마트폰을 활용하여 실시간 게임형식으로 진행한다.

2) 대상 및 기타사항
- 소년마을 전체학생

3) 자료사진

다. 달란트잔치

1) 개요

– 달란트잔치를 통하여 학생들을 격려한다.
– 달란트는 부서 전반적인 프로그램과 활동, 출석 등을 반영하여 지급한다.
– 연 2회 진행하며 상품잔치 1회, 음식잔치 1회로 구성한다.

라. 염광 어린이 합창단과 함께 드리는 찬양예배

1) 개요

염광 어린이 합창단 주관으로 소년마을 예배시간(10:30~11:30 / 12:10 ~ 13:10)을 찬양예배로 드린다(찬양예배는 감사절기 또는 성탄절에 맞추어 진행한다).

염광교회의 어린이들에게 다양한 형식의 예배를 경험하게 하며, 찬양의 기쁨을 맛보게 하는 데 1차 목적이 있다. 또한 염광 어린이 합창단에 대한 홍보와 모집을 2차 목적으로 한다.

2) 대상 및 기타사항

연합 여부에 따라 달라질 수 있음.

마. 소년마을 허그(HUG)

1) 개요

하나님 사랑과 이웃사랑을 실천하기 위한 일환으로 지역사회 주민들에게 찾아가 캐롤과 선물로 사랑을 나눈다.

X. 중등마을

1. 교육목표

1) 예배와 예전의 적극적인 준비와 참여를 통해 예배의 중요성을 깨닫게 된다.
2) 상담과 심방을 통해 가족으로서 교회의 역할을 감당한다.
3) 학생 임원단을 운영하여 학생 자치의 실현을 도모한다.
4) 기독교 문화탐방을 통해 그리스도인으로서의 정체성을 확립한다.

2. 가장 대표적인 사역 소개

1) 중등마을 알파

• **개요** : 중등마을 알파는, 다양한 기독교적 단체 활동과 신앙교육을 통해 아이들이 능동적으로 사고하고 행동하는 신앙인으로 양육하는 데 그 목적이 있다. 다양한 활동을 통해 교회에 대한 인식을 개선하고, 활발한 교류를 통해 교회 내 관계를 형성하는 것에도 도움을 준다.

• **대상 / 인원 / 장소**
– 중등마을 1학년 중 신청자에 한해
– 인원 제한 없음
– 지하 1층 가나홀 및 소그룹실

• **일정 (연 1회, 상반기)**
– 2019년 3월 8일(금)~2019년 4월 28일(주일) (8주간, 매주 금요일 18:30–21:30)

• **사진**

2) 중등마을 미션스쿨

• **개요 :** 중등마을 미션스쿨은 기독교 역사 유적지를 조별로 각각 조사(설립자, 설립목적, 설립연도, 설립 후 역사, 오늘날의 모습, 위치, 역할, 퀴즈 등등)하여 학생의 자율성 함양과 기독교에 대한 이해를 넓히는 데 그 목적이 있다.

• **대상 / 인원 / 장소**
– 중등마을 알파를 수료한 자
– 인원 제한 없음
– 지하 1층 가나홀 및 소그룹실

• **일정 (연 1회, 하반기)**
– 2019년 10월 12일(토)~2019년 11월 2일(토) (4주간, 매주 토요일 15:00–19:00)

XI. 고등마을

1. 교육목표

1) 예배와 말씀훈련(큐티)을 통해 영적 성숙과 회복을 경험한다.
2) 셀모임 참여를 통해 공동체의 기쁨을 경험한다.
3) 학생 임원단을 운영하여 학생 자치의 활동을 격려한다.
4) 상담과 심방을 통하여 일상의 어려움을 신앙으로 극복하도록 돕는다.
5) 교회와 가정이 함께 연합함으로 통합 교육을 실현한다.

2. 대표 사역 소개

1) 학교별 심방 사역

가. 개요

청소년들의 삶의 터전인 학교를 찾아가, 간식을 전달하고 짧은 시간의 상담(면담)과 함께 기도 사역을 한다. 교회 밖에서의 모습을 보면서, 청소년들의 일상의 삶을 이해할 수 있는 기회가 되며, 교역자와 더 깊고 친밀한 관계를 형성한다.
장기 결석자들을 만날 수 있는 기회가 된다.

나. 대상 / 인원 / 장소

- 고등마을 학생
- (재적) 전원
- 70개 학교(2019년 기준)

다. 일정

- 2020년 3~4월 (2개월)

2) 제자양육 성경공부

"그러므로 우리가 여호와를 알자 힘써 여호와를 알자 그의 나타나심은 새벽 빛 같이 어김 없나니 비와 같이, 땅을 적시는 늦은 비와 같이 우리에게 임하시리라 하니라"(호 6:3).

가. 개요

- '예수 그리스도의 제자'된 삶을 살아가도록 성경 본문을 중심으로 배우고 훈련한다.
- 성경공부, 성경암송, 큐티, 말씀노트 쓰기 등을 통해 신앙생활의 기초를 세운다.
- 나눔의 교제를 통해 공동체의 풍성함을 경험한다.

나. 대상 / 인원 / 장소

- 고등마을 교사와 학생
- 그룹별 6명 이내
- 교회 내 소그룹실, 청소년마을 사무실

다. 일정

- 상반기(16주) 토요일 오후 13:00-14:30
- 하반기(16주) 토요일 오후 13:00-14:30

XII. 유아 지혜놀이터

1. 교육목표

좋은 동화들을 읽고 독후 활동을 하며 아이들의 인지 발달과 정서적 안정을 도와 기독교 인재를 양성하며 부모들이 오후찬양예배를 편안히 참석함으로 부모 영성 생활을 돕는다. 신앙생활을 하지 않는 부모도 거부감 없이 자녀를 보낼 수 있으므로 전도의 효과를 얻는다.

2. 대표 사역 소개

1) 동화 구연과 짜임새 있는 독후활동

① 매 분기로 동화를 읽어주는 캐릭터 선생님을 새롭게 소개한다. 계절에 따른 테마 혹은 동화책 속의 익숙한 캐릭터들을 선정하기도 한다. 캐릭터 선생님은 오늘 읽을 동화책에 대한 궁금증을 유발하는 질문들을 던지고 난 후 책을 읽어준다.

② 독후활동은 미술, 만들기, 음악, 요리, 신체 활동 등 다양하게 구성하여, 아이들이 흥미를 갖고 참여할 수 있도록 유도한다.

1월 27일 활동 / 눈구름 사자 가면
2월 17일 활동 / 밀가루 반죽놀이
2월 24일 활동 / 클레이 섬 짓기

2) 스토리 콘서트

양질의 인형극, 연극, 콘서트 등 특별한 초청 축제로, 참여하는 아이들에게 교회 안에서의 즐거운 기억을 갖게 하고, 교사의 재충전을 도모한다.

XIII. 어린이 말씀놀이터

1. 교육목표

1) 놀이를 통해서 하나님이 만드신 창조성 '어린이다움'을 회복해간다.
2) 놀이를 통해서 내면을 치유하고 자신을 표현함을 배워간다.
3) 말씀과 놀이를 접목해서 말씀 안에서 뛰어놀고 자라가는 어린이들이 된다.

2. 가장 대표적인 사역 소개

1) 테마활동

성경 속 이야기가 녹여져 있는 활동으로 요리, 만들기, 대그룹 활동 등 '테마'를 가지고 놀이를 접하는 시간을 갖는다.

2) 어린이 묵상 놀이터

아이들이 말씀 안에서 뛰어놀 수 있도록, 말씀을 몸으로 묵상하고 나누는 '어린이 묵상 놀이터'를 진행한다. 비블리오드라마의 방법에 착안하고, 몸과 놀이로 말씀 속에서 만나는 인물들의 마음과 예수님께서 우리를 향한 마음을 경험해보는 시간을 갖는다.

XIV. 유아 수요성품학교

1. 교육목표

1) 말씀을 통해 하나님의 성품을 배운다.
2) 우리는 예수님을 통해 하나님의 자녀가 되었음을 깨닫는다.
3) 예수님을 통해 하나님의 자녀가 된 우리는 하나님의 성품을 닮은 어린이가 되어야 함을 안다.

2. 가장 대표적인 사역 소개

1) 부모교육

부모는 자녀가 성장하는 데 있어서 핵심적인 역할을 하는 중요한 존재이다. 특별히 자녀의 성품 성장에 있어서 부모는 자녀와 함께 자라야 하는 존재이며, 가정과의 연계가 중요한 역할을 한다. 따라서 성품 교육을 진행할 때는 부모와 자녀가 하나님의 성품을 닮아 함께 성장해 갈 수 있도록 매 성품 시작 시, 성품 부모교육을 진행한다.

– 시간 : 매 성품 시작 시 1주 차에 진행, 6시 30분 – 7시 10분(약 40분)
– 장소 : 엘림홀

2) 매주 놀이찬양, 각 성품에 맞는 성품 주제 찬양 배우기

아이의 성품은 관계를 통해 형성된다. 찬양과 함께하는 놀이를 통해 관계 속에서 아이의 성품이 성장할 수 있도록 돕는다. 더불어 놀이와 찬양을 통해 닫혀 있는 마음의 문을 열고 예배로 나아갈 수 있도록 한다.

3) 성품 주제에 맞는 다양한 오감교육

매주, 말씀을 통해 성품을 배우고 교훈에 맞는 다양한 활동으로 성품을 알아간다. 아이들이 느낄 수 있는 모든 감각을 통해 성품을 배우고, 실천하는 시간을 갖는다.

[인내 성품] 노아 방주 컵쌓기

[순종 성품] 요리 활동

[겸손 성품] 놀이 체육 활동

4) 성품 수료식

각 성품당 6주의 교육과정을 마칠 때마다 수료증을 수여하여 격려한다.

XV. 어린이 수요성품학교

1. 교육목적

1) 하나님께서 사람들에게 처음 주신 바르고 좋은 생각, 마음, 태도를 알 수 있다.
2) 성품을 아는 것에서 머물지 않고, 성품이 행동으로 드러날 수 있다.
3) 하나님의 성품을 바르게 배워 하나님, 나, 이웃, 자연과 바른 관계를 형성할 수 있다.

2. 가장 대표적인 사역 소개

가. 성품관련 책 읽고, 활동하기

1) 개요

주제 성품과 관련된 책을 함께 읽고 책의 내용을 질문하고, 대답하며 성품교육을 진행한다. 그 이후 관련이 있는 독서활동을 하며 아이들 스스로 성품을 글과 언어로 정리할 수 있도록 교육하고 있다.

2) 자료사진

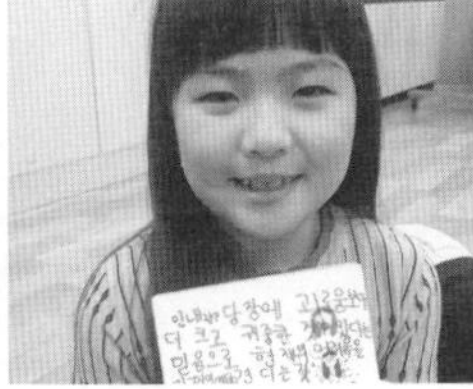

나. 만들기 활동

1) 개요

성품 교육은 지식을 전달하는 교육을 뛰어넘어, 전인적 교육으로 습득될 수 있다. 만들기 활동을 통해 아이들의 상상력을 자극하고 보이지 않는 성품을 가시화하여 친숙하게 느낄 수 있도록 교육하고 있다.

2) 자료사진

XⅥ. 프리 아기학교

1. 교육목표

생후 6~12개월, 13~23개월의 아기와 엄마가 하나님 안에서 올바른 애착을 형성함으로 건강한 엄마와 아기로 살아가기를 목표로 한다.

XⅦ. 아기학교

1. 교육목표

유아는 눈높이에 맞추어진 신체 활동, 음악 활동, 미술, 언어, 인지 활동 등의 다양한 경험을 통하여 기쁨 가운데 바르게 성장하며, 부모는 예배와 수업을 통해 자녀를 객관적으로 살피고, 개인차를 이해하는 성숙한 부모로 거듭난다.

2. 가장 대표적인 사역 소개

1) 매주 보호자와 함께 진행하는 다양한 수업

① 자유놀이로 아이들을 맞이하여, 여러 가지 교구를 통해 낯선 장소에 적응을 돕는다.

② 장난감 정리를 하며, 모여서 '별 선생님'이 들려주는 구연동화를 듣는다.

③ 예배 전, 매주 다른 음악 악기 및 보호자와 유아가 함께 할 수 있는 교구를 사용하여 유아 체조와 찬양을 겸해 참여를 높인다.

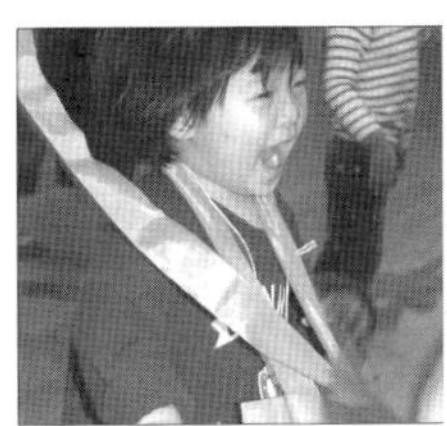

④ 예배 시간에는 유아의 눈높이에 맞춘 설교와 보호자를 향한 메시지를 함께 담는다.

⑤ 활동은 미술, 음악, 요리, 역할놀이, 신체활동 등 다양한 영역으로 구성하여 서로 다른 성향을 가진 유아들이 매주 어떤 영역에서라도 즐거움을 느낄 수 있도록 한다. 반별 활동은 주로 앉아서 차분하게 할 수 있는 만들기와 미술 영역

위주로 진행하며, 전체 활동은 마음껏 넓은 장소에서 뛰며 활동할 수 있는 것으로 기획한다.

2) 야외체험 및 다양한 체험학습

① 기수마다 1회 야외체험을 나가 하나님이 만드신 자연의 아름다움을 느끼고 배운다.

② 실내 수업 중에도 도자기 체험, 생크림 케이크 만들기 체험, 깍두기 김장 체험 등, 일반 주일학교에서 접하기 어려운 양질의 체험을 경험하게 한다.

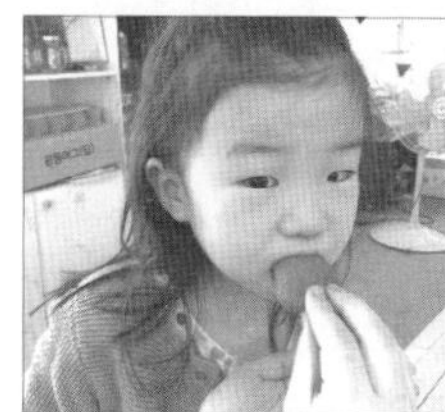

3) 입학식 및 수료식

① 입학식은 레드카펫을 깔고 축복 가루를 뿌려주며 자녀가 등단하여 선물을 받고 입학을 축하하는 순서로 정성껏 진행한다.

② 수료식은 책나무상, 개근상, 수료증 수여, 교사 특송 등으로 구성되며 한 학기를 마무리하는 앨범과 CD, 트로피, 특송 선물을 준비하고 7~8가지 다과를 준비하여 만찬으로 하나님께 감사함을 나누며 마무리한다.

XVIII. 어린이 토요하자

1. 교육목표

1) 복음중심 Gospel-centered

2) 성경암송 Bible Verses
3) 재미있고, 흥미진진 Fun & Exciting
4) 예수 그리스도를 섬기도록 훈련 Training to Serve Jesus Christ Steadily
5) 견고한 리더십 개발 Strong Leadership Development

2. 가장 대표적인 사역 소개

어와나 말씀암송을 통해 하나님의 말씀을 어린아이 시절부터 가까이할 수 있도록 교육하고 있다. 규칙을 지키고, 끝까지 포기하지 않는 게임을 진행하여 협력과 협동할 수 있는 어린이로 양육하고 있다. 아이들의 꿈과 달란트를 개발하는 꿈땅수업을 진행하고 있으며, 연 4회 야외체험학습을 나가 아이들에게 다양한 경험을 쌓고 있다.

하나님 나라의 승리를 위해 반드시 해야 하는 한 가지,
바로 이 땅의 다음 세대를 살리는 일입니다

한사랑교회

THE CHURCH WILL LIVE
WHEN THE NEXT GENERATION
LIVES

담임목사 | 이명덕 목사

교회연락처 | 02-499-5262(FAX 02-3404-3044)

주소 | 서울시 성동구 뚝섬로 312

한사랑교회 414 생활관 소개 안내문

한국교회의 아이들, 아니 한국의 대부분의 아이는 학교를 마치면 학원을 간다. 그렇지 않은 시간엔 피시방에서 게임을 즐기거나 스마트폰을 들여다보며 시간을 보낸다. 학원에서 공부하는 시간이 이렇게나 많은데도 현실은 최저학력에 미치지 못하는 아이들이 오히려 늘어나는 추세이다. 게다가 자신의 꿈에 접근할 만한 실력을 갖추지도 못한 채 유감스럽게 청년기를 맞이하게 된다.

대부분의 가정에서는 고3 이후에 비로소 자신의 자녀가 갈 만한 대학을 찾기 힘들뿐더러 더 나아가 할 만한 일도 그다지 많지 않다는 것을 알게 된다. 그리고 이렇게 청년이 된 우리의 다음 세대 아이들은 교회를 등지게 된다. 신앙이 식었거나 시험에 들어서가 아니다. 교회에 나올 만한 처지가 못되거나 삶의 여유를 잃어버리기 때문이 아닐까?

부모라면 모두가 자녀들이 바르고 행복하게 자라길 소망한다. 하루하루 최선을 다해 소망 가운데 기도하며 인내로 지금까지 키워오고 또 앞으로 키워나갈 것이다.

이런 시대에도 아이들이 학교가 끝나면 매일 교회로 오게 하는 사역이 있다. 그리고 이 사역을 하는 교회의 아이들은 스마트폰을 가지고 있지 않다. 스마트폰에서 아이들을 구원해야 한다. 그리고 다른 아이들과 달리 학원에도 다니지 않는다.

414란 4세부터 14세로 대표 되는 다음 세대를 표현한 숫자이다. 414생활관은 학원과 스마트폰에 빠져 사는 다음 세대 아이들이 매일 교회에서 스스로 공부하며 신앙과 삶을 훈련 받는 곳이다.

414 생활관 아이들은 매일 함께 생활하며 사회성도 자연스럽게 길러 나간다. 학기 중에도, 방학 중에도 매일매일 함께 지내다 보니 형제, 자매가 없는 아이들에게는 414 생활관에서 만난 아이들이 또 다른 형제, 자매가 된다는 것이 가장 큰 장점이다. 또한, 414생활관 아이들은 교회학교 예배, 성경학교, 노회에서 진행하는 어린이 대회 등에 참가하며 신앙적인 훈련과 어린 시절부터 자신의 은사를 발견하고 자신감을 갖게 하는 활동들도 하고 있다.

414생활관은 코치 선생님을 제외한 교사가 없다. 그렇기에 학원도 아니다. 학원처럼 아이들이 듣는 수업도 없다. 전적으로 자기주도 학습과 신앙 그리고 인성 훈련을 받는 곳이다.

믿음과 공부 더 나아가 사람됨까지 한사랑교회 414생활관은 세상의 어떤 학원보다 그 어떤 교육 기관보다도 더 과학적이고 영적인 시스템으로 자녀들을 훈련해 나가고 있다.

1. 414생활관 학습소개

1) 복습노트 & 슬로우 리딩 & 글쓰기

- 미취학 아동 : 메타인지 한글교재를 통해 글자를 배우고 생각하며 읽기를 배운다.
- 학령기 : 메타인지 복습노트 훈련을 통해 학습의 집중력과 장기 기억의 활용법을 배우고 매일매일 슬로우 리딩과 글쓰기를 통해 바르게 책 읽는 아이로 키운다.
- 복습노트 : 열심히 공부해도 성적이 떨어지는 이유는 메타인지 과정이 빠졌기 때문이다. 메타인지 과정은 인출을 통하여 시작된다. 이 메

타인지와 자기주도 학습의 시작이 되는 인출은 복습노트로 훈련이 된다. 매일매일 그날 학교에서 배웠던 수업내용을 아이들 스스로 생활관에 와서 노트에 일일이 설명하듯 쓰는 것이다. 물론 책이나 노트 등을 보고 하는 것이 아니다. 힘들게 스스로 생각해 내어 기록하는 것이다. 복습노트에 써봄으로 수업 자세와 자신이 무엇을 모르고 무엇을 공부해야 하는지를 알게 하여 자기 주도적 학습 습관을 길러준다.

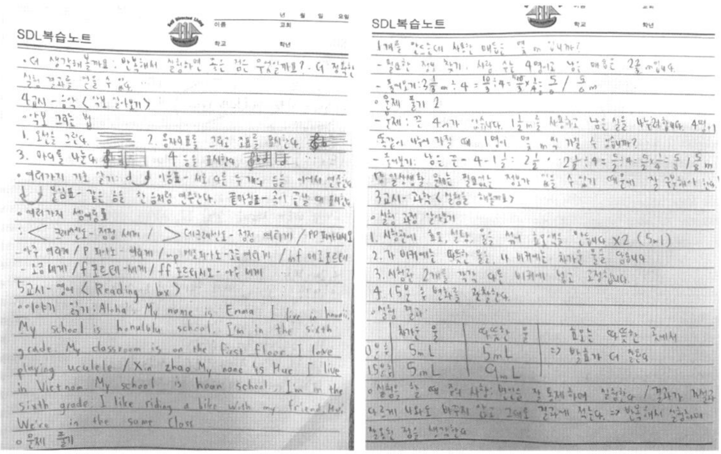

2) 독서훈련

우리나라 아이들은 생각 없이 줄거리만 읽는 독서습관에 빠져 있다. 414 생활관은 바른 독서 훈련으로 슬로우 리딩과 바른 한글 교육을 한다. 읽기만 잘하는 것이 아닌 생각하는 한글을 배우고 책을 읽음으로써 메타인지 자기주도 학습의 가장 중요한 기초를 세워준다.

3) 수학 자기주도 학습 & 교과서 플립러닝

교과서 플립러닝

시중에 있는 가장 좋은 수학 교재는 수학 교과서다. 대부분의 아이는 수학 교과서를 제대로 읽지 않고 수학 공부를 한다. 2005년도 교육과정부터 교과서는 선생님 없이 스스로 공부할 수 있는 메타인지 자기주도형 교과서다.

414생활관의 수학 공부의 시작은 수학 교과서를 읽고 플립러닝을 하는 것이다. 주로 방학 때 한 학기 예습을 하는데 수학의 경우 교과서를 읽고 플립러닝을 한다. 플립러닝이란 학생이 선생님처럼 자신이 공부한 내용을 친구나 선생님께 가르치는 것이다.

이 과정을 세 번 정도 하면 교과서를 아홉 번 읽은 효과가 있다. 플립 러닝으로 교과서를 남에게 설명할 수 있는 아이들은 414SDL 수학 교재를 통하여 어려운 문제들과 씨름하면서 수학을 정복하게 된다.

수학 자기주도 학습

학원에서 몇 번의 문제 풀이로 공부하는 아이들은 수학을 포기하게 된다. 스스로 공부하여 깊이 아는 것이 아니라 단순히 이해하고 기억한 것만으로 습득하기 때문이다. 414생활관에서는 천천히 수학 교과서를 읽게 하고 숙지하게 한 후 고차원의 문제들을 스스로 해결하는 깊이 있는 훈련을 한다. 7세부터 훈련받은 아이들은 학년이 올라갈수록 자연스럽게 어려운 수학까지 해결하게 된다.

수학 자기주도 학습을 통해 최상위권 및 경시수준의 문제를 해결함으로써 수학 사고력을 키우고 끙끙대며 공부할 줄 아는 아이로 훈련한다. 또한, 어려운 문제가 나오면 학년별, 수준별로 수학 토론을 통해 자신이 약한 부분을 친구와 직접 토론하며 약점을 강점으로 바꾸는 아이로 훈련한다.

4) 영어 통문장 암기

영어공부를 많이 하는 아이들도 영어가 늘지 않는 이유는 배운 영어가 망각되기 때문이다. 망각의 이유는 영어를 쓰지 않기 때문이다. 우리는 아이들에게 매일 영어 통문장 암기를 시킨다. 이것이 영어를 쓸 일이 없는 아이들에게 해주는 최고의 방법이다. 414SDL 선정 영어 동화 100여 편을 매일 통문장으로 암송시킨다. 하루에 정해진 분량을 암기하며 노트에 써보게 한다. 이 과정을 통하여 완전히 자기 것으로 만들게 한다. 또한, 414SDL 영어 프로그램 ISE를 활용함으로 듣기와 말하기, 쓰기도 함께 훈련한다.

2. 한사랑교회 414생활관 일일 운영 시간표

방학 중 생활관 시간표		학기 중 생활관 시간표	
시간	활동내용	시간	활동내용
PM 2:00–4:00	개인기도 영어 통문장 (ISE 프로그램) 독서	PM 2:00–4:00	개인기도 간식시간 복습노트쓰기
4:00–4:30	간식시간 쉬는시간	4:00–6:00	독서 영어 통문장 (ISE 프로그램) 쉬는시간
4:30–6:00	수학 자기주도 학습	6:00–6:50	찬양 및 말씀 암송 저녁식사
6:00	집으로	6:50–8:00	수학 자기주도 학습
		8:00	집으로

※ 매주 목요일 PM 5:00부터 30분씩 우쿨렐레 선생님을 초빙하여 수준별로 두 그룹으로 나눠 우쿨렐레 수업을 진행하고 있다.

3. 신앙교육, 정서훈련

1) 기도훈련

아이들에게 신앙훈련은 중요하다고 생각된다. 어린 시절부터 하나님과의 대화, 기도훈련을 통한 신앙훈련은 매우 중요한 신앙교육이라고 생각한다. 그래서 아이들은 교회(414생활관)에 오자마자 가장 먼저 하는 일이 바로 기도다. 하나님과 대화하는 마음으로 하루의 일을 정리하는

의미에서도 기도는 매우 중요하다. 기도를 아직 잘 못하는 아이들은 414 생활관에 비치된 개인 기도문을 보고 읽거나 코치 선생님이나 전도사님의 도움을 받으며 기도하는 법을 배우고 익히며 생활한다. 저녁 먹기 전 찬양 및 말씀 암송시간에, 그리고 주일 교회학교 예배 시간에 학년 순서대로 대표기도를 통해 기도훈련을 생활화하고 있다.

2) 교육부서(주일학교–중등부)와의 연계성

우리 교회는 매월 둘째, 넷째 주 초등 6학년 아이들이 중등부 예배에 참석한다. 중등부서와 연계를 하여 초등 6학년 담당교사를 배정한다. 초등 6학년 담당교사를 맡은 교사는 첫째, 셋째 주는 주일학교 예배도 함께 드리고 둘째, 넷째 주는 중등부예배에 담당교사와 아이들이 함께 참석해서 예배를 드리고 있다.

매달 2주 정도 중등부 예배를 드리다 보면 6학년 아이들이 자연스럽게 중등부 예배에 정착할 수 있도록 하는 예배시스템이다. 아이들끼리 서로 414 생활관에서도 매일 만나기 때문에 6학년 아이들이 1년 후 중등부 예배를 드리기 시작할 때 잘 적응할 수 있게 된다.

3) 말씀암송

아이들의 신앙훈련 중에 또 다른 훈련은 말씀훈련이라고 생각된다. 플립러닝과 영어 통문장 자기 주도 학습으로 습득된 아이들은 자연스럽게 암기하는 능력을 기르게 된다. 그리고 매주 주일학교 예배 때 설

교말씀에 관련된 말씀을 한 주간 동안 외워 주일설교 말씀 전에 암송시간이

있다. 그리고 주중에 414 생활관에서는 저녁 식사 전에 찬양 및 말씀암송 시간이 있다. 일주일에 2~3가지 말씀을 외우며 깊이 묵상함으로 사고하는 힘을 기르고 질문하며 담당 교역자와 깊이 있는 대화를 나누고 있다.

4) 정서 & 인성훈련

414 생활관에서 생활하는 아이들은 자연스럽게 선후배 간의 질서와 서열 훈련을 함께 하고 있다. 414 생활관 코치 선생님의 훈육을 통해 서열과 거절의 교육을 하고 있으며 아이들에게 어려운 문제가 있을 때, 아이들에게 고민이 있을 때 상담을 통하여 어려움을 함께 해결해 나가고 있다. 어린 시절부터 질서와 정서 및 인성훈련이 잘 된 아이들이 학습도 잘할 수 있다.

4. 간식 및 식사

아이들이 학기 중에 학교를 마치고 생활관에 오면 간식을 함께 먹고 자기 주도학습을 시작한다. 간식을 먹으면서 아이들끼리 학교에서 있었던 일들을 이야기하며 많은 대화를 나눈다.

또한, 학기 중에 생활관에서 모든 학생에게 저녁식사를 제공하고 있다. 저녁 식사를 하고 남은 공부를 마친 후 학생들은 귀가하게 된다.

방학 중에는 간식 시간 후에 휴식시간이 있다. 휴식시간에 아이들은 다양하게 그 시간을 즐기고 있다. 줄넘기하는 아이들도 있고, 교회 앞이 아파트 단지이다 보니 아파트 놀이터에서 뛰어놀기도 하며, 때로는 생활관 컴퓨터 영상을 보며 스트레칭도 하며 즐겁게 생활하고 있다.

5. 학부모 정기회의 모임 및 교육

아이들의 변화되는 모습을 부모님들과 나누는 정기적인 모임이 월 1회 진행되고 있다. 이 시간에는 생활관에 운영에 관련된 중요한 사항을 결정하며 코치 선생님께서 한 달 동안 아이들을 관찰한 결과를 바탕으로 상담도 함께 진행된다. 또한, 414 SDL 생활관 본사(강남구 개포동 소재 서울 제일교회)에서 진행하는 학부모 세미나가 연 1회 진행되고 있다. 학부모는 필수적으로 참여해야 생활관을 계속 이용할 수 있다(교육 날짜와 일정은 홈페이지에 공지). 아이들을 잘 키우고 잘 성장시키기 위해 교회와 414 SDL 생활관 본부와 각 가정이 연계하여 한뜻으로 협력하여야 가능한 일이므로 학부모 세미나에 정기적으로 참여하고 있다.

05

예향교회

THE CHURCH WILL LIVE
WHEN THE NEXT GENERATION
LIVES

THE CHURCH WILL LIVE WHEN THE NEXT GENERATION LIVES

담임목사	백성훈 목사
교회연락처	031-859-9191(FAX 031-859-9193)
주소	경기도 양주시 광사동 252-5
홈페이지	www.yeahyang.net

양주 예향교회는 백성훈 담임목사가 1999년 10월 17일 꽃동산기도원 한 칸을 빌려 예배를 드림으로 시작되었다. 교회다운 교회의 꿈을 행복한 예배자로 이루고자 하는 소박한 마음뿐이었다.

예향의 이름에 교회 비전을 담았다. 예수님의 향연에 참여하는 꿈, 예배의 비전, 예수님을 향하여 자라가는 꿈, 제자훈련과 다음 세대의 비전, 예수님의 향기로 섬기며 사귀는 꿈, 섬김과 사귐의 비전. 그리고 예수님의 향리를 건설하고 확장하는 꿈, 전도와 선교의 비전이 바로 교회 이름에 담긴 꿈이었다. 그래서 교회의 슬로건도 '꿈이 있는 교회, 꿈대로 되는 교회' 이다. 무엇보다도 예향교회는 하나님이 주신 꿈을 '다음 세대'를 통해서 지속적으로 실현하기 위해 다음 세대를 '예향의 데스티니'와 '예향교회 비전의 궁극'으로 선포했다. 그리고 어른세대보다 다음 세대가 더 많은 비전을 향해 나아가고 있다.

예향교회의 다음 세대는 미취학 3부서, 취학 3부서, 청소년 2부서, 청년 2부서로 나누어 연령과 발달에 맞게 신앙교육을 한다. 미취학 연령은 '꿈씨', '꿈샘', '꿈싹'으로, 취학연령은 '꿈땅조이' , '꿈땅파워', '꿈땅스카이'로, 청소년은 'InG', 'into', 청년은 '여호수아1'과 '여호수아2' 로, 장애인은 '꿈쟁이'로 나뉘어 교육하고 있다. 그리고 다음 세대의 비전을 다음 세대가 없는 교회와 공유함으로 다음 세대를 함께 세워나가는 '함꿈' 사역과 청소년들의 건강한 활동을 지원하는 '예향청소년활동센터'가 다음 세대의 비전을 확장시켜 가는 첨병의 역할을 감당하고 있다.

교회의 첫 씨앗이 되는 영아교회 '꿈씨'

1. 자연스럽고 편안한 우리 아이 첫 예배

영아교회 꿈씨는 1~3세의 어린 영아들을 위한 공동체다. 영아교회 꿈씨의 어린이들은 부모님 중 한 분과 함께 예배에 참석하고 있다. 교회에서 맞이하는 첫 예배가 어린이들에게 즐겁고 행복한 것이 될 수 있도록 반드시 부모동반으로 출석하도록 돕고 있다.

어린이들의 첫 예배의 경험이 즐겁고 행복한 일이 되도록 교사들은 어린이들을 지적하거나 훈육하지 않는다. 부모, 교사, 교역자가 어린이들이 함께할 수 있는 예배 분위기와 자연스러운 예배 참여를 유도하도록 예배순서를 구성하고 있다. 영아들은 처음 경험하는 것을 무서워하는 본능이 있기에 처음 영아부에 오시는 부모님들께는 빠지지 않고 6주 이상 나오시는 것을 권면 드리고 있다. 또한, 영아들이 낯선 장소에 가는 두려움을 해소하고자 예배 전 30분을 자유 장난감 놀이시간으로 운영하고 있으며, 그 시간에 부모님들 신앙 및 교육상담이 이루어지고 있다. 어떻게 아이를 좋은 신앙인으로 키울 것인가 고민하며 찾아온 영아교회 꿈씨의 부모님들은 다른 부모들이 하는 모습을 보고, 선생님들이 어린이들을 대하는 것을 보며 하나씩 하나씩 알아가기도 한다.

2. 함께 기도하고 성장하는 예배공동체

부모님들은 어린 자녀가 아프거나 다른 다양한 문제들로 기도가 필요할 때 함께 중보해 주는 기도공동체를 만나기도 한다. 그리하여 영아교회 꿈씨는 부모님들이 자라가는 공동체로 자리 잡고 있다. 2년의 꿈씨 생활을 마치면 졸업을 하게 되는데 함께 모여 손을 잡고 기도하는 마지막 시간은 너무나 감사하고 아쉬운 고백의 시간이 되기도 한다. 단순히 우리 아이를 교회에 가게 하고 싶은 마음으로 찾아 왔지만, 아이와 함께 자라나는 것이 행복하고, 예배하는 것이 행복하고, 기도하는 것이 행복한 부모가 되는 것이 진정 소중한 것임을 알아가게 돼서 모든 교사가 뿌듯하고 보람을 느끼고 있다.

선생님, 친구들과 예배드리는 첫 시작을 함께 하는 유아교회 '꿈샘'

유아교회 꿈샘은 4~5세 어린이들이 부모님과 떨어져서 선생님, 친구들과 예배드리는 첫 시작을 함께 하는 부서다. 1~3월까지는 친구들과 선생님과 친해질 수 있는 활동을 중심으로 반별 활동이 이루어진다. 4~12월 동안은 절기교육과 공과, 말씀 암송하기 등으로 교회와 가정이 연계하는 신앙교육을 하고 있다. 몇 가지를 정리해서 소개하자면 크게는 새봄성경학교(교리교육), 가정예배지와 가정예배드림이, 어린이 제자훈련학교가 있다.

새봄성경학교를 통해서는 교리교육을, 가정으로 보내는 가정예배지를 통해서는 가정예배 드리는 것을 생활화하도록 칭찬하고 격려하고 있다. 그리고 어린이 제자훈련학교를 통해 주일교육에서 깊이 있게 다루지 못하는 내용을 담아 '예수님의 제자'로 양육하려고 준비 중이다. 코로나19로 인해 모여서 함께 드리는 주일예배가 어려워지는 상황을 겪으면서 더더욱 가정과 교회가 연계하는 신앙교육을 계속 고민하고 있으며 온라인을 통한 다양한 소통방법을 준비하고 있다.

1. 새봄성경학교(교리교육)

일 년 중 어린이들이 말씀을 집중적으로 경험할 수 있도록 새봄성경학교와 여름성경학교를 중심통로로 삼고 있다. 여름성경학교는 매년 다양한 주제로 진행되기에 새봄성경학교에서는 교리교육을 담아낸다. 꿈샘에서 자라는 2년 동안 주기도문과 십계명을 배우고 경험하게 하고 있다. 주기도문과 십계명의 내용을 게임, 만들기, 찬양, 요리 활동 등, 다양한 오감 활동으로 알아가게 한다. 주기도문 교육을 통해 하나님께만 기도하고 하나님 나라를 위해 기도하는 기도 대장이 되도록, 십계명 교육을 통해 하나님을 사랑하고 이웃을 사랑하는 어린이가 될 수 있도록 교육하고 있다.

2. 가정예배지 & 가정예배드림이

매달 첫 주에 4주 분량의 가정예배지를 가정으로 배부한다. 예배순서지와 기도문, 매주 전해지는 하나님 말씀을 요약한 글과 그림자료, 가정활동지가 포함된다. 주일에 들은 말씀을 주중에 부모님을 통해 다시 들으며 말씀을 곱씹고 반복해서 떠올려보고 그 내용을 바탕으로 한 가정활동지를 하며 말씀을 다시 한번 경험한다. 이렇게 매주 가정예배를 드린 친구들이 가정예배 인증샷을 교회로 보내면 그 인증샷을 매주 광고시간에 가정예배드림이로 소개하고 칭찬, 격려하는 시간을 가진다. 열심히 활동한 친구들에게는 분기별로 시상하여 더 많은 친구가 가정에서 예배하도록 격려하고 있으며, 시간이 지날수록 많은 어린이가 가정예배를 드리고 있다.

3. 어린이 제자훈련학교 '꿈아이'

주일교육 외에 특별교육으로 진행하는 주중 프로그램으로 제자훈련학교를 준비 중이다. 어린이 제자훈련학교에서는 주일 교육에서 깊이 있게 다루지 못하는 내용을 더하여 구성하여 하나님의 제자로 양육 받기 원하는 어린이들을 '예수님의 제자'로 양육하고자 한다. 특별히 어린이들이 하나님의 말씀을 온몸으로 경험하도록 매주 주어진 한 가지 교육주제를 4가지 교육단계에 녹여낸다. 말씀 보기(주제 도입 활동), 말씀 만지기(말씀 듣기), 말씀 먹기(주제 활동), 말씀 행하기(가정 활동) 4단계를 통해 하나님의 말씀을 어린이가 느끼고, 발견하고, 체험하도록 하여 하나님의 사랑과 예수님의 사랑을 알게 하는 데 그 목적이 있다. 또한, 생활 속에서 예수님이 항상 나와 함께하신다는 것을 알고, 나를 사랑하고 이웃을(친구를) 사랑할 수 있는 예수님의 제자로 양육하기 위해 준비했다. 올해 시작하고자 했던 어린이 제자훈련학교는 코로나19로 인해 시작하지 못했지만 앞으로 환경이 열린다면 주중 교육프로그램으로 시행 예정이다.

말씀 냠냠, 꼭꼭, 쑥쑥
유치교회 '꿈싹'

1. 말씀 냠냠! 꼭꼭! 쑥쑥!

꿈싹은 '말씀으로 새로워지는 교회' 총회 주제에 맞추어 '말씀중심 교육'에 포커스를 맞추어 하나님 말씀을 잘 가르치고 잘 배우기를 힘쓴다. 교사들은 잘 가르치기 위해 부서 담당 목사님을 통해 한 달 동안 가르칠 공과에 대한 핵심 내용을 전달받고, 예배 기획팀들은 말씀 주제에 관통한 활동들을 미리 준비한다. 공과연구원 일명 '뚝딱샘'은 공과에 대한 핵심내용과 학생 공과에 해당하는 만들기를 영상으로 찍어 주중에 제공함으로 교사들의 공과준비에 도움을 준다.

학생들은 잘 배우기 위해 말씀 듣는 시간을 가장 소중하게 생각하고, 학생 공과를 신앙 교과서로 여기도록 교육받는다. 설교를 통해 전해진 하나님 말씀은 교사 공과를 통해 한 번 더 듣게 되고, 학생 공과 만들기를 통해 눈과 손을 이용해 신체 언어로 반복하며, '말씀 꼭꼭' 언어전달을 통해 설교의 핵심내용을 반복한다. 한 번의 예배에 하나님의 말씀은 설교를 포함한 총 4번의 다른 형식을 통해 반복 학습이 이루어지고, 하나님 말씀을 체화(體化)할 수 있게 된다.

꿈싹 말씀중심 활동

1) **말씀 냠냠** : 꿈싹 유아들이 가정 안에서 성경 말씀을 읽고 암송할 수 있도록 가정예배지를 제공하며, 단원 말씀송을 영상으로 가정에 배포하여 암송하도록 한다.

2) **말씀 넘버원** : 하나님 말씀을 눈으로 귀로 마음으로 받으며 가장 귀한 시간으로 여긴다.

3) **말씀 꼭꼭** : 설교 말씀 중에 핵심 포인트 내용을 언어전달 형식으로 가정에 전달하고 실천할 수 있도록 돕는다.
예) 이번 주 말씀 꼭꼭입니다. 바울처럼 열심히 전도해요.

4) **말씀 쑥쑥** : 축복의 말씀을 하루의 시작과 끝에 들려줌으로 말씀 안에서 쑥쑥 자란다.

2. 매달 총동원주일: 와와데이

중요한 교육은 강조되고 반복되며, 생활화하여 습관이 되도록 해야 하며 전도도 그와 같아야 한다. 꿈싹은 전도를 일 년에 단 몇 번 반짝하고 마는 이벤트가 아니라 한 달에 한 번 총동원주일(올출석주일) '와와데이'를 기획하여 진행하고 있다.

한 달 3~4주는 '하나님 말씀 중심교육'을 하고, 한 달에 한 번은 '와와데이'를 진행한다. 와와데이는 '우와~우와~' 감탄사가 나올 정도로 신나는 날이며, 장기결석자와 전도 대상자를 초청하며 "우리 교회로 와! 와!" 라고 초청하는 날이다. 음악, 미술, 체육, 음률, 언어 등, 다양한 놀이 활동을 계획하여 그달 말씀과 절기에 맞추어 진행하고 있으며 그날은 재적인원 모두 출석

할 수 있도록 목회자와 교사들이 기도하며 전화심방하며 친구들을 '와와데이'로 초청하고 있다.

3. 코로나 시대 '온라인 유치목회'

'코로나19 팬데믹'으로 일상뿐만 아니라 신앙생활에도 큰 변화를 가져왔다. 유치교회 꿈싹은 오프라인으로 주일에 함께 예배드리지 못하는 신앙의 상실감을 해소하기 위해 목회자는 매주 서신을 통해 부서 소식을 전하고, 반 교사는 '온라인 예배 인증샷'을 부모님께 받아 부서에 공유하며, 장소를 초월해서 우리가 예배의 공동체임을 확인하며, 코로나 이전에 말씀 중심 신앙훈련들이 가정에서 지속할 수 있도록 전화 및 SNS 심방을 더욱 강화하여 가정과 소통하였다.

특별히 코로나로 인해 침체 된 신앙생활과 우울감을 해소하기 위해 부활절에는 교사들이 비대면 방식으로 부활절 선물과 부활의 기쁜 소식을 전달하여(부활의 천사 프로젝트) 꿈싹 가정에 큰 위로를 주며 정서적 지원을 할 수 있었다.

꿈싹 온라인 목회

1) **꿈싹 온라인 예배** : 코로나 이전에 배웠던 설교 및 공과를 연속해서 배울 수 있도록 '꿈싹 맞춤 온라인 예배'를 제작하여 진행했다. 영상 속에 꿈싹지도 목사님이 총회 공과에 맞는 설교 말씀을 전하시고, 꿈싹 선생님이 찬양 인도, 부장님이 기도와 꿈싹 소식을 나눔으로 코로나로 인해 예배가 단절되거나 축소된 것이 아니라 가정으로 확대되었음을 느낄 수 있다. 학생용 공과를 비대면으로 전달하고 '뚝딱 선생님'이 공과 교수 방법을 영상으로 찍어 가정에서 부모가 교육할 수 있도록 제공하였다.

2) **사순절 십자가 말씀 달력** : 사순절 십자가 말씀 달력을 가정에서 실천할 수 있도록 돕고, 고난주간에는 미디어 금식, 간식 금식을 통해 주님의 고난에 동참할 수 있도록 안내하며 미션을 완성한 가정에는 모바일 간식 시상을 통해 격려하며 코로나 기간도 절기 교육이 소홀하지 않게 지도하였다.

3) **가정에서 보내는 Happy Easter** : 코로나로 인해 가정에서 맞는 부활절이지만 그것 마저도 감사하며 더욱 특별하게 보내 신앙의 유산이 되도록 프로그램을 안내하다.

- 드레스코드 화이트 : 부활의 기쁨과 죄에서 벗어난 거듭난 믿음을 의미하는 하얀 옷을 입고 가정에서 부활절 예배를 드려라.
- 부활의 기쁨 표현하기 : 달걀 꾸미기, 부활절 모자 꾸미기, 부활 소망 성금 동참하기
- 부활의 기쁜 소식 나누기 : 부활의 기쁜 소식을 가족, 친구들에게 SNS, 영상으로 전해라.

예수님의 꿈을 꾸고 기쁨이 되는 어린이교회 '꿈땅조이(JOY)'

1. 리더를 통하여 예배자의 모습을 가르친다

찬양팀은 예배 리더자로서 토요일에 따로 두 시간씩 훈련하고 말씀 큐티를 한다. 아이들은 찬양, 율동 연습만 하는 것이 아니라 규칙적으로 말씀 큐티를 하면서 예배의 중요성을 배운다. 아이들의 훈련된 모습은 다른 친구들에게도 자연스럽게 동기와 배움을 주게 된다.

2. 공과 외에도 주일 프로그램이 다양하다

아이들은 친구들과 함께하면 더 다양한 능력을 발휘하게 된다. 공과와 성경 퀴즈를 매월 2번 정도 하고 생일잔치 및 특별활동을 정기적으로 하고 있다. 말씀 책갈피 만들기, 아이클레이로 성경 이야기 만들기, 목걸이나 스티커 만들기 등, 색다른 2부 순서를 갖는다.

3. 지역사회 비교인도 참여할 수 있는 어린이 축제, 락(樂) 페스티벌이 있다

여름 캠프와는 다른, 교회의 다양한 축제가 있다. 신앙이 없는 부모와 아

이들이 교회 행사에 부담을 느낀다면 친구들을 만나고 즐거운 축제를 통하여 교회에 적응을 먼저 할 수 있도록 어린이 축제에는 에어바운스, 먹거리, 신기한 체험 활동, 공연 등을 준비하고 있다.

4. 여름 캠프에 복음을 전한다

여름 캠프, 겨울 캠프에 놀이동산에 놀러가기 보다는 복음을 즐겁게 듣고 보고 배울 수 있도록 준비한다. 학부모 기도회를 통하여 어린이에게도 불안과 상처가 있다는 것을 알고, 안아주고 기도하며 가정 안에서 나누는 기독교 교육에 대해서 함께 나누게 된다.

5. 온라인 예배도 철저하게 드린다

어린이 온라인 예배를 빠르게 실시하고 아이들 눈높이에 맞는 영상자료 및 가정교육 자료를 제공하였다. 교회에 나오지 못해도 셀 선생님들이 매주 아이들과 소통하였다.

6. 장년 세대와 소통

예향교회는 주일예배 헌금 특송으로 다음 세대가 자주 찬양한다. 조이 어린이, 조이 교사들의 주일예배 특송을 통하여 다음 세대가 건강하게 자라나고 있음을 교회와 함께 소통하고 공유하고 있다.

이외에도 선생님들이 경건회를 중요하게 생각하고 36명 중 33명 교사가 꾸준히 경건회에 참여하고 있다. 경건회 시간에 몸이 아프거나 기도 제목이 있는 친구를 함께 통성으로 중보기도 한다.

어린이들의 꿈이 뿌려지고 그 꿈이 자라나는 어린이교회 '꿈땅파워'

초등학교 1~6학년 학생이 함께 예배드리던 꿈땅이 부흥하여 2017년 꿈땅조이(1~2학년)와 꿈땅파워(3~6학년)로 분립하였고, 2019년 꿈땅파워(3~4학년)와 꿈땅스카이(5~6학년)로 다시 분립하여 학년에 맞는 기독교 교육을 제공하고 있다.

꿈땅파워는 초등학교 3~4학년 학생들과 함께 하나님의 말씀을 배우고, 말씀대로 살아가는 삶을 실천하는 현장을 제공한다. 예배 찬양 및 워십에 달란트가 있는 아이들을 모집하여, '예조'(예수님이 좋아요)라는 예배팀으로 섬기며 매주 토요일 2시간 동안 찬양, 워십 연습 및 리더십 훈련을 한다. 예조 어린이들은 토요일 연습을 통해 훈련된 친구들만 주일예배에서 섬기며 예배 사역의 소중함을 배운다. 각 셀은 셀 리더가 있어서 셀 교사를 돕고, 먼저 섬김을 공동체 안에서 실천한다. 분기별로 리더십 캠프를 진행하며, 리더십 훈련을 하고 다양한 체험 활동을 통해 리더들의 세계관을 넓힌다. 상·하반기 각 1회씩 제공되는 삶 나눔 소풍은 셀 모임을 활성화하고, 공동체가 식탁의 교제를 할 수 있도록 지원한다.

꿈땅조이, 파워, 스카이는 각 부서로 운영되지만 매년 교사 단합을 통해 서로 교제하며, 연합을 위해 노력한다. 각 부서에서 행사가 있을 때는 서로 협력하여 돕고 기도한다. 매년 5월에는 어린이 축제를 3부서가 연합하여 개최하고, 양주지역 어린이들이 신나는 시간을 보낼 수 있도록 기쁜 마음으로 준비하며 섬긴다.

주일예배는 찬양, 게임, 말씀 선포 및 셀 교제라는 4개의 큰 틀 속에서 축제의 예배를 드리며, 아이들이 마음껏 뛰어놀고, 마음껏 찬양할 수 있는 예배를 드린다.

꿈땅파워가 어린이들에게 예수님의 사랑을 전하고, 하나님 아버지의 마음으로 양육할 수 있도록 하는 힘은 성령 안에서 하나가 되어 서로 기도하며 사랑하기 때문이다. 교사들은 공동체 안에서 서로 격려하며 기쁜 일이 있으면 함께 기뻐하고 슬픈 일이 있으면 함께 슬퍼한다. 교사 공동체 안에서 먼저 하나님의 사랑과 위로를 경험하기 때문에 아이들에게 그 사랑의 마음을 흘려보낼 수 있다. 교사들이 잘 섬길 수 있도록 항상 애쓰시는 부장 선생님과 임원 선생님들의 헌신이 있고, 감사한 마음으로 순종하며 따라주는 선생님들이 계시기 때문에 어린이들을 더 사랑하고 잘 섬길 수 있다.

재미있는 예배! 즐거운 전도!
어린이교회 '꿈땅스카이'

꿈땅스카이는 초등학교 5~6학년이 함께 예배하며 하나님 나라의 꿈을 꾸고 열매 맺어 자라는 어린이 교회학교다. 꿈땅스카이에서는 어린이들이 하나님 말씀의 기초 위에 건강한 정체성과 기독교 세계관을 가지고 자라나도록 교육하고 있다. 꿈땅스카이의 부흥은 재미있고 즐거운 예배와 전도, 올 상반기 코로나19 시국에 온라인을 활용한 교육을 강화하여 꿈땅스카이 부흥을 계속 이어나가고 있다.

1. 어린이가 참여하는 '축제예배'

1) 어린이 눈높이에 맞는 예배

꿈땅스카이에서는 어린이의 눈높이에 맞는 예배를 드린다. 전통예배의 형식이 아니라 축제예배의 컨셉으로 찬양과 게임, 말씀, 기도가 어우러진 예배를 드린다. 축제예배로 어린이들이 예배의 기쁨과 역동성을 느끼며 예배드리게 된다. 어린이 축제예배는 지난 18년 동안 예향어린이교회 '꿈땅'의 부흥의 원동력이었다.

2) 어린이가 참여하는 예배

어린이들이 예배의 주체가 되어 예배를 드린다. 대표기도, 찬양, 봉헌, 찬양에 어린이들이 자발적으로 참여하여 예배를 드린다.

3) 어린이 예배팀의 활성화와 예배 교육

예향교회 다음 세대의 가장 큰 장점은 다음 세대 예배팀을 꼽을 수 있다. 꿈땅스카이도 예배팀을 활성화해서 어린이들이 예배팀으로 예배를 섬기고, 예배 팀원들은 매월 예배훈련과 리더 훈련을 받으며 성장한다.

2. 지역사회를 섬기는 전도축제

1) 양주지역 어린이 축제 '예향어린이축제'

매년 4월 말에서 5월 초에는 '예향어린이축제'라는 이름으로 예향어린이교회 꿈땅 연합으로 지역 어린이 축제를 개최한다. 양주지역의 어린이들을 모두 초청해서 여는 축제로써 어린이와 온 가족이 함께 참여하는 행복한 축제의 장이 되고 있다. '예향어린이축제'를 통해 많은 사람을 교회로 초청하고 예수님을 소개하는 전도의 장이 된다.

2) 스카이시네마 (영화상영 전도)

특별히 작년에는 '스카이시네마' 라는 주제로 영화상영 전도 축제를 진행했다. 상반기에는 CBS와 연계해서 '천로역정'을, 하반기에는 '겨울왕국2'를 상영하였다. 지역사회 영화관을 대여해서 영화관에서 예배드리고 영화를 함께 관람한다. 아이들을 교회로 초대하는 것이 아니라 영화관으로 초대해서 예배를 드리는 것이라 교회에 다니지 않는 어린이들이 부담 없이 참석할 수 있는 것이 장점이다. 후속 프로그램으로 이후에 아이들이 교회에 계속 나올 수 있도록 기도하며 심방을 이어나가며 정착을 돕고 있다.

3. 온라인을 통한 교육활동

1) 셀별 성경통독 'SNS 셀모임 강화'

올해 예향교회는 '말씀이 흘러넘치는 2020'이라는 주제로 온 교회가 함께 성경 1독을 목표로 함께 진행하고 있다. 꿈땅스카이에서도 셀별로 교사와 어린이들이 함께 같은 본문 성경 읽기를 매일 실천하고 있다. 셀별로 성경통독을 잘한 셀을 시상하고 '우수 셀'로 선정하여 격려한다. 올 상반기에 이미 성경을 1독을 완료한 어린이들이 많이 있다. 이전에는 셀 모임이 주일에 예배 이후에 모이는 것이었지만, 대면으로 만나지는 못하는 코로나19 시국에 오히려 온라인 셀 모임이 강화되는 것을 경험하게 되었다.

2) 온라인 영상 공모 '부활절 계란꾸미기' '슬기로운 효도 생활'

4월 부활주일에 온라인으로 '부활절 계란꾸미기' 인증샷을 진행했다. 꿈땅스카이 어린이들에게 교회가 아니라 시간과 공간의 제약 없이 재료를 자유롭게 사용하도록 하였을 때 오히려 이전에 꾸미던 것보다 더욱 창의적이고 예술적으로 꾸며서 제출하는 것을 보았다.

어린이들이 집에서 말씀을 실천할 수 있도록 5월 어버이 주일 전에 부모님께 효도하는 영상 또는 사진을 공모('슬기로운 효도생활')했다. 어린이들이 각자 부모님께 효도하는 영상을 만들어서 제출하였고 그중 감동적인 영상을 시상하였다. 어린이들이 즐겁게 재능과 끼를 개발하고 아이들에게 말씀을 교육하는 데 좋은 계기가 되었다.

TOUGH 터프한 십대 청소년교회 'InG'

(Teen Only Under God's Hands:
'십대 온전히 하나님의 손길 아래 거하라!')

예향 청소년교회 'InG(아이앤지)'는 예수 그리스도의 거룩한 믿음의 공동체로써, 마음과 힘과 뜻을 다하여 하나님을 사랑하고 예수 그리스도의 사랑을 이웃과 나누는 'TOUGH' 터프한 청소년을 양육하여 예수의 제자로 훈련하여 다시 그들의 삶의 자리로 파송하는 예향교회 교회학교의 부흥의 핵심이 되는 교육부서다.

예향교회의 핵심적인 DNA는 '셀 교회'다. 그에 따라 예향 청소년교회 InG도 셀 체제가 특장점이라고 할 수 있다. 학년별로 부감 교사를 두고 학년별 분반 체제를 구성하여 셀 편성을 하고 교사가 셀의 리더 역할을 하여 예배와 전도사역을 중심으로 셀을 운영한다. 모든 분반 내의 구성원들이 각급 학교와 교실, 학원 등, 삶의 현장에 파송된 전도팀 역할을 하도록 하는 분반 편제로서 분반 내의 모두가 섬김의 리더십을 통해 각자의 꿈과 끼와 길을 찾도록 반목회를 하는 데 중점을 두고 있다. 청소년 또래 집단의 특성을 배려하여 학년, 성별, 친구 관계 등을 면밀히 조율하여 양과 질 모두의 성장에 적합한 교육체제를 구성하고 있다.

주일 분반공부 시간에는 개선된 셀 체제를 구성하여 한 명의 리더만을 양육하는 것이 아니라 모든 팀원을 리더로 세워서 분화한다. 남녀와 학년을 구분하여 중등학년 교육부서 특성에 더욱 적합하게 구성하여 교육과 관계 모두에 집중한다. 셀 체제로 팀을 결성하여 팀장인 교사를 중심으로 모두가 섬김의 리더십을 발휘하여 전도 특공대로서 가정과 학교와 학원에 친구들에게 파송된 일종의 전도팀처럼 활동을 전개하게 된다. 무엇보다 교회의 적응 기간이 짧아지도록 또래와 관계 위주의 편성을 하여 정착률이 높아지게 되었다.

현재 토요일에는 학생들이 스스로 하고 싶은 활동을 하는 관계 중심의 '토요활동 셀'에 참여하고 있다. 토요활동 셀에는 예배찬양, 선교봉사, 체육친교, 문화예술 셀이 있으며 남녀와 학년의 구분 없이 전 학년이 참여하여 스스로 원하는 활동을 선택함으로 관계 중심의 활동 셀 체제로 4가지 활동영역에 대한 활성화 및 청소년 자치 활동을 강화하고자 했다. 청소년들이 분반 셀을 통해서 정착한 이후에 관계 성장에 유효하며 각각의 활동영역을 4개의 활동 셀로 편성하였다. 이들은 교회교육의 5대 목표와 청소년 자기 도전 포상제를 비롯하여 청소년 포상 제도의 봉사, 자기계발, 신체단련, 탐험 활동과 같은 4가지 활동영역이 고루 충족되는 활동으로써 관계 중심의 진정한 소그룹이라는 셀의 본질에 충실하여 하나의 교회들을 이루며 더 나아가 InG 주일예배로 연계하고 학교 등, 삶의 자리로 파송하여 양주지역을 아우르며 지경을 넓히는 역할을 수행한다. 이 셀들은 각각의 동아리와 팀으로 확장되고 방학 중 아웃리치 및 비전트립은 물론 토요일과 주일 오후를 활용해서 분야별 관심사를 충족시켜주고 있다. 또한, 관심 분야에 따라 다양한 직업 체험과 동아리 활동을 진행하도록 하는 체제다. 이를 위하여 9세부터 24세의 청소년 활동의 장인 예향청소년활동센터와 적극적인 교류를 진행하고 있다.

이러한 셀 체제뿐만 아니라 학교 및 청소년 활동현장을 방문하여 청소년들의 삶의 자리에서도 사역의 장을 넓혀가고 있다. 간식 방문이나 생일 파티 등을 통해 교회 구성원으로서의 기쁨을 주는 시간을 구상하고, 예향청소년활동센터를 통하여 각급 학교의 채플 모임과 기독 동아리에 참여할 수 있는 접촉점을 마련하고 있다. 중학교 자유학기제와 봉사활동도 예향청소년활동센터와 연계하여 등록하고 관리하고 있다.

셀 체제와 리더교육을 통하여서 2020년 코로나 상황 때에도 긴밀하게 심방하고 가정을 방문하는 사역을 진행할 수 있었고 커다란 어려움 없이 아이들을 관리할 수 있었다. 온라인예배 참여율도 매우 높았으며, 예배 회복의 날에는 90% 가까이 회복할 수 있었다. 하나님의 은혜로 앞으로도 부흥, 성장할 것을 기대한다.

복음 속으로! 고딩 속으로!
세상 속으로!
청소년교회 '인투(into~)'

예향교회 고등학생들의 신앙공동체인 인투는 "복음 속으로! 고딩 속으로!

세상 속으로! 청소년교회 인투(into~)"라는 슬로건을 가지고 첫째, 복음이 항상 선포되는 말씀 사역을 하고 있다. 둘째, 고등학생이라는 연령층의 특성에 맞는 형식으로 예배 및 다양한 프로그램들을 진행하고 있다. 셋째, 복음이 우리 안에 머물러 있지 않고 세상으로 흘러 들어갈 수 있도록 선교적 삶을 추구하는 노력을 하고 있다.

좀 더 구체적으로 말씀드리면, 첫째, 성경통독 운동을 도울 수 있도록 교회에서 제공한 통독표를 제공하는 것과 더불어 청소년들이 쉽게 이해할 수 있도록 성경 각 권의 맥을 잡아주는 영상자료를 때마다 제공하고, 1년 365일 매일 복음을 상기할 수 있도록 구성된 책의 해당 날짜 페이지를 교사 포함 인투 전체 구성원들이 공유하며 온라인 상에서 묵상 나눔을 시행할 수 있도록 한다.

매일 아침 교역자가 내용을 올리면 교사들이 공유하고 그것을 셀 학생들에게 전달하며 피드백을 받는 방식으로 진행이 된다. 이것이 원활하게 이뤄질 수 있는 가장 큰 요인은 교역자뿐만 아니라 수년간 인투를 꾸준히 섬겨주신 시니어 교사들의 성실한 섬김인 것 같다. 교역자 외에도 매일 교사 단체 채팅방에 찬양 영상과 성경 구절, 말씀 묵상 나눔, 심지어 일기예보까지 꾸준히 올려주시는 분들이 있다. 그로 인해 교사들 간에 말씀이 항상 풍성하고 서로의 마음을 나누는 소통도 끊이지 않고 있다. 이 온라인상의 공간을 통해서 청년 교사들이 영적으로 자라가는 것이 보이기도 한다. 교사들이 같은 말씀을 먹고 또 그 말씀들로 충만히 채워지며 서로를 영적으로 섬기니 학생들과의 셀 모임 시간에도 영적인 나눔이 활발하게 일어나고 교사의 영적 권위도 서 있는 것 같다. 가끔 셀 학생들의 나눔에 감동받은 교사가 그것을 다른 교사들에게 공유해주는데 그럴 때 많은 교사가 함께 기뻐하고 보람을 많이 느끼게 된다.

예배 중 설교 때는 예수 그리스도의 복음의 내용을 항상 언급하고, 설교

뒤에 이어지는 결단 찬양의 시간을 통해 들은 말씀을 정리하면서 결단을 올려드리는 통성 기도의 시간을 가지도록 하고 있다.

둘째, 인투는 현재 평균 약 100명의 학생이 출석 중인데 총 14개의 셀로 나누어져 있고, 각 셀에 전 학년이 골고루 배치되어 있다. 또한, 학년과 상관없이 교사의 추천을 받아 기본 소양 교육을 통과하여 임명을 받은 학생 셀 리더들이 교사와 더불어 각 셀을 이끌어가고 있다. 또한, 학생들 전체 투표로 선출된 학생회 회장이 기획행정팀 소속의 총무, 서기, 회계를 임명하고 예배협력팀(찬양팀, 워십팀, 홍보팀 등 포함)장과 친교봉사팀(새친구팀, 간식팀 등 포함)장을 세워 학생회 주관 예배와 각종 행사를 섬기도록 하고 있다.

예배 중 찬양 세션과 대표기도, 헌금 시간 특순과 광고를 학생들이 맡았고, 수련회 등, 각종 행사에 대한 홍보를 학생들이 직접 인투 계정의 SNS까지 관리하고 있다. 물론 청소년기의 학생들에게 완전한 자치를 기대할 수는 없기에 팀마다 담당교사가 세워져 있기는 하지만 학생들이 주도할 수 있도록 교사는 돕는 역할을 하고 있고, 주로 학생들과의 소통이 수월한 청년 교사들이 담당해 주고 있다.

교사 기획행정팀(일명 부장단)도 하는 일이 많지만, 학생들과 동역하며 그들을 세워가는 목표를 가지고 학생들이 감당할 수 없는 일들을 처리해주며 가이드 라인을 제시해주는 정도로 묵묵히 수고해 주시고 있다. 친구 초청 집회나 학년별 파티 등의 행사들을 열어 학생들이 공연이나 레크리에이션 등으로 참여할 기회를 많이 만들어주고 있으며 그럴 때마다 학생들의 참여는 아주 활발하다.

교역자는 학생 리더들을 세우기 위해 정기적으로 L.T.C.(Leadership Training Course)나 학생 임원들과 함께 하는 M.T.를 열어 그들을 교육하고 채워주고 응원해주고 있다. 수련회를 포함한 각종 행사 프로그램을 기획할 때 청년 교사 중에 기획팀장을 세워 일을 진행하는데 그로 인해 학생들과의 코드를 많이 맞추고 있다. 청년부에서 자치를 경험하고 있는 청년 교사들과 학생들 사이의 유대관계가 자연스럽게 학생들을 예배공동체의 주체자로 성장시키는 데에 도움을 주고 있다.

또한, 졸업생들 중에는 몇 개월이 지나 인투의 교사로 지원하는 경우도 많이 있다. 이렇듯 공동체 안에서 서로 사랑하는 관계를 학생들이 책임감을 가지고 주체적으로 만들어갈 수 있도록, 공동체 안에서 재미와 감동을 느끼며 강한 소속감을 가질 수 있도록 돕고 있다.

셋째, 설교나 강의, 성경 공부 시간을 통해 복음만 이야기하는 것에서 그치지 않고 어떻게 실생활에 적용할 수 있는지까지 가르치고 있다. 세상 속에서 복음의 사람답게 살아내고 복음을 전하는 사람으로 살아낼 수 있도록 '기도 사역 훈련', '세계관 교육', '전도 훈련', '해외단기선교', '학교나 가정으로의 심방' 등을 진행하고 있다. 최근 코로나19 사태 중에 온라인예배 상황 속에서 다시 모일 것을 기대하며 진행했던 '셀별 릴레이 기도 운동'이나, '셀별 온라인 심방 및 인증샷을 통한 출결 상황 파악', '부활절 맞이 드라이브스루 선물 전달 이벤트'나 '시 경연 대회 이벤트' 등이 진행되었다.

영적으로나 정서적으로 교제의 단절이 생기지 않도록 이렇게 관리했더니 오프라인 예배 재개 이후 급속도로 정상화된 것을 보면 이것은 교회 건물 밖에서의 연결과 계속되는 소통이 얼마나 중요한가를 입증하는 것이었다. 일상 현장 속에서의 만남과 교제가 깊은 친밀감을 만들어주고 흩어져있는 각 지체들의 삶에 힘을 실어준다는 사실은 아무리 강조해도 지나치지 않는 것 같다. 주일에도 셀별 모임 시 이런 취지에서의 아웃팅이 활발히 진행되고 있고 부서에서 지원금도 정기적으로 지급하고 있다. 예향청소년활동센터와 연계해서 '선플달기운동'이나 각종 봉사활동에 참여하는데, 이렇듯 온라인과 오프라인 모두를 활용한 교제와 봉사의 실천이 복음을 현실의 삶 속에 녹여내는 데에 도움을 준다.

연약함의 영성을 사모하는 장애인교회 '꿈쟁이'

예향 장애인교회 꿈쟁이는 우리의 궁극적 삶의 목적인 '하나님 나라'를 장애인들 속에서 바라보며, 장애인들이 하나님의 백성으로 온전히 자라고, 예배자의 길을 걷도록 함께하는 예배공동체다. 자폐성 장애와 지적 장애를 가지고 있는 발달장애인들이 함께 모여 예배드린 지 올해로 15주년을 맞았다.

주일 아침이 되면 꿈쟁이실은 시끌벅적해지기 시작한다. 반가워서 선생님을 끌어안는 꿈쟁이, 일주일 동안 있었던 일을 재잘재잘 얘기하기 바쁜 꿈쟁이, 예배실을 돌아다니며 인사하는 꿈쟁이들로 넘쳐나기 때문이다. 장애를 가지고 있지만, 하나님을 사랑하는 마음과 표현에 있어서는 장애가 없는 아름다운 이들과 함께 노래하고 열심히 땀을 흘리며 몸찬양하고 말씀에 집중하다 보면 어느새 2부 순서 시간이 돌아온다.

2부 순서 시간에는 공과 공부도 하고 미술, 찬양, 요리 등, 다양한 활동을 하면서 사회통합과 관련된 내용들도 담아낸다. 5주 차가 있는 달에는 사회적응훈련, 체력증진, 여가활동, 스트레스 해소, 친교 등의 목적으로 지역사회 내에 있는 문화시설, 교회 내 다양한 체험 활동 등을 진행하는 스페셜 예배도 있다.

매년 4월이 되면 장애인의 달을 맞아 교회 내 장애인식 개선 캠페인, 장애체험 코너 운영, 헌금특송, 다음 세대 부서 간 통합예배 등을 통해 발달장애인들도 비장애인들과 똑같이 하나님 앞에서 동일한 성도임을 다시 한번 확인하는 시간을 갖는다. 또 공동체성을 강화하고 신뢰 형성과 교제, 정보 나눔을 위한 목적으로 학생, 부모, 교사가 함께 모여 가족예배도 드리고 분기별로 야외예배도 드리면서 하나님이 만드신 창조세계를 바라보며 자연의 변화와 아름다움을 만끽하는 시간도 있다.

꿈쟁이들이 가장 기대하는 시간이 있다. 그것은 바로 여름과 겨울에 진행되는 캠프다. 여름에는 1박 2일 캠프, 겨울에는 당일 캠프로 부모님들께는 잠깐의 쉼의 시간을 드리고 꿈쟁이들과 교사들은 온전히 서로와 하나님께 집중하며 교육과 훈련, 쉼과 전인 회복을 위한 시간을 갖는다.

꿈쟁이 예배공동체의 가장 큰 자랑은 교사다. 장애를 이해하는 교사뿐만 아니라 전문적 지식은 다소 부족하더라도 장애인에 대한 사랑의 마음으로 헌신한 교사들이 매 주일 소규모 부서 내에 목장을 구성하여 공과 교육에서 교사주도 학습모델로 교사의 인원 및 학생과 교사의 수준과 능력을 고려하여 1:1 내지 1:2 비율로(교사 중 1명은 가르치는 교사, 남은 1:1 배치된 선생님은 주의집중 및 학습을 돕는 교사)배치되어 꿈쟁이들을 섬긴다.

꿈쟁이의 개인 특성에 따라 때로는 스스로 용변처리도 어려운 경우도 있는데 가끔 실수하는 꿈쟁이에게 환한 미소로 뒤처리를 해주는 교사, 간질 증상으로 예배 참여가 어려울 때 포근한 자리로 인도하여 간호하고 섬겨주는 교사들을 볼 때 등등 꿈쟁이들을 향한 섬김과 봉사를 담당하는 교사들이 있는 이곳에서 성경이 말하는 '하나님 나라'가 실재하는 모습을 보게 된다.

다소 늦더라도 함께 가는 공동체, '같이'의 가치가 넘치는 공동체가 바로 꿈쟁이다. 존재 자체만으로도 하나님 나라가 무엇인지 말해주는 발달장애인들과 함께하는 예배는 하나님이 기뻐 받으시는 예배임을 느낀다.

설립 15주년이 되다 보니 꿈쟁이들도 나이를 먹어간다. 발달장애인의 생애주기에 맞춰 2016년 9월에 새롭게 시작하게 된 꿈쟁이 토요드림학교는 학령기 이후 또는 주말에 비장애인들과 달리 갈 곳이 없고 할 것이 없는 발달장애인들을 위해 양주 내 장애인들을 대상으로 한 토요 여가 학교다. 이곳에 오면 태권도, 전통놀이, 원예, 펄러비즈 등, 다양한 프로그램에 격주로 참여할 수가 있다. 꿈쟁이들의 열정과 즐거움이 가득한 이 시간을 위해 자원봉사자가 많이 필요한데 중고등학생들이 중심이 되어 자원봉사를 하고 있다. 청소년들의 장애에 대한 이해와 관심, 사랑을 실천할 수 있는 소중한 기회와 동시에 봉사활동 인증도 받을 수 있다. 학부모님들을 위한 자모 모임에서는 다양한 정보와 정서적인 지지도 나눈다.

꿈쟁이 토요드림학교는 교회 소속이 아니더라도 지역사회에 거주하는 발달장애인은 누구라도 지원할 수가 있다. 일하시는 부모님과 양육에 한동안 지치셨을 부모님들에게 여유 있는 시간을 제공함은 물론, 다양한 프로그램을 통하여 사회성이 향상되고 정서적인 지지를 받을 수 있는 공간으로 자리매김하고 있다. 또한, 예수님을 모르는 장애 가정에 예수님의 사랑이 흘러갈 수 있는 복음의 장이 되고 있다.

예향장애인교회 꿈쟁이는 앞으로 성인기를 맞은 발달장애인들의 일자리 창출을 위해 사회적 협동조합 설립을 준비하고 있다. 학령기 이후 사실상 집안에서 평생을 살아갈 수밖에 없는 발달장애인들의 잠재된 능력을 개발하고 자신감을 갖고 생산적 역할을 감당하는 사회구성의 일원으로서 살아갈 수 있도록 돕기 위해 발달장애인들의 생애주기와 과업에 발맞추어 필요한 서비스를 제공하고 함께 성장하고자 한다. 앞으로의 꿈쟁이의 행보가 기대된다. 그 안에 기뻐 역사하실 성령의 능력을 소망한다.

다음 세대 비전을 함께 꿈꾸고, 함께 세워나가는 '함꿈'

함께 꿈꾸며 다음 세대를 세워가기 위한 함꿈팀 1기가 2018년 10월 15일 예배로 시작하여 2018년 12월 말까지 1년 2개월 동안 양주**교회를 섬겼다. 1년 동안 4번의 전도 축제와 학부모초청 가족예배를 드렸으며, 동네전도와 가정심방을 병행하며 베트남 다문화 가정의 어린이들에게 복음을 전

했다. 그 결과 다음 세대 교사가 2명이 세워졌고, 현재 평균 12~15명의 다음 세대가 매주 예배를 드리고 있다. 함꿈에서는 양주**교회를 지속적으로 돕기 위해 예향교회 국내선교부와 연계하여 양주**교회 다음 세대를 지원하고 있다.

함꿈 프로젝트팀은 2019년 1월부터 2기 교회인 **교회로 사역지를 옮겨 매 주일 오후 2:30~5:00까지 다음 세대 전도와 예배를 지원하였다. 의정부에 있는 **교회는 자비량 교역자인 권** 목사님이 2명의 다음 세대와 함께 예배를 드리고 있었다. 함꿈 프로젝트팀이 매 주일 근처 놀이터와 학교에서 전도를 하였고, 2달간 놀이터 야외예배를 통하여 **교회의 존재를 지역사회에 알리는 일을 하였다. 수십 명의 아이를 전도하고 교회로 인도하였으나 낯선 성인에 대한 부모들의 경계심이 강하고, 불교 및 이단 종교(하나님의 교회)의 강세로 인해 부모님들의 방해를 경험하기도 하였다.

그런데도 예향교회 성도님들의 기도의 후원과 함꿈 선생님들의 복음을 향한 열정으로 점차 교회에 정착하는 아이들이 늘어나는 것을 경험하였다. 함꿈 프로젝트는 특별히 미자립교회의 교사와 사역자를 세우는 일에 선한 영향을 끼친다. 2019년 함꿈 사역을 통해, 박** 사모님을 다음 세대 예배 찬양사역자로 세우고, 교역자 경험이 전혀 없던 권** 목사님이 목회를 잘 하실 수 있도록 조력하였다.

2020년 코로나의 상황으로 인해 새로운 교회로 연결이 쉽지 않았지만, 기도로 준비하며 의정부 ****교회에서 섬기게 되었다. 탈북민을 중심으로 사역을 하고 있는 ****교회에는 특별히 하나님의 사랑과 관심이 필요한 탈북 아이들이 있다. 아이들이 한국 사회에 잘 적응할 수 있도록 함꿈팀은 기도하며 섬긴다. 탈북민 아이들이 함꿈과 ****교회를 통해 하나님의 사랑을 경험하여, 그리스도의 멋진 제자들로 성장할 수 있기를 기대한다.

꿈과 끼와 꾀와 깡으로 길(VISION)을 찾아가는 '예향청소년활동센터'

21세기의 한국교회는 학교와 정부 단체들이 "하나의 종교에만 편을 들어줄 수 없다"는 이유로 학원선교를 할 기회가 사라져가고 있다. 이러한 현실에 좌절하지 않고 청소년들에게 "하나님 사랑, 이웃 사랑"을 전하기 위해 설립된 예향청소년활동센터(이하 예청)는, 청소년기본법 제3조 제3호에 의해 규정된 청소년 활동을 위해 개설된 청소년 종합활동 운영기관으로 설립(2015. 6. 26.)되었으며, 종교 편향의 문제 없이 활동할 수 있어 청소년들에게 그리스도의 사랑과 복음을 전할 수 있는 도구로 쓰임 받고 있다.

예향청소년활동센터는 청소년 활동을 통해 청소년들에게 예수 그리스도를 소개하고, 한 영혼 한 영혼의 구원을 위해 최선의 노력을 다하고 있다. 그 중, 양주시 D중학교 수요 채플사역(2018~2019)은 해당 학교 교사 신우회와 기독동아리의 기도로 예배가 시작되었고, 중학교 교사들의 헌신과 노력, 기독동아리 학생들의 참여를 통해 매주 수요일마다 200여 명의 중학생과 함께 시청각실에서 예배를 드렸다. 수요 채플에 장난 반 호기심 반으로 참석한 중학생들의 모습 또한 귀하고 사랑스럽다. 복음의 씨앗이 그들의 영혼에 심어져 열매 맺을 그 날을 기대하며, 이들을 통해 역사하실 하나님을 찬양한다. 또한 '경기도 청소년자원봉사 경진대회'에 참여한 '해외봉사단'과 '국제청소년성취포상제' 두 팀이 대상인 '경기도지사상'과 금상인 '경기도의회의장상'을 수상하기도 하였다. 이러한 경진대회를 준비하면서 힘들기도 하였지만, 그동안 교회의 활동은 교회에서만 인정받을 뿐 학교나 공적인 기관에서는 인정받지 못했던 활동이었는데, 예향청소년활동센터가 국제구호기구인 '월드쉐어'와 협약을 맺고 국제적인 네트워크를 통해 양주시 청소년센터로서는 처음으로 국제구호·봉사활동을 함으로써, 태국 현지에서 그리스도의 복음을 전하고 섬길 뿐만 아니라 교육 기부와 문화 교류도 할 수 있게 되었다. 나아가 이들의 수고와 노력을 사회와 학교에서도 인정받고 칭찬받을 수 있는 계기가 되어 감사하고 기쁘다.

아울러 태국 현지에서 협력해 주셨던 우리 교단 선교사님께서는, 예향청소년활동센터와 협력 활동 이후 현지에서 인정을 받아 2개 학교에 청빙하여 태권도를 정규수업으로 가르치시면서 학교 안에서 복음을 전하고 있다.

국제청소년성취포상제도는 여성가족부와 대한예수교장로회 총회에서도 인증하고 있는 청소년 활동이며, 우리 예향교회에서도 벌써 네 번의 팀이 꾸려져 활동하고 있는, 봉사와 자기계발, 신체단련 및 탐험을 통한 하나님과 사람이 기뻐하시는 청소년을 만들어가는 활동이다. 또한, 초등학교 3학년부터 중학교 2학년까지 활동하는 '청소년자기도전포상제'도 61명의 동장 포상자와 20명의 은장 포상자를 배출할 만큼 활발한 청소년 활동을 하고 있다.

이러한 활동 이외에도, 각 학교의 동아리 지원 활동, 자유 학년제 프로그램 제공, 청소년축제와 순결 서약식, 영어 말하기 대회와 과학대회 등 다양한 활동을 주최, 주관하며 후원하고 있다. 앞으로도 우리 예향청소년활동센터가 봉사와 구호, 축제와 교류 등 다양한 청소년 활동을 통해 그리스도의 사랑을 전하는데 더욱 힘쓰길 소원하며 기도한다.

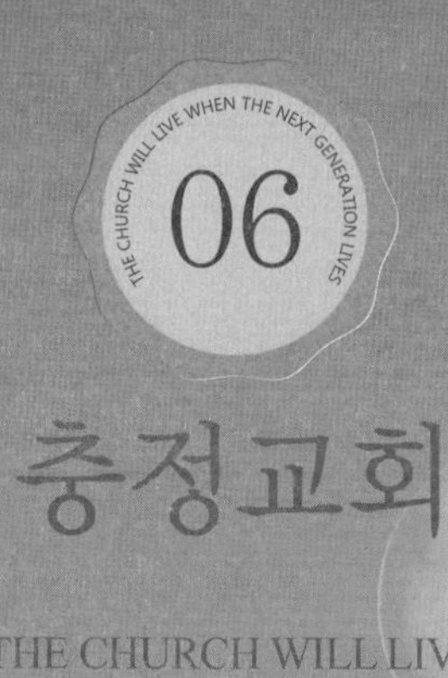

충정교회

THE CHURCH WILL LIVE
WHEN THE NEXT GENERATION
LIVES

담임목사 최규명 목사

교회연락처 033-766-9226(FAX 033-762-9225)

주소 강원도 원주시 행가리1길 42-5

홈페이지 www.wjcj.kr

Ⅰ. 충정교회 다음 세대 방향성

'교회를 향한 꿈', '다음 세대를 향한 꿈'은 가슴 뛰는 꿈이다. 하나님은 이 땅의 모든 교회가 건강하게 세워지기를 바라는 마음이 있고, 다음 세대가 미래를 준비하면서 잘 세워지기를 바라는 마음이 있다. 이 하나님의 마음이 충정교회 속에 있다. 충정교회 담임목사는 '복음'이라는 단어를 들으면 가슴이 떨리고, '교회' 라는 단어만 들어도 행복해지고 '다음 세대'라는 단어를 들으면 다음 세대를 놓치지 않으려는 강한 결심을 한다.

그런데 이 땅의 교회가 안 된다는 소식, 다음 세대가 무기력하고, 한국교회 60~70%가 교육부서 자체가 없는 시대가 되었으니 그대로 이렇게 그냥 갈 수는 없다. 우리의 믿음의 선배들이 물려주었던 신앙의 유산을 우리는 반드시 다음 세대에게 물려주어야 한다.

하나님은 살아계신다. 우리에게는 성경이 있다. 성령님이 계시다. 다시 교회는 일어날 수 있으며, 다음 세대는 반드시 살아나야 한다. 얼마든지 말씀과 성령으로 교회가 견고하게 세워질 수 있다고 믿고 있고, 다음 세대도 말씀과 성령, 사랑으로 섬긴다면 얼마든지 견고하게 세워질 줄로 믿고 있다. 그래서 우리 교회가 우리 교회만을 위한 교회가 아니라 이 땅의 다음 세대를 축복하는 교회로 쓰임 받기를 간절히 축복한다.

충정교회는 특별한 교회이다. 44년 전 설립하신 목사님과 원로 목사님이 청소년에 대한 각별한 애정이 있으셔서 전국의 청소년을 모아 '사명자성회'를 30여 년간 진행해 오셨다. 그 헌신으로 좋은 사명자가 많이 배출되어 하나님께 영광 돌리며 교회도 사명으로 생각하며 기쁨으로 힘에 버겁도록 섬겨오셨다.

그러나 전반적인 여러 가지 어려움을 만나게 되어 이대로 주저앉을 것인지, 새로운 도약으로 변화를 추구해야 할지 절체절명의 시점에서 충정교회가 과감하게 새로운 도전으로 평생 선교단체에서 어린이와 교사들, 지도자를 위해 헌신해 온 최규명 목사를 담임으로 청빙하게 되었다.

담임목사 부부가 어린이 선교단체에서 20년 이상 섬기던 사역자라 더 전문적으로 다음 세대를 섬겨야 하는 이유와 방법을 제시할 수 있는 장점을 살려, 사랑과 열정으로 이 민족과 열방을 섬기는 건강한 교회로 거듭나고자 몸부림치며 당회와 성도가 하나 되어 죽을힘을 다해 주님의 도움만을 바라며 무릎 꿇었다.

목회경험은 없지만, 오직 어린 나귀 새끼 심정으로 순종하며 나아갔을 때 하나님의 특별하신 은혜로 충정교회는 2012년 부임 이후 어른 성도와 다음 세대는 5배 정도 성장하게 되었다.

산 밑에 위치한 교회, 교통편이 열악해서 지금도 걸어서 오는 교인은 딱 한 명뿐인 환경이지만 하나님의 급하신 마음이 충정교회를 사용하시는 것을 보게 된다.

Ⅱ. 3대가 함께하는 충정 Worship

다음 세대 사역이 너무 중요하기 때문에 충정교회는 특별히 다음 세대를 지도하는 교역자에 대한 포커스가 강조되고 있다. 영혼을 뜨겁게 사랑하는, 열정과 영혼들에게 방향성을 제시할 줄 아는 교육전문가를 세우고 교육 목자들 또한 헌신 된 자를 훈련하는 시스템을 구축하고자 힘쓰고 있다. 가장 중요한 것은 담임목사가 매시간 다음 세대를 강조함으로 전 성도의 주 사역으로 자리매김이 되어 있는 것이 장점이다. 전 성도는 사역마다 당연하게 협력하고 있다.

교육에 있어서도 모든 사역에 수평적으로 부모와 교육목자(충정교회는

'교사'를 '교육 목자'라 칭한다.)와 다음 세대가 삼위일체 하나가 되어 같이 만들어가도록 하고 있다. 그뿐만 아니라 수직적으로 조부모, 부모, 그리고 우리 세대의 하나 됨을 의도적으로 계속 주입함으로 우리 조상들의 믿음이 전수되고 또 다음 세대로 흘러가도록 명문 가정을 만들어가는 일에 주력하고 있다.

1. 영아부

인생의 처음, 스타트, 가장 많은 관심과 사랑을 받는 시기이지만 부모도 자녀도 교회도 서로가 어떻게 해야 할지 잘 몰라 우왕좌왕하기 쉬운 부서다.

어느 교회나 마찬가지겠지만 자모실에 가보면 부모, 형제자매까지 같이 자모실에 들어가 간식을 먹고 장난감이나 책을 만지며 서로 이야기를 나누느라 예배에 집중하기는 실제로 어려운 상황이다. 그러다 보니 교회에 출석은 했지만, 예배자로서의 충전이 없으니 부모도 산후 우울, 육아로 인한 피로감으로 아기를 예배자로 세워가기는 정말 어려운 것이 현실이다. 영아부 예배가 따로 있는 교회에서도 전문적인 예배자를 세우는 예배를 흡족하도록 드리는 예배가 많지 않다.

충정교회도 예배실이 없어서 지금껏 독립적으로 영아부를 두지 못하고 미취학부에서 '베이비시터'를 두어 영아들을 1:1로 케어하며 예배드리도록 도왔다. 국제 유치부 전문 수퍼바이저 국내 1호 강사가 미취학부를 맡아 오면서 오랜 시간 영아부 신설을 준비해오다 교회의 배려로 작은 공간이 생겨 영아부를 작게나마 준비하고 있다. 시행은 안 했지만 오래 준비해 온 사역이고 책이 발간될 때쯤이면 시작을 했을 것이기 때문에 새로운 패턴을 소개하는 의미로 이 사역을 공개한다.

36개월 전에 뇌 형성이 절반 이상 완성되는 시기인 만큼 영적, 인지적, 사회적, 신체적, 특히 영적 발달을 섬세히 간섭해서 하나님을 바로 만나도록 도와야 하는 막중한 부서이다. 일반적으로 영아부를 둔 교회들도 부모와 함께, 혹은 부모 중 한 명이 아기와 함께 예배에 참석하게 한다. 담당 교역자는 아기에게 초점을 맞추기도 하고, 부모에게 초점을 맞춘 설교를 하기도 하고, 어떤 교회는 아기와 부모를 위해 따로 시간을 분배해 설교하기도 한다. 담임목사의 설교를 영상으로 듣게 하기도 하고 아예 예배 시간에 실시간 동영상 시청을 하기도 한다.

담당 교역자가 30여 년 초대형 교회와 중대형 교회들을 섬긴 경험과 전공을 살려 오래 고민해 온 것으로 새로운 영아부 예배 틀을 준비하고 있다. 아기와 부모를 각각 은혜의 자리에서 예배자로 세우는 데 포커스를 둔 행복한 충정의 영아부는

1) 부모를 무조건 예배자로 성실히 최선으로 세우는 것을 목적으로 삼고 부부가 같이 손잡고 담임목사님의 설교를 들으며 마음껏 영적 충전에 몰입하도록 한다. 부부가 영적으로 충전돼야 가정이 회복되고, 아기에게도 나눌 것이 있는 부모가 될 수 있기 때문이다. 물론 2~4주 정도 어린이와 같이 영아부에 적응할 때까지 같이 예배드릴 수 있다.

2) 1:1로 1~3년 동안 한 아기를 안고 업고 기도하고 사랑하며 예배에 집중하도록 친부모처럼 예수님을 섬기듯 섬길 교사를 모집한다. 부모와 연계해서 주중에도 기도제목과 어린이 상태를 주고받으며 1년 내내 보모로서의 역할과 한 가정을 맡은 선교사로서의 역할을 감당케 한다.

3) 또한 영성과 열정과 실력을 갖춘 사역, 연구팀을 별도로 구성한다. 예배를 실제적으로 리더해 나갈 사역팀(찬양율동팀, 사진영상팀, 행정팀,

간식팀, 안내팀)과 영적 예배자로 세우기 위한 연구팀(교재개발, 일러스트, 편집 디자인)을 준비 중이다. 일일이 기도하며 한 명씩 만나 비전을 나누고 동역을 촉구하고 있다.

4) 예배실은 키즈 북 까페로 같이 조성해서 예배 후에도 부모가 같이 점심 식사도 하고 휴식과 친교를 할 수 있는 공간이 되도록 한다. 확보된 공간이 너무 협소하여서 최소의 인테리어로 준비하지만, 꼭 필요한 요소들을 신경 쓸 계획이다.

2. 미취학부

인생의 가장 중요한 시기를 지내고 있는 연령임을 감안하여 모든 사역에 부모를 적극 동참시킨다. 이 시기를 놓친다는 것은 그 인생을 놓치는 것이기 때문에 집중하여 부모와 반별 카톡방과 단체 밴드방을 통해 소통한다. 개별 영성상담, 교육상담, 양육상담을 하며, 어린이들에게 계속 한 주도 빠지지 않고 설교와 반별 나눔시간에 구원상담과 양육상담, 생활상담을 진행한다.

교육 목자들이 사랑으로 그들을 품는 것을 경험하게 하며 사랑받고 있음을 통해 자존감과 정체성을 분명히 세워주는 데 신경을 집중한다.

1) 겨울성경학교

오직 복음만을 강조한 오감체험 교육으로 새해를 시작한다. 부모, 형제자매까지 초청해서 한 가족 마당으로 진행한다. 이 시간을 통해 교사와 부모와 형제자매가 서로 알아가는 시간이 되도록 운영하며, 부모들이 강사가 되어 재능을 기부하도록 배치를 많이 하여 적극적으로 참여할 뿐 아니라 가족이 교회와 미취학부에 재미있게 적응하도록 한다. 특별히 어린이 개인의 기도제목과 가족의 기도제목을 기록해서 사전에 받고 담임목사님이 부흥회를 인도하시고 부목사님들과 함께 반별로, 가족별로 안수기도를 한다. 부모들이 어마하게 기도에 대한 욕심을 내며 참여한다.

포토존에서 사진도 찍고, 반별로 식사도 하고, 오후에는 실내에 설치된 에어바운스 놀이도 하고 부모들은 커피도 마시며 행복한 시간을 가진다. 1박으로 진행할 때도 있었는데, 부모 형제들을 돌려보내고 파자마를 입고 담임과 함께 친구들과 잠을 자며 인생 최초 외박을 하며 행복한 추억을 쌓는다. 사실은 합숙 캠프가 아주 효과적이다.

2) 어린이주일

미취학부, 어린이부가 연합으로, 혹은 별도로 오전 예배와 부서 축제를 한다. 예배 후 음식 뷔페 파티와 실내외에 설치된 부스들을 통해 체험학습을 진행한다. 이날은 11시 예배 시간부터 2:30 시작되는 오후 찬양예배 시간까지 준비된 축제를 즐긴다.
하이라이트로, 해마다 교회서 제공하는 축제의 주인공으로 기쁨이 고조된다. 2~3주 전부터 담임목사님이 성도들에게 촉구하여 1계좌 1만 원씩 후원을 받아 어린이 전체에게 큰 선물을 준비한다. 그리고 우리나라 최고의 뮤지컬팀을 초청해서 공연하고 어린이부 흥사이기도 하신 담임목사님이 직접 말씀을 선포해 주신다.
성도들이 한 명씩 어린이를 입양하여 미리 준비되어 있는 그들의 기도제목을 들고 1년 내내 기도로 후원하도록 한다. 서로 간에 엄청난 감동과 책임이 주어지며 더 집중하여 다음 세대에 대한 마음을 가지고 우리 교회가 추구하는 다음 세대 사역에 당연히 동역한다.

3) 여름성경학교

충정교회에서 미자립교회를 초청해 스파크 캠프를 해마다 여는데, 한 달 전 1년 동안 준비한 것을 미리 미취학부에서 여름성경학교로 학생 수보다 더 많은 강사진 그대로 진행한다. 덕분에 강사들과 후원팀이 더 바쁘긴 하지만 수준 높은 내용과 민족과 열방을 보며 섬기는 훈련으로 최고의 성경학교를 제공한다고 자부한다. 이때도 물론 부모가 같이 참여하며 오후에는 그대로 에어바운스 수영놀이를 마음껏 즐기기도 한다.

4) 매주 말씀 암송

말씀 암송이 습관이 되도록 교육한다. 이 시기의 어린이들은 스폰지 같아서 주는 대로 쏙쏙 빨아들이기 때문에 이 시기를 놓치지 않고 말씀을 가슴에 새기는 데 초점을 둔다. 설교와 암송에 특별히 힘을 기울이는 이유이다.
암송하는 모습을 영상으로 촬영하여 밴드에 올려주어 도전과 격려를 받도록 촉구한다. 어린이들이 교회가 좋고 선생님이 좋고 하나님이 너무 좋아서 입술에 가슴에 새겨지도록 돕는다.

5) 자연학습놀이

어린이와 함께 야외로 자연학습 소풍을 1년에 봄, 가을 2회 진행한다. 설교 후 교사들의 차량을 이용하여 가까운 공원에서 하나님이 창조하신 자연을 즐기며 간단한 식사를 즐긴다. 미리 부모에게 통지하고 시간에 맞추어 부모들이 어린이를 데리러 온다. 가을에는 미니올림픽을 하면서 마음껏 꼼지락거리고 싶은 욕구를 발산하기도 한다.

6) 생일파티

생일파티도 어린이 한 명이 주인공이 되도록 정성으로 선물을 만들어 행복하게 제공하고, 특별히 새가족과 방문자가 매주 있는 교회라, 그들을 위해서도 부모와 어린이에게 감동을 주는 선물을 준비한다.

7) 연합 사역

교육부 교역자와 부장들이 의논하여 연합으로 진행되는 사역(교육목자기도회, 교육목자교육, 크리스마스전야축제, 매월 첫날 예배, 스승의 주일, 교육목자헌신예배 등)에 책임부서를 두어 그 부서가 주관이 되어 이끌고 다른 부서는 협력하여 진행하도록 시스템을 운영한다.

8) 코로나19 대안 – 여름 가정 성경학교

보통 부모와 어린이, 가족이 항상 다 같이 모여 성경학교를 1년에 2회 진행을 해왔지만, 이번에는 대면에 노출하기가 어려운 연령임을 감안하여 서로 부담을 줄이도록 교역자가 직접 가정에 찾아가서 일대일 가정성경학교를 진행한다.
미리 반별로 심방 가정성경학교 날짜를 조정하고 부모와 어린이를 두고 교역자가 20~30분 분명한 구원의 메시지를 전하고 영접토록 촉구하며 진행한다. 부서에서 준비해 간 52주 '이야기 성경'을 선물로 드리고 다 읽고 나누면 2차 선물을 약속한다.
그리고 부모교육과 신앙상담, 생활상담을 맞춤형으로 진행하며 기도로 가정을 축복하며 굳건한 명품가정을 다지도록 도전과 격려로 성경학교를 진행한다. 한 가정, 한 가정을 만날 때마다 놀라운 간증이 쏟아지는 역사적 현장을 경험한다. 100여 명의 아이를 다 만나는 일정이 끝날 때까지 계속 진행 중이다.

3. 어린이부

하나님의 자녀로 이 땅에서 가지가 나무에 붙어있는 것뿐만 아니라 열매 맺는 삶을 살아가기 위해 사회(社會) 초년생인 어린이들에게 성경적인 가치관 훈련을 한다. 성경공부와 읽기는 부모님의 몫으로 남겨두고 어린이부에서는 성경의 줄거리와 교훈에만 갇혀있지 않고 성경의 안경으로 세상을 바라볼 수 있는 눈을 길러준다. 가장 기본적인 시간의 정의와 어떻게 시간을 활용해야 할 것이며, 경제, 정치 사회의 모든 방면을 재미있게 성경의 관점으로 해석하며 나간다. 그리하여 하나님의 나라를 이루어가는 일에 동참하는 어린이로 자라간다.

1) 하늘나라 보물 통장

충정교회 어린이부는 매달 특별한 달력과 함께 월보가 배부된다. 그 달력에는 날짜와 교회의 모든 공예배(새달을 여는 기도회, 수요예배, 토요성령축제, 특별새벽부흥회 등) 일정, 매일 읽어야 할 성경 1장, 한 주간 말씀에 대한 실천사항이 담긴 주간 실천카드 체크 표가 있다.
시간의 가치관을 나누며 하나님께서 우리에게 시간을 선물로 주신 것이 어떤 의미인지, 우리가 무엇을 위해 태어났는지를 배우다 보니 시간을 잘 보내기 위한 구체적인 방법이 필요했다. 그 나눔으로 우리의 시간을 구체적, 실천적으로 드리기 위해 하나님의 자녀들만의 달력을 제작했다.
한 달 동안 우리가 하나님께 드리는 시간을 하늘나라 통장에 저금하듯이 우리가 드린 시간이 지나가고 없어지는 것이 아닌 하늘에 쌓는 것임을 아이들이 시각적으로 알도록 할 뿐만 아니라 교육 목자가 가정의 예배 생활을 점검하여 위하여 기도할 수 있다.

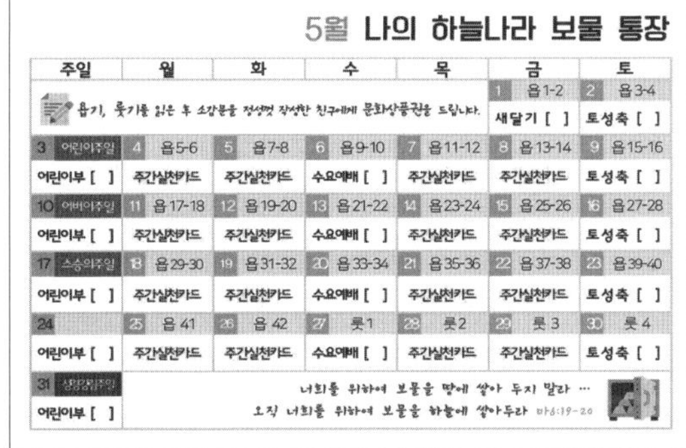

5월 나의 하늘나라 보물 통장

주일	월	화	수	목	금	토
욥기, 룻기를 읽은 후 소감문을 정성껏 작성한 친구에게 문화상품권을 드립니다.					1 욥1-2	2 욥3-4
					새달기 [ ]	토성축 [ ]
3 어린이주일	4 욥5-6	5 욥7-8	6 욥9-10	7 욥11-12	8 욥13-14	9 욥15-16
어린이부 [ ]	주간실천카드	주간실천카드	수요예배 [ ]	주간실천카드	주간실천카드	토성축 [ ]
10 어버이주일	11 욥17-18	12 욥19-20	13 욥21-22	14 욥23-24	15 욥25-26	16 욥27-28
어린이부 [ ]	주간실천카드	주간실천카드	수요예배 [ ]	주간실천카드	주간실천카드	토성축 [ ]
17 스승의주일	18 욥29-30	19 욥31-32	20 욥33-34	21 욥35-36	22 욥37-38	23 욥39-40
어린이부 [ ]	주간실천카드	주간실천카드	수요예배 [ ]	주간실천카드	주간실천카드	토성축 [ ]
24	25 욥 41	26 욥 42	27 룻1	28 룻2	29 룻 3	30 룻 4
어린이부 [ ]	주간실천카드	주간실천카드	수요예배 [ ]	주간실천카드	주간실천카드	토성축 [ ]
31 성령강림주일	너희를 위하여 보물을 땅에 쌓아 두지 말라 … 오직 너희를 위하여 보물을 하늘에 쌓아두라 마6:19-20					
어린이부 [ ]						

2) 기도 부모 입양식

다음 세대를 위해 기도하지만, 자녀, 손주 이외의 본 교회 다음 세대 어린이들의 이름을 아는 성도님들이 드물다. 그래서 다음 세대를 위해 더 구체적으로 간절하게 기도하고,

한 영혼의 소중함을 일깨우게 하며 좋은 사역의 시발점을 찾는 고민을 하였다. 그래서 한 성도님이 다음 세대 어린이 한 명의 기도 부모님이 되어 1년간 맡은 자녀를 위해 기도하는 기도 부모 입양식을 하게 되었다.
어린이 축제 주일 찬양 예배 시간에 설교 후 다음 세대 어린이 한 명의 사진과 이름, 부모님 이름, 뒷장에는 기도 제목이 담긴 기도 카드를 기도하며 받게 된다. 해외 결연 같은 경우는 멀리 있기에 신상 카드의 사진으로만 볼 수 있지만, 기도 부모는 언제든지 마음만 먹으면 부서실로 찾아와 아이들을 만날 수 있으며, 직접 만나서 축복하며 기도해줄 수 있다. 모든 기성세대가 다음 세대 한 영혼을 위해 기도하는 귀한 사역이다.

4. 청소년부

청소년부는 두 가지의 큰 맥을 가지고 예배를 드린다. 먼저 우리에게 복음이 되는 하나님의 말씀, 지극히 단순한 진리 앞에서 순종하고 결단할 수 있는 모습을 강조하고, 예배 속에서는 뜨거운 임재와 차별화된 성경해석을 통해, 현대를 살아가는 청소년들에게 말씀이 입체적으로 경험되는 부분을 함께 강조한다. 예배 후에는 말씀 앞에서 부딪치고 결단한 내용들을 교육목자들과 함께 나누며, 그것이 구체적으로 어떻게 삶에 적용될 수 있는지 고민한다.

부득이하게 결석한 학생들을 위해, 영상으로 녹화된 것과 설교 요약문을 함께 업로드하여 공유할 수 있도록 한다. 한 달의 마지막 주일은 장년 1부 예배를 청소년부 연합예배로 드린다. 모든 예배의 순서와 찬양을 학생들이 담당하며, 참여적 예배를 드림으로 새로운 은혜들을 경험하게 한다.

1) 겨자씨 모임(하시드 찬양팀)

하나님 나라의 주역이 되길 원하는 충정교회 청소년부는 겨자씨처럼 작은 소모임을 집중 있게 추구한다. 모이기를 폐하려는 이 시대에 더 모이기를 힘쓰며, 그 가운데 거룩한 생각의 전환들이 지금도 일어나고 있다. 매주 토요일 오후 4시에, 여러 개인적인 상황과 환경들을 제쳐두고 하시드 찬양팀은 가장 먼저 기도회로 모임을 시작한다.

갈수록 기도와 영성이 약해지는 오늘날의 청소년들이 입술을 열고 자신들의 모습을 회개하며 하나님 앞에 능력을 구하며 나아간다. 비록 화려한 모습은 아니지만, 뜨거운 찬양과 기도로 마음의 문을 하나님께 열고, 그 공간에 하나님의 은총의 빛이 임하도록 함께 마음을 모으며 나아간다. 기도가 습관이 되고 훈련이 되어, 예배와 삶의 여러 현장 속에서 기도를 우선시하는 모습들이 청소년들의 모습에서 드러나고 있다.
너 나 할 것 없이 교육 목자와 청소년들이 함께 기도할 때, 많은 영혼의 변화들이 일어남을 느낀다. 주입식으로 무언가를 전하려는 방식은 내려놓고, 한 영혼 한 영혼을 진심으로 끌어안고 가려는 의지들이 곳곳에서 나타난다. 이런 기도회 모임이 각자의 영혼들 속에 누적되다 보니, 찬양을 인도하거나 학생들의 간증 속에서 많은 변화를 느낀다. 어쩌면 초라해 보일 수 있는 작은 모임을 가볍게 여기지 않고, 전심으로 기도하며 나아가는 청소년 공동체 속에서 생각의 변화, 삶의 변화를 경험하고 있다.

2) 벧엘 기도회

하나님 나라의 거장들을 세우기 위한 첫 발걸음은 그러한 인재를 주님의 마음을 가지고 발견하고, 관심과 사랑으로 양분을 먹여 예수님의 정신으로 충만한 사람으로 길러내는 교육 목자일 것이다. 그래서 청소년부 교육현장의 최전선에 나가 있는 교육 목자들이 매주 금요일 8시에 모여, 함께 전심으로 부르짖으며 기도하고 말씀 앞에 자기를 돌아보며, 구체적인 청소년부의 상황(장기결석자, 계획과 일정, 부서에 필요한 긴급 기도제목)들을 놓고 함께 기도한다.
한 달에 한 번은 같은 시간 기도회 후, 부서의 전반적인 상황을 정리하고 보고하는 월례회 시간을 갖는다. 많은 교육 목자들이 흩어지는 시대에 모이기를 힘쓰고, 실제로 매우 많은 영적 자양분을 이 기도회 가운데 경험한다고 한다. 뜨거워진 가슴과 영혼을 향한 마음을 가지고 다시 현장으로 나아간다.

3) 축복의 통로, 청소년부 연합예배

담당 교역자가 담당하고 있는 청소년들의 상태와 상황을 누구보다 잘 알겠지만, 이들을 향한 아비의 마음은 교회의 온 성도를 끌어안고 있는 담임목사님과는 같지 않을 것이다. 매달 넷째 주 기존 오전 9시에 드리는 1부 예배를 청소년들이 준비하고 섬긴다.
예배의 인도와 기도순서를 청소년들이 담당하고, 경배와 찬양까지 청소년 하시드 찬양팀이 섬긴다. 무엇보다 청소년들과 장년 세대가 함께 연합으로 드리는 아름다운 순간은 하나님 앞에 옥합을 깨는 시간으로 올려드려진다. 아비의 애절한 마음을 가지고 청소년들에게 사랑의 말씀을 전하시는 담임목사님의 열정과 간절함이 청소년들에게 고스란히 전달되어, 설교 말미에는 결단의 찬양과 기도를 함께 올려드린다.

예배가 마친 후, 각 청소년 목장들은 말씀을 세상에 그대로 살아내고 구현하는 작업을 '아웃팅'이라는 시간을 통해서 가진다. 교육 목자와 함께 말씀과 삶에 대해 고민하고 토론하며, 함께 뜨거운 교제 시간을 가진다. 이러한 교제 시간은 교제로 끝나지 않고, 세상을 향한 선교와 복음의 선포로 이어진다. 가까운 곳을 찾아가 도움이 필요한 곳에 헌신하고 봉사하며, 선교적 삶을 살아야 하는 그리스도인으로 세상 가운데 나아간다.

5. 젊은이공동체

젊은이들은 다음 세대 사역의 마지막 기회이다. 삶의 가치관과 생각들이 완전히 굳어지는 시기가 젊은이 시절이다. 이후에 변화하기는 쉽지 않은 일이라 생각한다. 그러기에 마지막 기회라 생각하며 젊은이들이 예배를 통해서 하나님을 만나고 가진 열정을 오직 하나님께로 집중하도록 하며 하나님 앞에 헌신 된 자로 세워 민족과 온 열방의 주의 일꾼이 되기를 소망한다.

젊은이공동체는 교회 안에서 독립된 부서로 운영하고 있다. 주일 3부 예배를 젊은이부 예배로 진행하여 젊은이들이 예배를 통해서 하나님을 더욱 뜨겁게 만나며 하나님 앞에 열정을 다하는 예배를 만들어가고 있다. 또한, 대부분 교회는 청년들이 교회에서 책정하는 재정을 통해서 각 부서 사역을 하고 있지만, 충정교회는 3년 전부터 교회에서 재정을 분립하여 운영하고 사역하므로 더욱 적극적이고 효과적인 사역을 하며 젊은이들의 자발성을 증대하여 더 힘이 있는 공동체가 되고 있다.

또한, 젊은이들을 사랑하고 함께 하기를 원하는 집사님들 중에 지원을 받아서 간사로 세웠다. 간사들은 젊은이들이 예배에 집중할 수 있도록 돕고, 공동체를 위해서 기도하며 지체들을 섬기는 역할들을 감당하여 공동체의 큰 힘이 되고 있다.

1) 젊은이공동체 1청년

1청년은 대부분 대학생으로 구성되어 있다. 교회가 위치한 원주는 대학이 총 7개가 있으며 교회 근처에 3개의 대학이 존재한다. 그래서 1청년은 올해부터 캠퍼스 안에 교회 모임을 만들어가고 있다. 지체들이 평일에 자신이 공부하는 대학 안에서 2~3번 정기적인 시간을 정해서 큐티 모임 및 기도회 등, 모임을 만들고 있다. 교회가 아닌 자신의 현장에서 하나님의 은혜를 누리며 매일 말씀을 붙잡고 살 수 있도록 돕고 있다. 또한, 이 모임을 통해서 친구를 초청하고 함께 하므로 전도의 문으로도 사용하려 한다.

2) 젊은이공동체 2청년

대부분 직장인으로 구성된 2청년은 주말에 자신을 내어놓기가 쉽지 않고 평일에 바쁜 직장생활로 인하여 쉽게 피폐해질 수 있고 영적으로 무감각할 수 있는데 이것을 방지하고자 2청년은 평일 목장모임을 강조하고 있다.

평일에 목장원들이 함께 모여 말씀을 나누고 서로 기도 제목을 나누고 기도함으로 무뎌질 수 있는 영적인 마음에 새 힘을 부어주고 세상의 유혹에도 혼자가 아닌 함께함으로 승리를 경험하도록 하고 있다.

Ⅲ. 3대가 함께~새벽을 깨우는 다음 세대

충정교회는 가정을 아주 중요하게 생각한다. 가족원들이 함께 모여 식탁교제를 하고, 할 수 있으면 함께하는 시간을 가지도록 하는 것에 큰 비중을 둔다. 그래서 교회 전체 사역에 저녁 부흥회나 저녁 모임보다 새벽 시간으로 모든 모임 시간을 많이 가진다.

충정교회 다음 세대는 하나님 앞에서 날마다 올려드리는 삶의 결단과 신앙에 집중한다. 다음 세대의 삶이 전적으로 하나님이 받으시는 헌신의 예물이 되기 위해, 끊임없는 예배와 예배 속에서의 결단을 추구하며 나아간다.

1. 새달을 여는 새벽기도회

충정교회 다음 세대는 새벽을 깨운다. 매월 첫째 날, 전 다음 세대가 자신들의 삶과 일상을 온전히 하나님께 드리겠다는 헌신의 의미로 새벽예배를 드린다. 이달을 전적으로 주님께 드리는 의미로 찬양과 전 예배순서를 인도

한다. 예배에 참여하고, 그 속에서 헌신을 다짐함으로 다음 세대 각자에게 주어진 시간들이 가볍지 않고 하나님이 주신 선물이라는 것을 깨닫게 된다.

2. 토요성령축제

한국교회 대부분이 진행하는 금요기도회와는 다르게, 충정교회가 토요일 새벽 성령축제를 가지는 근본적인 이유는 전 세대가 함께 나와 3대가 하나님 앞에서 은혜를 경험하고 결단하는 시간을 가지기 위함이다. 다음 세대도 참여하도록 평일은 5시에 진행하는 시간을 토요일은 새벽 6시에 진행한다. 금요일 저녁에는 주로 가족이 함께 하는 목장 모임이나 동아리 활동들을 하도록 한다. 전 다음 세대가 일주일의 일상 속에서 그리스도인으로 열심히 살다가 하나님을 전심으로 예배하는 주일 직전 토요일에 함께 모여 하나님의 뜻을 묻고 고민하며, 말씀 앞에 다짐하는 시간은 다음 세대에게 큰 유익이 된다.

특별히 다음 세대를 축복하는 기성세대가 함께 나와 3대가 함께 드리는 토요성령축제의 모습은 강한 하나님의 임재와 은혜를 열망하게 만든다. 찬양과 기도, 말씀 앞에서의 결단, 이 삼박자의 은혜를 어릴 적부터 경험하는 다음 세대는 장년이 되어서도 세상 속에서 말씀과 성령의 힘으로 살아가는 법을 깨닫게 될 것이다.

3. 특별새벽부흥회 다음 세대 장학제도

충정교회는 1년에 4번, 특별새벽부흥회의 시간을 가진다. 아무리 좋은 사역과 교육을 감당한다고 하더라도 우리 모두가 말씀 앞에서 멈출 수 있는 모습이 가장 먼저 갖춰줘야 하므로 다음 세대 또한 1년에 4번 특별새벽부흥회에 앞장서서 참여한다.

말씀 하나 붙잡기 위해 새벽을 깨우지만 전 다음 세대에게 더 큰 동기부여와 축복을 경험케 하고자 장학제도를 적용한다. 7일간 전 집회에 참석한 다음 세대에게는 특별새벽부흥회 마지막 날, 온 성도가 함께 축복하는 시간을 가진다. 담임목사님께서 다음 세대에게 쓰신 축복의 편지와 장학증서 및 장학금을 함께 수여한다. 특별부흥회 헌금은 다음 세대 전액 장학금으로 사용되어 진다. 미취학부, 저학년 어린이들도 코피를 쏟으며 오히려 그들이 부모를 이끌고 새벽부흥회에 참석한다.

> 세상의 소망 유진이에게
>
> 그동안 새벽을 깨운다고 많이 힘들었지?
> 쏟아지는 잠을 이기고 하나님 앞으로 나아온 너의 모습을 보니 하나님께서 너를 통해서 하실 일들이 기대된단다.
>
> 하나님께 속하였다는 가장 첫째 되는 증거가 바로 예배란다.
> 우리의 주인이 하나님이시고, 그분이 너의 왕이시라는 것을 고백하는 것이거든.
> 매일의 첫 시간을 주님께 드린 그 마음 주님께서 기뻐 받으시고 주목하셨을 거야.
>
> 이번 특별새벽부흥회 기간 동안
> 교회로 오신 많은 성도님을 보았니?
> 다음 세대와 다음 세대가 살아가게 될 미래를 위해
> 새벽을 깨워 기도하시는 부모세대란다.
> 그 기도는 절대 땅에 떨어지지 않아
> 항상 너를 위해 교회공동체가 기도하고 있다는 것을 잊지 말렴. 왜냐하면 너는 하나님께서 이 땅에 보내신 소망, 세상의 빛이기 때문이야.
>
> 출애굽기에서 하나님의 영광이 이스라엘 공동체와
> 항상 함께하셨던 것처럼, 너의 삶 곳곳에서도
> 하나님의 영광과 은혜가 가득하기를 늘 기도할게.
>
> 2020.X.XX
> 너를 위해 항상 기도하는 최규명 담임목사가

교구별로 간식도 준비해서 바로 학교에 가야 하고 출근해야 하는 성도들에게 좋은 아침 식사로 제공되어 모두에게 작은 행복도 준다. 주부들도 따로 급하게 식사 준비를 하지 않아도 되니 얼마나 좋아하는지 모른다. 매회를 거듭할수록, 말씀과 예배 속에서의 결단을 통해 성숙한 그리스도인이 되어져 가는 다음 세대를 경험하게 된다.

Ⅳ. 쉐마교실 (Shema School)

매주 토요일, 미취학 어린이부터 중학생까지 신청한 가정의 부모와 자녀가 함께 질문과 토론을 통한 하브루타 교육으로 말씀을 배우고 삶을 나눈다. 부모와 자녀 간 소통과 회복을 목적으로 하는 쉐마교실은 성경을 기준으로 삼고 성경이 말씀하시는 대로 해보는 훈련이다.

많은 교회가 쉐마교육을 실시하고 있는데, 우리는 우리 교회의 형편에 맞도록 매주 참여하는 부모 단체 카톡방을 통해 의견을 공유하며 같이 다듬어 가며 적용 중이다. 신앙과 일반 학습의 정보 제공, 나눔과 칭찬, 그리고 기도 제목, 격려, 의견, 비전 제시를 공유하게 된다. 부모와 자녀가 같이 가르치고 배우는 시간이 되면서 동병상련의 마음으로 서로를 존중하면서 하나님 아버지의 마음을 품고 명문 가정을 준비하고 있다.

담당 교역자와 부모, 그리고 성도들의 재능기부를 통해 특별한 경험을 나누고 배움으로 하나님이 좋고, 교회가 좋고, 성도의 교제가 좋도록, 영성, 인성, 지성을 강조하며 훈련한다. 아이들과 나누는 학습교재도 이미 시중에 나와 있는 것과 자체에서 만드는 것을 반반 비율로 사용하고 있다.

1. 쉐마교실 특별활동

1) 부모와 함께 하는 쉐마 캠프

부모와 자녀가 함께하는 쉐마캠프는 1년에 1회, 1박 2일 실시한다. 부모와 자녀가 같이, 그리고 친구들이 함께하는 자체만으로도 모두 너무 행복해한다. 교역자와 부모들이 모여서 1박 2일 프로그램을 짜고, 감동과 기쁨과 눈물과 비전이 공유되는 시간이다. 같이 부흥회도 하고 기도회도 하고 세족식도 하고 은혜를 나누는 시간을 가진다. 음식도 조별로 만들어서 먹기도 하고 구호를 외치며 재미있는 협동 게임도 한다. 한날은 강릉 바다를 바라보며 우아하게 식사도 하고 바닷가를 마음껏 뛰어다니기도 하면서 추억을 쌓아가며 행복해했다. 에디슨 박물관, 영화 박물관 탐방도 한다. 많은 곳을 보여주고 느끼게 하여 더 높이, 더 멀리 날 수 있도록 하는 데 목적을 두고 있다.

2) 부모와 함께 하는 역사 탐방

부모와 자녀가 함께 역사 현장을 탐방하여 가정과 교회, 그리고 나라를 주신 하나님께 감사하게 한다. 탐방 전 탐방할 곳에 대해 같이 공부하고 메모하면서 탐방 일지를 적게 하며 돌아오는 차 안에서 오늘 보고 배운 곳에 대한 정보를 복습게임을 통해 재미있게 기억하도록 돕는다.

대한민국 국민으로서의 자긍심과 이 나라와 민족, 세계를 위해 어떻게 쓰임 받을지 직접 눈으로 보고 결단하게 되는 시간이 되었다. 성막센터, 양화진, 국회의사당, 춘천 애니메이션 박물관 등이 인상 깊었다.

2. 하와이 비전 트립

"하나님이 자기를 사랑하는 자들을 위하여 예비하신 모든 것은 눈으로 보지 못하고 귀로 듣지 못하고 사람의 마음으로 생각하지도 못하였다 함과 같으니라"(고전 2:9).

학생들에게 더 멀리, 더 높이 보며 아버지 하나님의 마음으로 세계를 품는 글로벌 리더로 세우기 위해 국내외 구석구석을 밟으며 시야를 키우는 훈련뿐 아니라 2년 이상씩 준비한 어린이 단기선교도 경험하게 한다. 그 중 하와이 비전 트립에 대한 준비 내용을 소개하고자 한다.

교회 내 영어 예배부와 쉐마교실 친구들과 부모들 대상으로 공개 모집하여 20명 인원을 확정한 후 미국시민권을 소지한 우리 교회 성도님 부부의 주선으로 그분들이 거주하신 하와이 현지 교회와 연결하여 협력 사역을 준비했다.

왜? 어떻게? 늘 만날 때마다 강조하며 우리 존재 목적과 하나님의 뜻을 이루는 글로벌 리더의 꿈을 구체화 시키며 매주 기도와 실제적인 준비를 했다. 기도 노트, 준비 일기를 기록하며 자신의 영성을 체크하며 작은 선교사로서의 습관을 훈련했다.

1) 재정 모금

현지 교회와 교회의 별도 후원을 제외한 1인당 부담할 금액 모금을 위해 구체적으로 나누었다. 단체경비 모금 분야는 교회서 바자회와 일일 카페 운영, 개인적으로는 어린이들의 의견에 따라 부모님 구두 닦기 200원, 청소 도와드리기 300원, 설거지 300원, 시험점수 백 점에 3000원, 쓰레기 분리수거 1000원, 심부름 500원, 세뱃돈, 친척 용돈 등, 각자의 가정에서 실천 가능한 용돈 모으기 프로젝트를 실시했다. 1년 동안 우리 모두 각자 1백만 원씩 목표를 달성하였다.

2) 영어훈련

하와이 교회서 드리게 될 워십 곡, 전도하면서 부를 곡, 현지 요양원을 방문해서 드릴 곡 등을 외우고 기본적인 회화를 암송하며 테스트도 하고 서로 실습도 하면서 영어가 익숙하도록 준비했다.

3) 현지 적응 훈련

1박 2일 숙박캠프를 하면서 하와이 공부와 우리가 가서 해야 할 일, 비전 트립을 통해 얻고자 하는 의미를 아주 세부적으로 나누며 연습하고 가기 전, 전 성도들 앞에서 먼저 준비한 것들을 발표하며 뜨거운 기도로 파송식을 진행했다.

4)현지 사역

① 현지 교회와 연합예배, 어린이 사역을 같이 나누고 요양원을 방문하여, 한 분 한 분 할머니 할아버지에게 고사리 같은 손으로 예배와 워십과 안마해 드리기, 네일 아트, 안아드리기를 진행하는 동안 비록 말은 잘 통하지 않지만, 서로가 부둥켜안고 흘린 감격스러운 눈물과 웃음을 잊을 수가 없다.

② 하와이 투어를 하면서도 멈춰서는 곳마다 찬양으로 사람들을 모으고 미리 준비해 간 휴대용 티슈로 만든 전도지를 개별로 어린이들이 직접 나누며 현장을 경험했다.

③ 매일 아침 경건회와 큐티 나눔, 매일 저녁 느낀 점, 감사를 전체 앞에서 각자 나눔을 통해 자존감, 담대함, 자기 의견을 발표할 줄 아는 리더훈련을 하며 매일 서로 기도 제목을 놓고 기도로 중보하며 공동체와 교회를 경험했다.

④ 하나님이 만드신 창조물을 누리며 이동 차량에서도 계속적으로 어린이가 주도적인 감사의 시간을 가졌다. 동참한 부모들과 인솔자들은 계속 중보자로 지지하며 이 세상에서 가장 존귀한, 사랑받는 자신을 경험하며 이제 이 땅을 넘어선 세상이 감당치 못하는 일꾼으로 세계를 바라볼 줄 아는 글로벌 리더에 한 발자국 다가서는 걸음을 떼었다.

V. 동아리

1. 실력 있는 '하나님의 사람' 세우기 프로젝트

충정교회 동아리는 매 학기 토, 주일에 각 분야의 전문성을 갖추신 성도들의 다음 세대를 위한 재능기부를 통해 운영된다. 동아리 신청 대상은 교회학교 어린이뿐만 아니라 지역의 어린이, 부모님까지 신청을 받아 진행된다.

아름다운 섬김으로 다음 세대 어린이들이 부담 없이 마음껏 배울 수 있는 장이 마련되고 더 나아가 복음의 통로로 이어지는 귀한 사역이다. 세상에서 이루어지는 교육과는 달리 충정교회 동아리는 '한 사람'을 소중하게 생각하며, 하나님의 사람으로 온전하게 세워 세상에서 거룩한 영향력을 끼치는 리더로 세우기 위함에 목적이 있다.

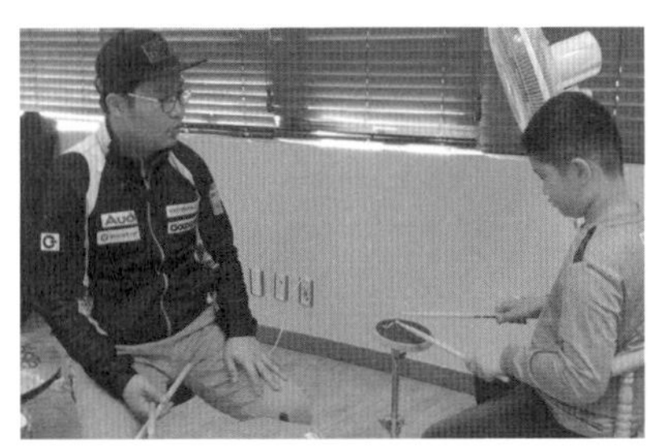

드럼교실

바이올린교실

미술교실

축구교실

VI. 굿 맘 클럽(Good Mom Club)

엄마가 행복해야 온 가족이 행복해진다. 엄마라는 이름을 가진 모든 여성은 행복할 이유가 있다. 가정과 교회를 위하여 늘 촛불처럼 자신을 태워 가족과 교회를 세우는 여성들, 특별히 육아로 자신의 존재조차 희미함을 느끼는 엄마들을 위해, 그들을 격려하고 위로하기 위해 신나는 수다와 우아하고 고급스러운 분위기 속에서 먹으며 대접받는 시간을 준비했다.

평생 다음 세대를 섬겨 오다가 목회를 시작했는데 어떻게 하면 다음 세대를 잘 세울까를 늘 고민해 왔다. 특별히 영유아 국제 수퍼바이저로 활동해 오던 터라 교회 안에서 아기학교를 구체적으로 준비하던 중, 쌍둥이 남아와 연년생 3명을 키우는 부모의 어려움을 보면서 먼저 엄마가 행복해야겠다는 생각을 하게 되었다. 물론 어머니 학교도, 여성수요예배도 오랜 기간 고민하면서 준비해 왔다.

필자가 새가족부도 겸임하는 터라 카페를 자주 가게 되는데 아기를 안고 와서 오랜 시간 교제하는 엄마들을 보게 되면서 교회에는 오기 힘들어하는 엄마들이 아기를 어린이집에 보내고 아니면 아기를 데리고서라도 카페에서의 모임에는 몇 시간이나 투자하는 것을 보고 복음을 캡슐에 담자, 욕심을 내려놓자, 방법을 바꾸자 생각하고 전략적 카페 사역을 시작하게 되었다.

• 시간 : 매주 수요일 오전 10:30~오후 1시까지

• 장소 : 충정 해피트리

특별히 오감을 만족시켜 주는 세련되고 맛있는 메뉴과 분위기의 브런치!
그리고 감성과 지성을 자극하는 감동 강연을 준비했다.

굿 맘의 가장 큰 목적은

1) 여성들이 힐링을 통해 치유와 회복이 일어나도록 돕는다.

2) 새가족들이 카페 교제를 통하여 교우들과 빨리 사귀며 교회에 적응하도록 돕는다.

3) VIP들이 부담 없이 교회의 문턱을 넘을 수 있을 뿐 아니라 자연스럽게 교회로 연결되도록 돕는다.

이 일을 진행하기 위해

1) 스태프 모집: 서비스 교육, 주별 팀별 메뉴, 레시피 연구

2) 최고로 준비: 오감을 만족하는 호텔 수준의 무료 브런치. 모든 세팅도 수준급으로

3) 홍보: 엽서. 초대장. 온라인

4) 특강 : 크리스천 여성 리더, 부모교육, 기본상식 교육, 건강교육, 메이크업, 수공예, 음악회, 영화상영, 자녀 간식 만들기, 꽃꽂이, 수납정리 등, 성도들의 재능기부를 통해 진행한다. 2015년 첫 시작 때는 매주 특강을 진행했으나 교제를 더 하고 싶어 하는 요청을 받아들여 지금은 한 달에 1회 정도로 진행한다.

이 일을 진행해 오면서 봉사자도 늘어나고 아기 엄마들이, 여성 성도들이 행복을 느끼며, 전도도 훨씬 더 쉬워지고 새가족의 적응도 더 쉽게 빠르게 이루어지는 간증이 넘치는 은혜를 계속 경험하고 있다.

Ⅶ. 스파크

1. 스파크 어린이 성령캠프

다음 세대 회복을 위한 견딜 수 없는 간절함으로, 교회들이 건강하게 잘 세워지는 교회가 되기를 간구하며 충정교회가 우리 교회만을 위한 교회가 아니라 민족과 열방을 섬기는 교회가 되었으면 좋겠다는 비전을 품고 함께 나누는 마음으로 스파크 어린이 성령캠프를 진행하게 되었다.

44년 된 충정교회는 초창기부터 사명자를 세우는 교회로, 창립 때부터 33년 동안 '사명자성회'를 진행하였다. 그래서 청소년들이 이곳에서 은혜를 경험하고, 헌신하고, 주의 종들을 많이 배출한 교회이다. 2012년 지금의 최규명 담임목사가 부임하면서 몇 년간 쉬고 있던 '사명자성회'를 다시 계승, 발전시켜서 '스파크 어린이 성령캠프'를 통해 한국교회와 다음 세대를 섬기기로 결정했다. 그동안 20년 이상 선교단체에서 캠프를 진행하는 동안 재정적 어려움으로 캠프에 못 오던 교회들을 위해 평생 무료로 섬기고 싶었던 기도제목을 이루게 하셨다. 그래서 드디어 2015년 7월에 1회 캠프가 진행했다.

2. SPARK 어린이 성령 캠프의 목적과 목표

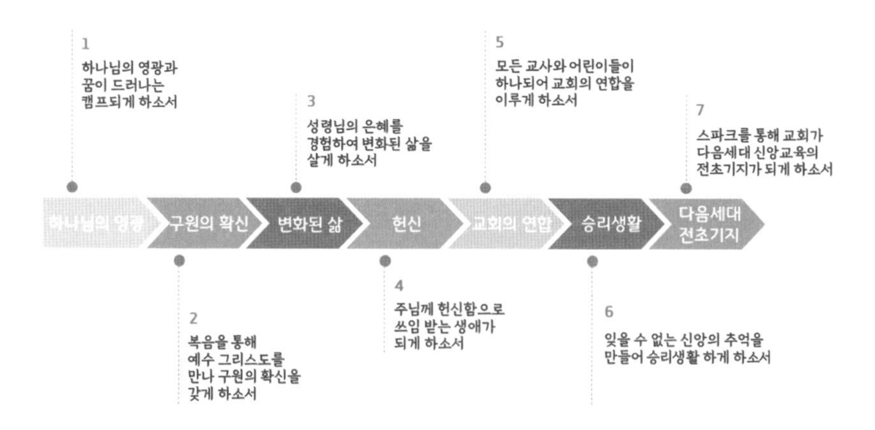

3. SPARK 어린이 성령캠프 조직

스파크 사역은 교회학교 부서 사역이 아니고 충정교회 전체 사역이다. 스파크는 충정교회 핵심사역으로 전 성도가 다 참여하는 사역이다. 전 성도는 크게 교육위원회와 봉사위원회 두 기둥에 소속되어 적극적이고 구체적으로 섬기게 된다.

- 교육위원회 : 교역자와 교육목자로 구성된 눈에 보이는 캠프 프로그램을 섬긴다.
- 봉사위원회 : 당회와 모든 성도로 구성되어 캠프가 잘 진행될 수 있도록 뒤에서 섬긴다.

1) 교육위원회

① 개막·폐막축제 ② 어린이부흥회 ③ 주제설교 ④ 스킷드라마
⑤ 교사세미나 ⑥ 연구·교육자료팀 ⑦ 특별공연 ⑧ 스파크찬양율동팀
⑨ 영상·음향·조명 ⑩ 코너학습

2) 운영위원회

① 기획재정부 (기획팀, 재정팀, 자료기록)
② 안내·영상부 (안내팀, 사진영상팀)
③ 홈스테이부 (숙소팀, 비품관리팀)
④ 관리부 (시설팀, 에어바운스팀, 청결미화팀)
⑤ 급식지원부 (식사팀)
⑥ 기도사역부 (중보기도팀)
⑦ 차량·주차부 (차량팀, 주차팀)
⑧ 식당지원·안전부 (식당지원팀, 의료팀, 안전팀)
⑨ 간식부 (간식준비팀, 간식분배팀)

4. SPARK 어린이 성령캠프 프로그램

매년 다른 주제를 1년 전부터 정하고 교육위원회에서 직접 프로그램을 개발한다. 원고를 쓰고 콘티를 만들고 세부적으로 시범과 연습을 통해 1년 내내 최고의 내용을 만들어 내기 위해 준비한다. 주제가를 작사, 작곡하고 찬양을 준비하고, 율동도 의상도 데코도 다 준비하고 있다.

직접 오전 이동학습뿐 아니라 모든 시간마다 충정교회 교사들이 다 강사로 세워진다. 1년 동안 준비한 만큼 어느 캠프보다도 전문성, 탁월성으로 준비되도록 교육전문가가 총지휘하며 5회 이상의 리허설을 통해 최고의 작품으로 어린이 눈높이에 맞는 분명하고 정확한, 재미있고 단순한 오감 교육으로 접근한다. 저녁 어린이부흥회도 평생 전국의 교회와 단체의 어린이 부흥집회와 교사세미나를 2천 회 이상 인도한 담임목사가 직접 진행하고 있다. 같이 참석한 지도자, 교사들을 위해 다음 세대의 중요성, 교사의 중요성을 나누며 구체적인 교회와 다음 세대 살리는 대안과 그들을 품고 기도하는 세미나를 진행한다.

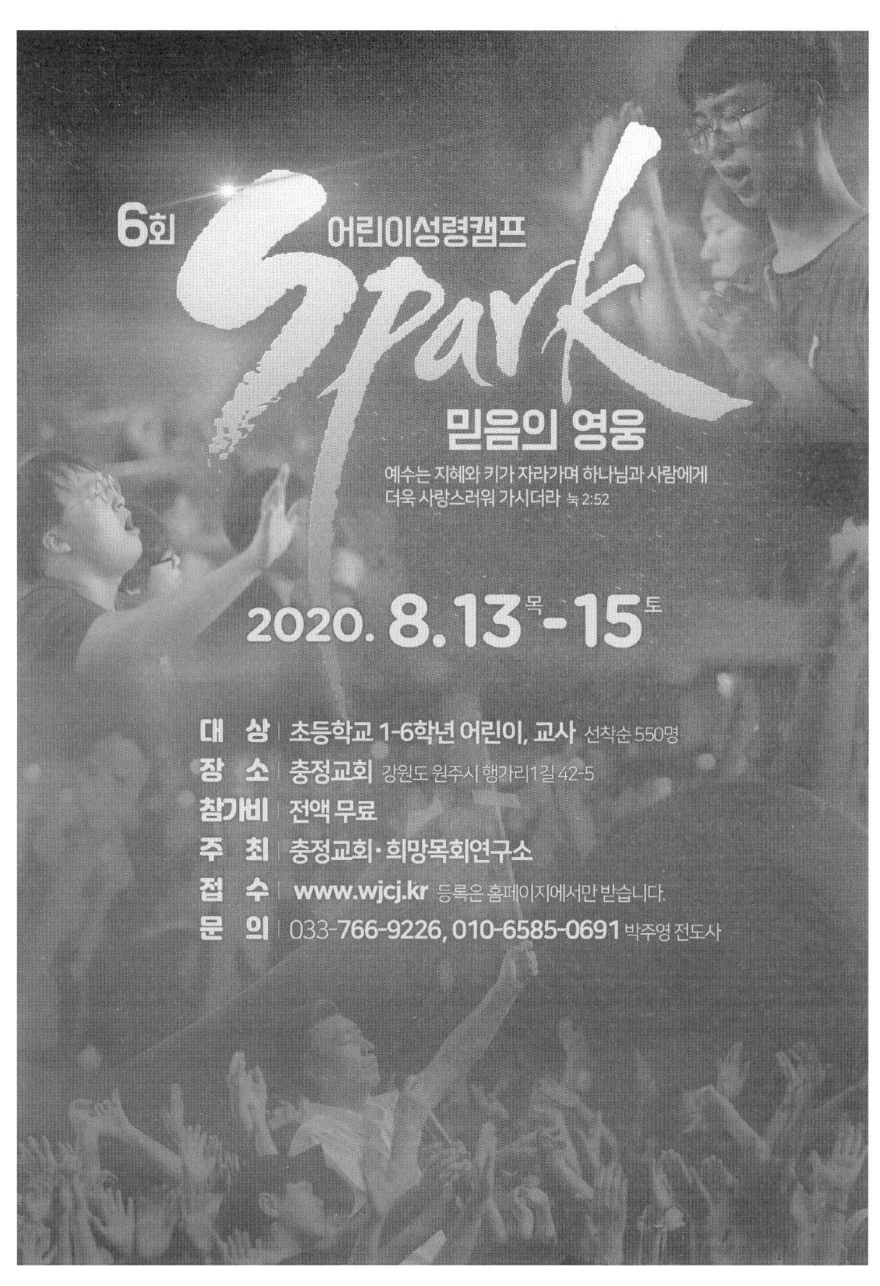

코로나19로 시행은 못했지만 이미 준비된 브로슈어를 소개한다.

강사

최규명 목사
충정교회 담임목사
전 어린이전도협회 원주지회 대표
전 한국어린이부흥사협회 대표회장
CTS기독교TV 4인4색 출연
저서 「다음세대를 살리는 교사」
「교사여, 다음세대에 날개를 달아라」
어린이 부흥회 · 교사세미나

권미진 목사
충정교회 교육목장 디렉터
전 어린이전도협회 본부 부장
전 어린이전도협회 원주지회 대표
저서 「아이디어 뱅크」
주제설교 · 진행

MC 일호
SnG Company 대표
기독교 문화 사역자
레크리에이션

JP ministry
부흥과 회복을 꿈꾸는 춤추는 예배자
국내, 해외 다수 공연과 집회
찬양콘서트

HISPOP
문화선교단체 히스팝
태국선교사
크리스천문화축제

SPARK 워십
충정교회 Worship team
찬양인도 김성찬 전도사
경배와 찬양

SPARK 어린이 성령캠프 신청안내

등록대상	**초등학교 1-6학년 어린이, 교사** 원주지역 교회는 등록받지 않습니다. 2박3일 캠프 전일 참석해야 합니다. 2년 이상 연속 참가한 교회는 다른교회를 위해 양보 부탁드립니다. 등록 후 취소 불가능합니다.
스파크 O.T	**6월 27일(토) O.T**에 반드시 참석하셔야 합니다. pm 1:30-5:00 (간식제공)
등 록 비	**전액무료** 식사(5식과 간식), 숙박(홈스테이), T셔츠 제공 여행자보험은 교회별로 가입하셔야 합니다.
등록인원	**선착순 550명** 단, 교회당 교사 포함 30명까지 등록 받습니다.
장 소	**충정교회** 강원도 원주시 행가리 1길 42-5
홍 보	홈페이지, SNS 참조하시면 5년간 자료를 볼 수 있습니다.
접수기간	2020.**5.4(월) 오전 9시**부터 550명 선착순 작년 1시간 만에 마감 됐습니다. 서두르세요.
등록안내	**홈페이지(www.wjcj.kr)에서만 등록 받습니다.** 1. 충정교회 홈페이지 접속합니다. 2. 희망목회연구소 → 스파크어린이성령캠프 → 2020게시판을 클릭합니다. 3. 게시판에 있는 신청서를 다운받고 작성합니다. 4. 신청당일 오전 9시 신청게시판이 열리면 교회이름으로 파일을 올립니다. 5. 등록하시면 담당자가 확인 문자를 발송합니다.
문 의	충정교회 033-**766-9226~8, 010-6585-0691** 담당 박주영 전도사

SPARK CAMP

충정교회 · 희망목회연구소
최규명 목사

하나님께서 충정교회 스파크 어린이성령캠프를 통해
한국교회와 다음세대를 섬기게 하심을 감사합니다.
지금의 한국교회는 두 교회 중 한 교회는
교육부서가 없는 현실이고 다음세대와 교사들조차도
숫자적으로나 질적으로 힘을 잃어가는 어려운 시대에 있습니다.
하지만 살아계신 하나님과 생명의 말씀이 있기에
우리는 언제나 소망이 있습니다.
주님의 마음을 품고 한 손에 복음을 들고,
한 손에 사랑으로 다음세대를 살릴 수 있습니다.
2020년 주제는 "믿음의 영웅"입니다.
예수는 지혜와 키가 자라가며 하나님과 사람에게 더욱 사랑스러워 가시더라 (눅2:52)
믿음의 영웅 시리즈를 찬양과 말씀,
코너학습과 활동을 통해 배우고 경험하게 될 것입니다.
참여하는 550명의 지도자들과 어린이들을
예수님의 마음으로 잘 섬기겠습니다.
하나님의 임재가 가득한 천국 잔치가 될 것입니다.
힘에 겹도록 힘쓰시는 사랑하는 충정교회 성도들이
금식기도와 봉사, 헌금과 홈스테이 등, 여러 가지로 힘을 모으고 있습니다.
참석하시는 교회도 이 민족과 열방의 회복을 위해 같은 마음을 가지고 함께해 주십시오.

1 하나님의 영광과 꿈이 드러나는 캠프가 되는 것입니다.
2 복음을 통해 예수 그리스도를 만나 구원의 확신을 갖게 합니다.
3 성령님의 은혜를 경험하여 변화된 삶을 살게 합니다.
4 주님께 헌신함으로 쓰임 받는 생애가 되게 합니다.
5 모든 교사들과 어린이들이 하나되어 교회의 연합을 이룹니다.
6 잊을 수 없는 신앙의 추억을 만들어 승리생활을 하게 합니다.
7 스파크를 통해 교회가 다음세대의 신앙교육의 전초기지가 되게 합니다.

:: 전 성도들이 52일 릴레이 금식기도하여 헌금하고 봉사합니다.
:: 교사준비모임을 통해 참석교회들이 같이 준비합니다.
:: 전문 강사를 초청하여 기독교문화 공연을 경험합니다
:: 스파크 캠프는 전액 무료로 섬깁니다.
:: 성도들의 가정을 오픈하여 홈스테이로 섬깁니다

송한승 어린이

이번 캠프에서 회개하고 앞으로 어떻게 살아야 할지 알게 되었습니다. 예수님의 크신 사랑에 보답해드리지 못하고 제멋대로 살았지만, 이제는 주님의 자녀처럼 행동하고, 세상에서 당당하게 나는 하나님을 믿는다고 얘기할 수 있는 사람이 되도록 노력하겠습니다. 앞으로도 계속될 스파크 캠프에 주님의 말씀을 전하실 목사님, 선생님들께 주님께서 큰 은혜를 내려주시기 원합니다. 스파크 캠프를 열어주신 충정교회에 감사합니다.

장성정 교사

열정적으로 섬겨주신 충정교회에 감동입니다. 기도로 준비하게 하시고 오직 복음으로 어린 심령들을 가르쳐 주심에 감사드립니다. 스파크 어린이 성령캠프를 통해 우리 미래 지도자들이 예수님을 똑바로 믿고 예수님을 떠나지 않는 아이들로 자라기를 기도합니다.

이상준 목사

스파크 캠프를 통해 주님을 만나고 또한 만나주신 주님을 아이들이 잘 기억하는 것 같습니다. 이것이 계기가 되어 변화되고, 새로운 시작점과 출발점이 되어, 예수 부흥의 점화가 되길 신망해봅니다. 그렇게 역사하시려고 이곳 스파크에 부르셨음을 믿습니다. 하나님은 참 좋으신 분입니다. 다음세대를 향한 뜨거운 관심과 사랑, 잘 배우고 갑니다. 잊지 못할 캠프, 아이들에게 지워지지 않을 주님과의 만남을 깊이 체험하게 하신 사랑의 하나님을 찬양합니다. 사랑의 하나님께서 충정교회와 담임목사님을 귀하게 사용하실 것입니다. 사랑합니다!

2020 SPARK PROGRAM

	13 첫째날	14 둘째날	15 셋째날
8:00		아침식사	아침식사
9:00		경배와 찬양 Spark Worship Team	경배와 찬양 Spark Worship Team
10:00		주제설교 권미진 목사	크리스천문화축제 HISPOP
11:00		어린이코너학습: 아벨 / 사무엘 — 교사세미나: 다음세대를 살리는 교사 최규명 목사	폐막식
12:00		어린이코너학습: 나아만의 어린소녀 / 예수님	
13:00		점심식사	
14:00	접수 / O.T 및 기도회	Water Festival / 찬양콘서트 JP ministry	
15:00	경배와 찬양 Spark Worship Team		
16:00	레크리에이션 MC 일호	찬양콘서트 JP ministry / Water Festival	
17:00	개막축제		
18:00	저녁식사	저녁식사	
19:00	경배와 찬양 Spark Worship Team	경배와 찬양 Spark Worship Team	
20:00	어린이 부흥회 1 최규명 목사 Celebration	어린이 부흥회 2 최규명 목사 Celebration	
21:00			
22:00	Homestay		

5. 인원 모집

스파크는 교회에서 캠프를 진행하다 보니 부대시설이 열악하고 부족하여 할 수 없이 550명 인원 제한을 한다. 인원은 충정교회가 있는 원주 지역을 제외한 전국, 전 세계 550명을 선착순 인터넷으로 신청받는다.

정말 귀하게 섬기고 싶은 마음에 첫 회부터 결단하고 우리 집을 하나님 나라를 위한 전진기지로 사용되게 하자고 촉구하여 홈스테이로 섬기게 되었다. 성도들이 이 일을 위해 큰 결단을 하는 만큼 오시는 교회의 지도자들이 교회를 경험하게 되는 아주 놀라운 간증을 나누어 주신다.

6. 스파크 헌금

스파크는 충정교회 전 교사가 직접 강사진으로 배치되기 때문에 그 외 에어바운스나 찬양과 레크리에이션 등, 특별 강사를 초대하고 식사와 간식과 티셔츠와 프로그램에 필요한 모든 것들을 준비하는데 재정이 4천만 원 정도 소요된다. 어린이부터 모두가 1계좌에 2만 원씩 자율로 헌금을 드린다. 어떤 분은 충정 교인도 아니신데 귀한 사역에 동역하고 싶다며 특별헌금을 보내오시기도 한다. 성도들이 헌금도 하시고, 시간도 쓰시고, 봉사도 하신다. 모두 사명을 가지고 힘에 겹도록 동참하신다.

7. 52일 릴레이 금식기도

이 일을 위해서 가장 구체적인 준비가 있다. 제일 먼저 오래전부터 기도하고 있다. 모일 때마다 기도하고 있고, 집회 때마다 기도하고 있고, 예배 때마다, 주일 예배, 찬양예배, 새벽예배, 모일 때마다, 목장에서도 스파크를 위해서 계속 기도하고 있다. 기도책자를 모든 성도에게 나누어 주고 어디서

든지 기도한다.

느헤미야가 예루살렘 성벽이 무너졌다는 소식을 듣고, 가슴이 아파서 잠을 이루지 못하고 애통해하며 눈물로 금식기도 하였던 것처럼, 스파크도 전 성도들이 52일 동안 릴레이로 금식기도를 한다. 한 끼에 적으면 10~20명, 많게는 100여 명씩 52일 동안 어린이부터 온 충정의 식구들이 금식하며 기도하고 있다. 참석교회에도 기도제목을 보내주어 같이 동참할 수 있기를 적극적으로 권하고 있다.

8. 천국을 누리고 나누는 교회

충정교회는 천국의 기쁨을 누리는 교회, 나누는 교회, 이것이 우리 교회의 비전이다. 우리가 행복을 못 누리면 못 나눈다. 먼저 우리가 누리자, 은혜를 누리자는 마음이 있다. 스파크를 하면서 누리는 가장 큰 복은 교회를 경험하는 것이다. 교회가 그리스도의 몸이니까 함께 부딪치고 함께 땀 흘리고, 함께 섬기면서 같이 부딪칠 때 교회를 경험하는 것 같다.

스파크를 섬기면서 우리의 마음이 넓어졌다. 우리 성도들의 그릇이 커졌다. 믿음의 분량이 커졌다. 550명이 함께 찬양하고 예배드리는 것을 성도들이 보며 우리 교회 성도들의 가슴이 뛰고 미래가 보이고 또 섬길 수 있는 교회로 삼아주셨다.

"예수께서 나아와 말씀하여 이르시되 하늘과 땅의 모든 권세를 내게 주셨으니 그러므로 너희는 가서 모든 민족을 제자로 삼아 아버지와 아들과 성령의 이름으로 세례를 베풀고 내가 너희에게 분부한 모든 것을 가르쳐 지키게 하라 볼지어다. 내가 세상 끝날까지 너희와 항상 함께 있으리라 하시니라" (마 28:18-20).

이 세상에서 가장 가치 있는 일은 무엇일까? 정말 이 땅에서 가장 의미 있는 일은 무엇일까? 우리가 주님 앞에 나가서 말할 수 있는 것, 내가 주 앞에 가서 주님 앞에 결산할 수 있는 것은 "너희는 가서 모든 민족으로 제자로 삼는 것" 외에는 아무것도 없다.

내가 정말 뿌렸던 눈물과 땀과 수고와 희생과 섬김을 통해서 영혼들이 구원받고 세워지는 이 사역 외에 무엇이 있겠는가? 이 제자 삼는 사역에는 반드시 희생이 따른다. 수고가 있다. 땀이 있어야 하고 핍박이 있고 또 오해가 있을 수도 있다. 아픔도, 희생도, 대가를 지불하지 않는 것은 가치가 없다. 이 놀라운 사역을 마태복음 28장 20절 말씀에서 이렇게 말씀하고 있다.

"볼지어다 내가 세상 끝날까지 너희와 항상 함께 있으리라 하시니라"(마 28:20).

이것 때문에 하는 것이다. 주를 위해서 살아가는데, 다음 세대를 위해서 쓰임 받고 살아가는데, 영혼들을 구원하는 일에 쓰임 받기를 원하는데, 주님께서는 무조건 도우신다. 하나님의 도와주시는 은혜와 능력을 따라서 마음껏 쓰임 받아 여러분의 교회가 살아나고, 다음 세대가 살아나고 지역에 영향을 끼치는 거룩한 교회들로 세워질 수 있기를 주 예수 그리스도의 이름으로 간절히 축복한다.

하나님 나라의 승리를 위해 반드시 해야 하는 한 가지,
바로 이 땅의 다음 세대를 살리는 일입니다

07

수원성교회

THE CHURCH WILL LIVE
WHEN THE NEXT GENERATION
LIVES

담임목사	안광수 목사
교회연락처	031-207-8123(FAX 031-853-9193)
주소	경기도 수원시 장안구 덕영대로 439번길 18-10
홈페이지	suwonsung.or.kr

들어가는 말

현재 한국교회의 절반 이상이 교회학교가 없는 현실이지만 그나마 존재하던 교회학교마저 사라져 버릴 수 있다는 부정적인 전망이 한국교회를 덮고 있다. 저출산으로 인한 학령인구 감소 요인과 더불어 미래 세대들의 탈종교화 현상이 가중되어 교회학교가 소멸의 길로 가고 있다고 해도 과언이 아니다.

수원성교회 교회학교는 학령인구의 감소와 대내외적 위협 요인 속에서도 아기학교부터 고등부에 이르기까지 1,200여 명의 다음 세대들이 교회학교 울타리 안에서 질적, 양적으로 성장하고 있다. 본 글을 통하여 수원성교회 학교 조직과 프로그램 및 교육방향을 소개한다.

몸 말

1. 교회학교 부서 소개

1) 주일학교

• **유아부 : 4~5세** (1부-오전9:20 / 2부-오전11:30)
유아들이 부모의 품을 떠나 처음으로 선생님들과 함께 예배를 드리므로, 유아들의 감정과 적응력을 고려하여 따뜻하고 안정된 예배를 드리도록 한다.

• **유치부 : 6~7세** (1부-오전9:20 / 2부-오전11:30)
기독교 교육의 기초를 든든히 세워가는 부서로 하나님의 말씀을 다감각적으로 경험하며 다양한 교육 과정을 통해서 영적 성장의 기초를 다진다.

• **유년부 : 초등1 초등2** (1부-오전9:20 / 2부-오전11:30)

초등학교 1, 2학년을 대상으로 하는 예배공동체로서 학령기에 들어선 어린이들이 하나님을 예배하고 다채로운 활동을 통해 예수님의 작은 제자가 되도록 한다.

• **초등부 : 초등3 초등4** (1부–오전9:20 / 2부–오전11:30)
초등학교 3, 4학년을 대상으로 하는 예배공동체로서 예배와 찬양을 통해서 하나님을 알아가고 좋은 습관과 행동, 재능을 계발하고 훈련하도록 돕는다.

• **소년부 : 소년1 소년2** (1부–오전9:20 / 2부–오전11:30)
초등학교 5, 6학년을 대상으로 하는 예배공동체로서 단순히 재미와 감동을 주는 것으로 끝나는 교육이 아닌 말씀을 삶으로 실천할 수 있도록 돕는다.

• **중등부 : 중학생 (14~16세)** (1부–오전9:20 / 2부–오전11:30)
사춘기에 들어선 청소년들이 하나님을 찬양하고 예배하는 기쁨을 맛보게 하고, 하나님이 개개인에게 주신 비전을 찾아가도록 돕는다.

• **고등부 : 고등학생 (17~19세)** (오전 9:20)
진로를 결정하는 시기의 청소년들에게 기독교 가치관을 정립하고, 하나님이 주신 비전과 꿈을 발견하여 하나님 나라의 일꾼으로 세워지는 기초를 다지도록 돕는다.

• **어와나 : 5~19세** (오후 1:30 / 오후 2:30)
디모데 후서 2장 15절 "Approved Workmen Are Not Ashamed" (부끄러울 것이 없는 일꾼으로 인정된 자)를 양성하도록 한다.
※연령별로 4개의 부서 (커버/불티/티앤티/트랙)로 나뉘어 운영되고 있음

• **어린이 영어예배부 : 7~13세** (오후 1:30)
영어로 찬양하고 말씀을 듣고 배움으로 글로벌한 시각을 가진 다음 세대를 양육하고 다문화를 품는 리더들이 될 수 있도록 한다.

2) 주중학교

① 아기학교

– 교육 연령: 5~40개월 영아

- 교육 시기: 봄(16주), 가을(12주)
- 교육 시간: 5~18개월 (수) 오전 10:30~12:10,
  19~40개월 (목) 오전 10:30~12:10
- 개요: 아기학교는 엄마랑 아기랑 하나님이랑 함께하는 주간 영유아 프로그램이다. 하나님의 형상대로 태어난 아기들이 그리스도의 사랑을 느끼며 행복하게 성장하도록 돕는 데 목적이 있다.
- 교육 과정 샘플

날짜		활동	날짜		활동
3	1주	개강 오리엔테이션	7	1주	개강예배
	2주	나비만들기		2주	팝콘만들기
	3주	개구리 만들기		3주	탬버린 반들기
	4주	낙하산 놀이 만들기		4주	야외학습(해우소)
4	1주	사랑의 열기구	8	1주	개천절 (쉼)
	2주	감자아이스크림 만들기		2주	고구마로 얼굴꾸미기
	3주	사랑의 하트 만들기		3주	빨대놀이
	4주	두부케이크 만들기		4주	막대봉 놀이
5	1주	돼지몰이, 색종이뒤집기		5주	참새 한 마리
	2주	주먹밥 만들기	9	1주	과자집 만들기
	3주	신문지 놀이		2주	우주선 만들기
	4주			3주	
	5주	야외학습		4주	수료예배
6	1주	현충일			
	2주	물고기 둘, 보리 떡 다섯 개			
	3주	낚시놀이			
	4주	수료예배			

② **성품학교**

– 교육 연령: 6~11세

– 교육 시기: 봄(8주), 가을(8주)

– 교육 시간: 토요일 오전 10~12시

– 개요 : 성품학교는 8주 동안 한 가지의 성품을 배우며 어린이의 생각, 감정, 행동의 영역에서 예수님을 닮아가도록 돕는 프로그램이다. 성경에 나타난 성품의 원리를 바탕으로 어린이들이 가정과 사회에서 하나님의 성품으로 자라가도록 돕는 데 목적이 있다.

– 교육 진행

<table>
<tr><th>시간</th><th>장소</th><th>구성</th><th>교육내용</th><th>교육내용에 관한 설명</th></tr>
<tr><td rowspan="2">10:00–10:20</td><td>유치부실</td><td>대그룹</td><td>성품 찬양</td><td>성품 주제와 관련된 찬양을 배운다.</td></tr>
<tr><td>유아부실 입구</td><td>일대일</td><td>Opening</td><td>Door Person은 어린이들이 자기 일을 스스로 할 수 있도록 준비토록 질문을 던져주고, 아이의 대답을 통해 오늘 모임의 성격을 깨닫는 중요한 시간이다. 대답이 끝나면, 도어퍼슨은 아이에게 축복 기도하며 안으로 들여보낸다.</td></tr>
<tr><td>10:20–10:50</td><td>유아부실</td><td>대그룹</td><td>다도</td><td>다도교육을 통해 자아존중, 사회적 책임감, 공감적 배려, 인내심을 배우게 되고 오늘 배울 내용을 위한 마음 정리를 한다.</td></tr>
<tr><td rowspan="3">10:50–11:45</td><td rowspan="3">유치부실</td><td>대그룹</td><td>성품 성구 암송</td><td>대그룹에서는 성품 주제와 관련된 성구를 암송한다.</td></tr>
<tr><td rowspan="2">소그룹</td><td>스토리텔링</td><td rowspan="2">소그룹에서는 스토리텔러를 통해 이번 주 이야기에 따라 질문과 대답을 자연스럽게 나누고, 주제에 따른 심화된 교육활동을 한다.</td></tr>
<tr><td>교육활동</td></tr>
<tr><td rowspan="2">11:45–12:00</td><td rowspan="2">유아부실</td><td rowspan="2">대그룹</td><td>나눔의 시간</td><td rowspan="2">처음 모임을 한 장소로 다시 이동하여 원으로 모인다. The feast 담당자가 오늘 외운 성구암송을 점검하고, 오늘 나눈 이야기 중에서 몇 가지 핵심내용을 나누거나 가장 기억에 남는 부분을 나눈다. 이야기를 마친 후 간식을 먹고, 기도로 마친다.</td></tr>
<tr><td>The Feast</td></tr>
</table>

③ 기독교세계관학교

- 교육 연령: 8~11세
- 교육 시기: 봄(6주), 가을(6주)
- 교육 시간: 토요일 오전 10~12시
- 개요 : 기독교세계관학교는 다음 세대 아이들이 복음의 눈으로 세상을 바라보고 기독교적 가치관을 실천하며 살아갈 수 있도록 돕는 데 목적이 있다. 최근에는 공정무역과 협동조합에 대하여 교육하고 있으며 자료, 영상, 교구나 재료를 활용한 체험 활동을 통해 즐겁게 배우고 있다.
- 교육 과정 샘플

	일시	내용	활동
1주차	5월 28일	기독교 세계관이란?	교역자 강의
2주차	6월 4일	유엔아동권리에서의 생존권	아프리카 음식 우갈리 체험
3주차	6월 11일	유엔아동권리에서의 보호권	축구공 만들기
4주차	6월 18일	유엔아동권리에서의 발달권	에코필통 만들기
5주차	6월 25일	수자원	물동이 나르기 체험
6주차	7월 2일	영화 설교	

④ 쉐마학교

- 교육 연령: 12~19세
- 교육 시기: 봄(8주), 가을(8주)
- 교육 시간: 토요일 오전 10~12시
- 개요 : 쉐마학교는 소년부~고등부 학생들이 각 부서의 교역자와 함께 성경과 신앙 서적을 통해 하나님의 말씀과 교리를 배우고 하나님을 더욱 알아갈 수 있도록 돕는 프로그램이다.

⑤ 국제 청소년 성취포상제

- 교육 연령: 만14~19세
- 교육 시기: 3~9월(24주간)
- 교육 시간: 토요일 오전 9~12시
- 개요: 국제 청소년 성취포상제는 청소년들이 신체단련, 자기개발, 봉사 및 탐험활동을 통해 그들의 잠재력을 최대한 개발하여 자신과 지역사회 더 나아가 국가를 변화시키는 인재를 양성하는 국제적 자기 성장 프로그램이다.

- 과정 설명

국제청소년 성취포상제 (The Duke of Edinburgh's Award)

14~25세 사이의 청소년들이 봉사, 신체단련, 자기개발, 탐험활동을 통해 잠재력을 개발하고, 청소년 자신 및 지역사회와 국가를 변화시킬 수 있는 삶의 기술을 갖도록 하는, 전 세계 127개국에서 운영 되는 국제적으로 인정된 자기성장 활동 목표 성취에 대한 포상제도

- 포상활동 영역

신체단련활동	신체 단련을 통해 몸과 마음을 건강하게 하는 활동
봉사활동	타인과 지역사회에 도움을 줄 수 있는 활동
자기개발활동	개인의 관심 분야를 배우고 익히는 활동
탐험활동	자연을 통해 도전정신과 환경의 소중함을 깨닫는 활동
합숙활동(금장만)	새로운 사람들과 가치 있는 목적을 공동으로 이루는 활동
부연설명 : 각각 일주일에 최소 1시간 이상씩 지속적으로 활동에 참여해야 하고 7일 이상 간격을 유지해야 함(주로 토요일 실시)	

- 포상 요건

구분	봉사활동	자기개발활동	신체단련활동	탐험활동	합숙활동
금장 16세 이상	12개월 48시간 이상 (48회 이상)	12개월 48시간 이상 (48회 이상)	12개월 48시간 이상 (48회 이상)	기본교육 예비탐험(3박4일) 본탐험(3박4일)	4박 5일 ※금장만
	은장을 보유하지 않은 자는 봉사, 자기개발, 신체단련 중 하나를 선택하여 추가로 6개월 수행				
은장 15세 이상	6개월 24시간 이상 (24회 이상)	6개월 24시간 이상 (24회 이상)	6개월 24시간 이상 (24회 이상)	기본교육 예비탐험(2박3일) 본탐험(2박3일)	-
	동장을 보유하지 않은 자는 봉사, 자기개발, 신체단련 중 하나를 선택하여 추가로 6개월 수행				
동장 14세 이상	6개월 24시간 이상 (24회 이상)	3개월 12시간 이상 (12회 이상)	3개월 12시간 이상 (12회 이상)	기본교육 예비탐험(1박2일) 본탐험(1박2일)	-
	참가자는 봉사, 자기개발, 신체단련 중 하나를 선택하여 추가로 3개월 수행				

– 프로그램 진행(2020년 기준)

담당		장소	담당자	교육담당시간
포상심사관(수퍼바이저)			이OO 목사	설계/심사
포상담당관			천OO 전도사	전체 담당
자기개발 활동	켈리 그라피	교육관 4층	조OO 목사	토요일 오전 9–12시
신체단련 활동	볼링 배우기	볼링장	천OO 전도사	
봉사 활동	반찬만들기봉사12회 해외저개발국가 아동을위한 할리 갈리만들기12회	교육관 5층	조OO 목사	
탐험 활동	역사체험 도보여행	화성행궁 남한산성	천OO 전도사	예비:1박 2일 정식:1박 2일

⑥ 지혜학교

- 교육 연령: 6~13세
- 교육 시기: 봄(8주), 가을(8주)
- 교육 시간: 토요일 오전 10~12시
- 개요: 지혜학교는 발달장애 및 지연 아동들이 상호작용하는 방법을 배우도록 하여 사회성 향상을 도모하는 프로그램이다. 예수님의 사랑 안에서 인지, 미술, 교육, 음악 치료 등을 통해 아동들의 전반적인 발달을 돕고 있다.
- 교육 과정 샘플

1회기

시간	프로그램	담당자
9:50~10:00	장소 입실	이OO
10:00~10:30	개강예배 및 개강식	이OO
10:30~10:50	화장실 이용 및 간식	각 아동 담당자
10:50~11:20	음악 치료	곽OO
11:20~11:50	체육 활동	양OO
11:50~12:00	마무리 및 귀가	이OO

2회기 ~ 7회기: 사회적응훈련 적용

시간	프로그램	담당자
9:50~10:00	장소 입실	이OO
10:00~11:50	인사 성균관대역으로 이동 화장실 이용 간식 사 먹기 다이소 이용하기 교회로 이동	리더 : 이OO 1:1 이동(아동1명/교사1명)
11:50~12:00	마무리 및 귀가	이OO

8회기

시간	프로그램	담당자
9:50~10:00	장소 입실	이OO
10:00~10:30	음악치료	곽OO
10:30~10:50	화장실 이용 및 간식	각 아동 담당자
10:50~11:30	체육 활동	양OO
11:30~12:00	종강 예배 및 종강식	이OO

1. 교육방향 및 프로그램

1) 원포인트 성경교육

2020년 한 해 동안 수원성교회 교회학교 모든 부서가 2주에 한 번씩 같은 본문으로 설교를 듣고, 가스펠 프로젝트(공과교재)를 통해서 구속사적인 성경이야기를 배우기로 하였다. 그러나 예상치 못한 코로나 바이러스의 확산으로 인해서 3월 첫 주부터 교회학교 예배를 온라인예배로 전환하면서 매주 같은 본문과 주제로 교육을 진행하게 되었다. 12월 대림절까지 모든 교육을 원포인트로 진행하고 있다.

2) 가정과 연계한 신앙교육

교회학교의 교육과 가정의 신앙교육이 두 날개가 되지 않으면 우리 자녀들은 그리스도의 장성한 분량까지 자라나갈 수 없다. 특별히 코로나가 확산하는 상황 속에서 가정에서 드리는 예배와 기독교 교육이 더욱 중요하다는 것을 모든 교회와 그리스도인들이 깨닫게 되었다. 수원성교회에서는 가정에서 자녀들이 말씀으로 양육될 수 있는 다양한 프로그램과 자료들을 제공하고 있다.

① 예배하는 우리 집(주간)

교회학교 원포인트 본문과 같은 본문과 주제로 가정예배 순서지인 '예배하는 우리 집'을 제작하여 매주 교회 홈페이지 및 "수원성교회 가정예배 카톡방"에 올려드리고 있다. 교회학교의 교육이 가정에서 복습되고 생활화 될 수 있도록 돕고 있다.

가정예배 순서지 샘플

수원성 교회 교육부

Family Worship Campaign

6월

1주차 가정예배지

예배하는 우리집

찬양의 거실

■ 온 가족이 식탁에 둘러 앉아 모여 함께 찬양합니다.

찬 양 **나는 예배자입니다**

나는 하나님을 예배하는 예배자입니다
내가 서 있는 곳 어디서나 하나님을 예배합니다
내 영혼 거룩한 은혜를 향하여
내 마음 완전한 하나님 향하여
이곳에서 바로 이 시간 하나님을 예배합니다

말씀의 식탁

■ 가정의 자녀들 중 한 명이 대표로 말씀을 봉독합니다.

창세기 4장 1-8절

1 아담이 그의 아내 하와와 동침하매 하와가 임신하여 가인을 낳고 이르되 내가 여호와로 말미암아 득남하였다 하니라
2 그가 또 가인의 아우 아벨을 낳았는데 아벨은 양 치는 자였고 가인은 농사하는 자였더라
3 세월이 지난 후에 가인은 땅의 소산으로 제물을 삼아 여호와께 드렸고
4 아벨은 자기도 양의 첫 새끼와 그 기름으로 드렸더니 여호와께서 아벨과 그의 제물은 받으셨으나
5 가인과 그의 제물은 받지 아니하신지라 가인이 몹시 분하여 안색이 변하니
6 여호와께서 가인에게 이르시되 네가 분하여 함은 어찌 됨이며 안색이 변함은 어찌 됨이냐
7 네가 선을 행하면 어찌 낯을 들지 못하겠느냐 선을 행하지 아니하면 죄가 문에 엎드려 있느니라 죄가 너를 원하나 너는 죄를 다스릴지니라
8 가인이 그의 아우 아벨에게 말하고 그들이 들에 있을 때에 가인이 그의 아우 아벨을 쳐죽이니라

히브리서 11장 4절

4 믿음으로 아벨은 가인보다 더 나은 제사를 하나님께 드림으로 의로운 자라 하시는 증거를 얻었으니 하나님이 그 예물에 대하여 증언하심이라 그가 죽었으나 그 믿음으로써 지금도 말하느니라

■ 부모님 중 한 분이 자녀들에게 하나님의 말씀을 전합니다.

예배하는 사람 아벨

성경에서 가장 먼저 하나님께 예배한 사람으로 두 형제가 등장합니다. 바로 가인과 아벨입니다. 두 사람은 이 세상의 첫 번째 사람이었던 아담과 하와의 자녀들이었습니다. 아담과 하와는 에덴동산에 살고 있었습니다. 그러나 하나님의 말씀을 지키지 못한 두 사람은 에덴동산에서 쫓겨나게 되었습니다. 그 때 낳은 자녀들이 가인과 아벨이었습니다. 형 가인은 땅에서 농사를 짓는 사람이었고, 동생 아벨은 양을 치는 목자였습니다. 세월이 지난 후에 두 사람은 자신의 방식대로 하나님께 예배를 드렸습니다. 가인은 자신이 농사지은 것으로 하나님께 드렸고, 아벨은 자신이 기르던 양의 첫 새끼와 기름으로 하나님께 드렸습니다. 하나님은 아벨의 예배를 받아주셨지만 가인과 그의 제물은 받지 않으셨습니다. 그 사건 때문에 형 가인은 분노하게 되었고, 자신의 동생인 아벨을 죽이는 끔찍한 일을 저지르고 말았습니다.

창세기에 나타난 가인과 아벨의 예배는 크게 달라 보이지 않습니다. 그들은 정해진 시간과 장소에서 예배를 드렸고, 자신의 삶에서 얻을 수 있는 것을 하나님께 드렸다는 공통점이 있습니다. 그런데 왜 하나님은 아벨의 제사만을 받으셨을까요? 히브리서는 그 이유를 아벨의 예배가 '더 나은 제사'였기 때문이라고 말합니다. 아벨의 제사가 더 낫다고 평가 받는 이유는 두 가지가 있습니다.

첫째로, 아벨은 구별된 제물을 하나님께 드렸기 때문입니다. 가인은 단순히 자신이 농사지어 얻은 소산을 하나님께 드렸지만 아벨은 양의 첫 새끼를 특별히 준비하여 하나님께 드렸습니다. 아벨은 예배할 때 하나님께 드릴 수 있는 가장 좋은 것을 따로 준비하여 드렸습니다. 하나님은 아벨의 예배의 자세를 기뻐 받으셨습니다. 둘째로, 아벨의 삶 자체가 하나님께 드리는 예배였기 때문입니다. 4절 말씀을 보면 하나님은 아벨의 제물과 동시에 아벨을 받으셨다고 이야기 합니다. 하나님은 자신의 뜻 가운데 살고 있는 아벨의 삶 전체를 예배로 기뻐 받으셨습니다.

아벨은 믿는 우리들에게 예배의 본을 보여줍니다. 특별히 우리 가정에서 드려지는 예배가 아벨의 제사처럼 하나님께서 기뻐 받으시는 예배가 되기 위해서 두 가지를 실천해야 합니다. 첫째로, 우리 가정에서 가장 귀한 것을 주님께 드려야 합니다. 우리들이 가장 즐겁게 보낼 수 있는 시간에 예배하시기 바랍니다. 우리 가정에서 가장 귀한 것을 구별하여 하나님께 예물로 드리시기 바랍니다. 둘째로, 매일 하나님을 기쁘시게 하는 예배의 삶을 살아야 합니다. 부모님은 직장과 가정에서 자녀들은 가정과 학교에서 하나님을 사랑하고 이웃을 사랑하는 삶을 살아야 합니다. 그 때에 하나님이 우리 가정의 예배를 기쁘게 받아주십니다. 우리 가정에서 드리는 예배가 하나님께서 영광 받으시고, 가정 안에 주님의 은혜가 가득 흘러가는 축복의 통로가 되시기를 간절히 바랍니다.

■ 온 가족이 함께 한 목소리로 기도합니다.

함께 드리는 기도

우리 가정의 주인되신 하나님 아버지! 아벨의 예배를 통해 우리 가정의 예배를 돌아보게 하시니 참으로 감사합니다. 아벨처럼 가장 귀한 것을 주님께 드리고, 우리의 삶도 하나님께서 기뻐 받으시는 예배가 되도록 인도하여 주세요. 우리 가족들이 함께 모여 예배드릴 때 하나님께서 영광 받으시기를 바랍니다. 우리 가정에서 가장 중요한 시간이 하나님께 예배하는 시간 되게 해주세요. 감사드리며 예수님의 이름으로 기도드립니다. 아멘!

나눔의 사랑방

■ 말씀을 기억하면서 함께 은혜를 나눠봅시다. 자녀들의 연령에 맞게 활동 또는 나눔을 진행해 주시기 바랍니다.

❶ 유아/유치부 및 아동부 저학년(1-3학년)

아벨은 시간과 장소를 정해서 하나님께 예배를 드렸습니다. 우리 가정이 함께 예배드릴 수 있는 시간(1주일에 한 번)과 장소를 정해보고, 보내드린 양식을 참고하여 가정예배 서약서를 작성해봅시다.

❷ 아동부 고학년(4-6학년) 및 청소년부 이상

아벨은 시간과 장소를 정해서 하나님께 예배를 드렸습니다. 우리 가정이 함께 예배드릴 수 있는 시간(1주일에 한 번)과 장소를 정해보고, 보내드린 양식을 참고하여 가정예배 서약서를 작성해봅시다.

가 정 예 배 서 약 서

우리 가정의 모든 가족들은 아벨처럼 시간과 장소를 정하여
가장 귀한 것을 드리는 예배자가 될 것을 서약합니다.

가정예배 요일:
가정예배 시간:
가정예배 장소:
가정예배 서약자:
가정예배 규칙:

년 월 일

서약자: (인)

대한예수교장로회 수원성교회 수원시 장안구 덕영대로 439번길 18-10 수원성교회
TEL 031-207-8123 http://www.suwonsung.or.kr

예배하는 우리집
Family Worship Campaign
수원성 교회 교육부

6월
2주차 가정예배지

찬양의 거실
▪ 온 가족이 식탁에 둘러 앉아 오여 함께 찬양합니다.

찬양 주님 말씀하시면

주님 말씀하시면 내가 나아가리다 주님 뜻이 아니면 내가 멈춰서리다
나의 가고 서는 것 주님 뜻에 있으니 오 주님 나를 이끄소서

뜻하신 그곳에 나있기 원합니다 이끄시는 대로 순종하며 살리니
연약한 내 영혼 통하여 일하소서 주님 나라와 그 뜻을 위하여
오 주님 나를 이끄소서

말씀의 식탁
▪ 가정의 자녀들 중 한 명이 대표로 말씀을 봉독합니다.

창세기 6장 13-22절
13 하나님이 노아에게 이르시되 모든 혈육 있는 자의 포악함이 땅에 가득하므로 그 끝 날이 내 앞에 이르렀으니 내가 그들을 땅과 함께 멸하리라
14 너는 고페르 나무로 너를 위하여 방주를 만들되 그 안에 칸들을 막고 역청을 그 안팎에 칠하라
15 네가 만들 방주는 이러하니 그 길이는 삼백 규빗, 너비는 오십 규빗, 높이는 삼십 규빗이라
16 거기에 창을 내되 위에서부터 한 규빗에 내고 그 문은 옆으로 내고 상 중 하 삼층으로 할지니라
17 내가 홍수를 땅에 일으켜 무릇 생명의 기운이 있는 모든 육체를 천하에서 멸절하리니 땅에 있는 것들이 다 죽으리라
18 그러나 너와는 내가 내 언약을 세우리니 너는 네 아들들과 네 아내와 네 며느리들과 함께 그 방주로 들어가고
19 혈육 있는 모든 생물을 너는 각기 암수 한 쌍씩 방주로 이끌어들여 너와 함께 생명을 보존하게 하되
20 새가 그 종류대로, 가축이 그 종류대로, 땅에 기는 모든 것이 그 종류대로 각기 둘씩 네게로 나아오리니 그 생명을 보존하게 하라
21 너는 먹을 모든 양식을 네게로 가져다가 저축하라 이것이 너와 그들의 먹을 것이 되리라
22 노아가 그와 같이 하여 하나님이 자기에게 명하신 대로 다 준행하였더라

히브리서 11장 7절
7 믿음으로 노아는 아직 보이지 않는 일에 경고하심을 받아 경외함으로 방주를 준비하여 그 집을 구원하였으니 이로 말미암아 세상을 정죄하고 믿음을 따르는 의의 상속자가 되었느니라

▪ 부모님 중 한 분이 자녀들에게 하나님의 말씀을 전합니다.

성실한 사람 노아
하나님께서는 사람을 만드신 후에 매우 좋았다고 말씀하셨습니다. 기쁨이 가득했던 하나님은 자신의 모습대로 만든 사람들에게 땅 위에서 생육하고 번성하여 다스리는 복을 주셨습니다. 하나님의 말씀대로 사람들은 땅 위에서 번성했지만 그들의 죄도 함께 커져갔습니다. 세상을 만드실 때 하나님의 기쁨은 완전히 사라지고 죄로 가득한 세상을 보며 하나님은 근심하셨습니다. 하나님은 더 이상 참을 수 없었습니다. 자신이 흙으로 빚어서 생기를 불어 넣어 만든 사람과 가축, 기는 것, 공중의 새까지 땅에서 쓸어버리기로 결정하십니다. 그런데 하나님께서는 모두 심판하지는 않으시고 노아와 그의 가족에게 은혜를 베푸시고, 하나님과 동행했던 사람 노아에게 방주를 만들라고 명령하셨습니다. 노아는 하나님의 말씀대로 방주를 만들었습니다. 노아는 하나님께서 말씀하신 대로 방주를 만들었습니다. 길이가 135m, 폭이 22m, 높이 13m나 되는 큰 배를 불평 없이 만들었습니다. 배를 만드는 재료도 하나님께서 말씀하신 고페르 나무와 역청을 사용했습니다. 배의 창문도, 배의 층도 하나님께서 말씀하신 대로 순종하여 만들었습니다. 방주를 다 만든 후에는 하나님께서 말씀하신대로 짐승과 공중의 새, 노아와 노아의 가족들이 방주에 들어갔습니다. 그 후에 7일이 지났고, 40일 동안 온 세상에 비가 쏟아져 내렸습니다. 하나님께서 결정하신대로 방주에 타지 못한 모든 사람들과 생명들은 물에 빠져 죽었습니다. 비가 멈춘 후에도 150일 동안이나 땅에 물이 넘쳤습니다. 물이 마르고 노아는 하나님께 예배를 드렸습니다. 하나님은 노아와 그의 가족들의 예배를 받아주셨습니다. 하나님께서는 노아와 그의 가족들과 언약을 맺으시고 다시는 모든 생물을 홍수로 멸하지 않을 것이라고 약속하셨습니다. 하나님은 언약의 증거로 무지개를 보여주셨습니다. 무지개가 나타날 때 하나님은 자신과 맺었던 약속을 기억하라고 말씀하셨습니다.

노아는 하나님 말씀에 귀 기울이는 사람이었습니다. 그의 눈에 비 한방울도 보이지 않을 때 하나님의 말씀에 순종하여 방주를 만들었습니다. 세상 사람들은 분명히 노아를 어리석은 사람이라고 손가락질 했을 것입니다. 그러나 노아는 흔들리지 않았습니다. 세상의 소리보다 하나님 말씀에 귀 기울였습니다. 하나님 말씀을 잘 들었던 노아는 하나님이 자기에게 명하신 대로 다 순종했습니다. 노아는 방주라는 큰 배를 만들 때 묻지도 따지지도 않고 성실하게 순종했습니다. 하나님은 자신의 말씀을 잘 듣고, 그대로 순종하는 사람을 기쁘게 사용하십니다. 오늘 말씀을 듣는 우리의 가족들도 하나님 말씀에 귀 기울이는 사람들이 되어야 합니다. 하나님의 말씀을 듣고 순종할 때 하나님은 가장 귀한 하나님의 일을 맡겨 주십니다. 노아를 통해서 하나님이 크신 일을 하셨던 것처럼 말씀에 순종하는 우리 가족들을 통해서도 하나님께서 귀한 일을 하실 줄로 믿습니다. 노아의 가정은 홍수가 끝나고 방주에서 나온 뒤에 가장 먼저 가정예배를 드렸습니다. 예배하는 그의 가족에게 하나님은 '무지개 언약'을 주셨습니다. 우리의 가정도 예배드리는 일을 가장 먼저 해야 합니다. 하루와 일주일, 한 달과 일 년을 시작할 때 하나님께 가장 먼저 예배드리는 우리 가정이 되어야 합니다. 신실하신 하나님은 성실하게 예배하는 우리들에게 크신 은혜와 사랑을 베풀어 주신다는 사실을 꼭 기억합시다.

▪ 온 가족이 함께 한 목소리로 기도합니다.

함께 드리는 기도
사랑하는 하나님 아버지! 노아를 통해서 하나님 말씀에 귀기울이는 것이 얼마나 중요한지 깨닫게 해 주시니 감사합니다. 하나님의 말씀을 잘 듣고 말씀대로 순종하는 우리 가정 되도록 인도하여 주세요. 노아의 가정이 홍수 후에 가장 먼저 예배를 드렸습니다. 우리 가정도 하나님께 예배하는 일을 가장 먼저 할 수 있도록 성령님께서 인도하여 주세요. 감사드리며 예수님의 이름으로 기도드립니다. 아멘!

나눔의 사랑방
▪ 말씀을 기억하면서 함께 은혜를 나눠봅시다. 자녀들의 연령에 맞게 활동 또는 나눔을 진행해 주시기 바랍니다.

❶ 유아/유치부 및 아동부 저학년(1-3학년)
아래 설명에 따라 노아의 방주를 만들어보시고, 방주에 태우고 싶은 나의 가장 소중한 것이 무엇인지 함께 나눠보세요.
<준비물> 동물 그림(PDF참고), 1회용 접시, 우드락, 양면테이프, 가위, 색연필, 사인펜
<순서> 1. 동물 그림을 프린트하여 가위로 잘라주세요
2. 1회용 접시 뒷면에 방주와 무지개를 그려주세요.
3. 우드락을 잘라 양면테이프로 붙여 주시고, 동물을 방주 위에 붙여주면 끝!
*QR코드를 스캔하시면 만들기 영상을 보실 수 있습니다.

❷ 아동부 고학년(4-6학년) 및 청소년부 이상
노아의 방주를 모티브로 한 영화 '에반 올마이티(QR코드)' 요약본을 함께 시청한 후 가족들과 함께 내가 만들어야 할 방주(하나님 나라의 일)는 무엇인지 함께 나눠봅시다.

수원성교회 수원시 장안구 덕영대로 439번길 16-10 수원성교회 TEL 031-207-8123 http://www.suwonsung.or.kr

② 5월 가정의 달 특별호

5월 가정의 달에는 '예배하는 우리 집' 특별 호를 발간하여 매일 가정에서 예배드릴 수 있도록 했다. 책자를 인쇄하여 교인들에게 배포하였고, 매일 주제에 맞춰서 교회 홈페이지와 카톡방에 공유하였다.

가정의 달 특별호 '슬기로운 잠언 생활'

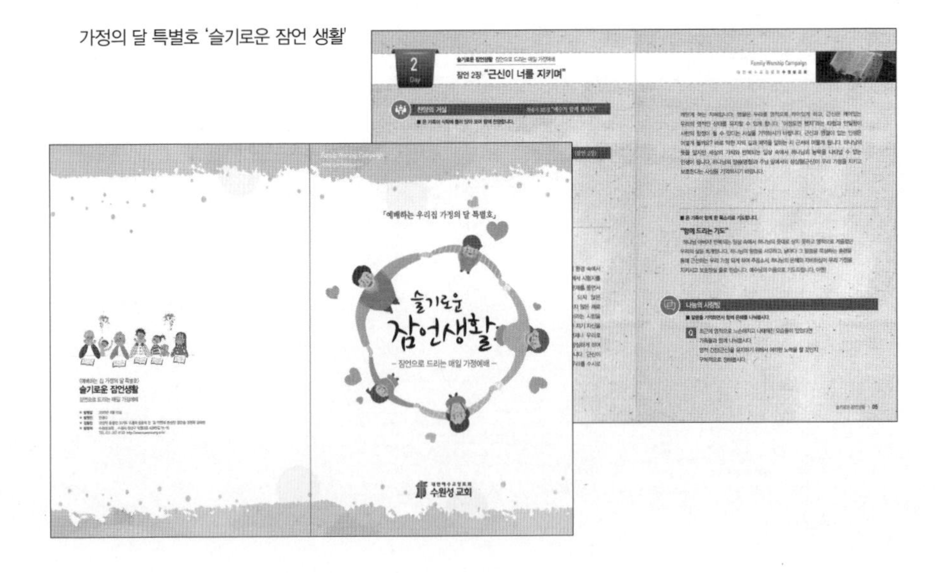

3) 기독교 절기 교육

① 사순절 기간에는 각 연령대에 맞추어 성경 쓰기를 하고, 대림절 기간에는 하나님 말씀을 같이 묵상함으로 부활절과 성탄절을 기다리고 있다.

사순절 성경쓰기 샘플 (유아부, 유치부, 초등부, 중등부)

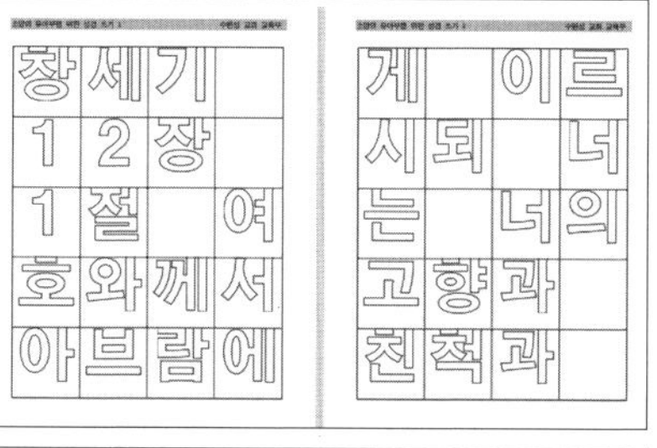

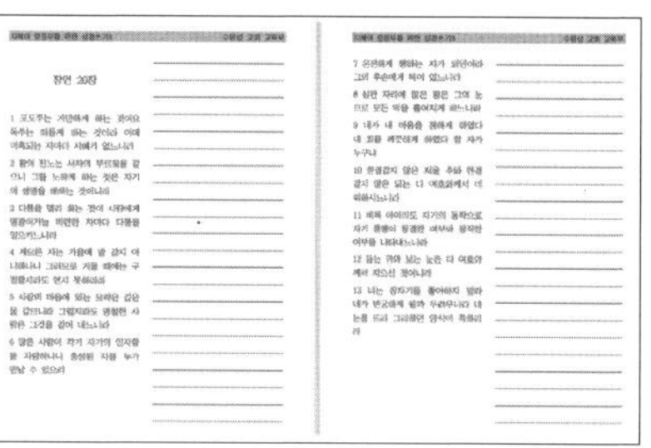

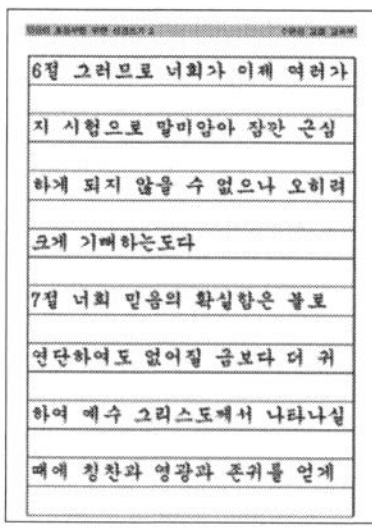

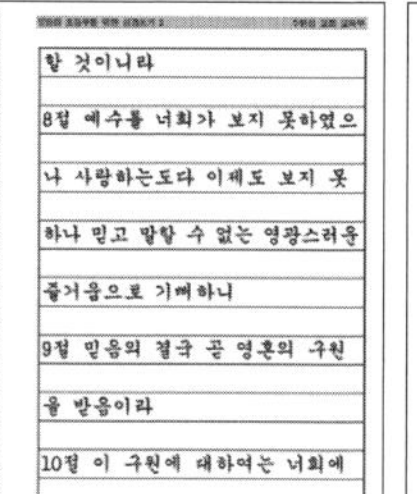

② 사순절 기간에만 성경을 쓰는 것이 아니라 예수님의 부활을 기대하며 전도하는 데 힘쓰고, 대림절 기간에는 예수님께서 이 세상에서 어떤 일을 하셨는지를 생각하며 어려운 이웃을 위한 나눔도 실천하고 있다.

대림절 나눔 실천 샘플

4) 부모교육

① 미취학 부모학교(5주)와 사춘기 부모학교(5주)를 통해서 자녀들을 믿음으로 양육할 수 있도록 돕고 있다.

부모학교 포스터

② 자녀들이 어떻게 예배드리는지를 같이 볼 수 있도록 부서에서 부모님들을 초청하여 일 년에 두 번씩 같이 예배를 드린다.

③ 5주가 있는 달에는 교회 본당에서 온 가족이 함께 드리는 예배로 드린다. 교회학교 아이들이 찬양 인도, 기도, 성경봉독, 특송까지 모두 진행한다.

온가족 예배순서 샘플

시간	내용	담당자	준비
6:50 – 7:00	잔잔한 찬양 음원 ON	방송실	CCM 연주곡
7:00 – 7:10	아동부 찬양팀과 함께 찬양	류OO 선생님	찬양 PPT
7:10 – 7:30	설교	전OO 목사	성경 구절 PPT
7:30 – 8:00	기독인형극 “왕의 자녀답게 살아요”	기독교인형극단	배경과 마이크
8:00 – 8:15	서로의 관심사를 알아봐요	김OO 목사	미리 준비한 엽서와 볼펜
8:15 – 8:25	가족기도 및 축복송	김OO 목사	잔잔한 피아노 반주 찬양 PPT
8:25 – 8:30	광고 및 축도	담임목사	

5) 교사교육

① 1월 중 신입교사교육(8시간)을 통해서 처음 교사를 시작하는 분들에게 가장 기초적인 교육을 한다.

② 봄과 가을에는 교사세미나를 통해서 실질적인 도움을 받고, 다시 한번 뜨겁게 기도하는 시간을 갖는다.

교사세미나 포스터 샘플

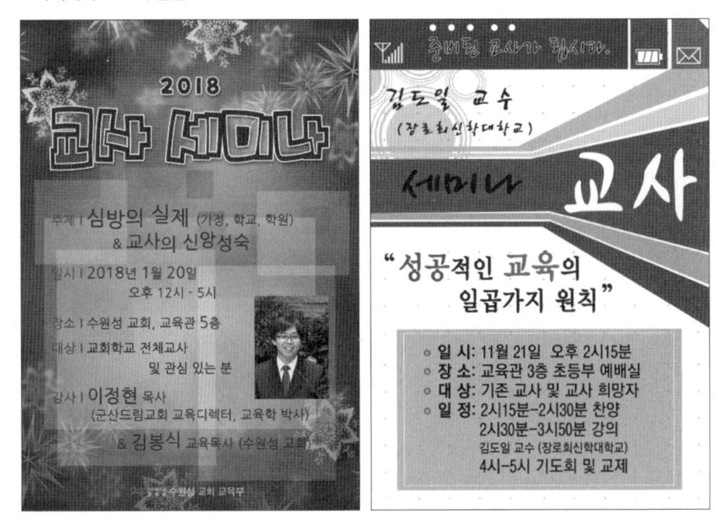

③ 교사 헌신예배를 5월에 드림으로 마음을 새롭게 하며 6~7월에 있을 여름사역을 준비한다.

나가는 말

수원성교회 교회학교가 세워지고, 위에 소개된 학교들과 프로그램이 진행될 수 있는 힘은 '사람'에게 있다. 교회학교와 다음 세대를 목회의 중심에 두신 담임목사님과 영혼들을 사랑하며 헌신과 수고를 아끼지 않는 교사들과 교육부서 교역자들로 인해 이 모든 것이 가능했다. 코로나 이후 시대의 교회학교를 고민하고 있는 많은 교회들에 통찰력과 가능성을 주는 글이 되었기를 바란다.

하나님 나라의 승리를 위해 반드시 해야 하는 한 가지,
바로 이 땅의 다음 세대를 살리는 일입니다

군산드림교회

THE CHURCH WILL LIVE
WHEN THE NEXT GENERATION
LIVES

담임목사	임만호 목사
교회연락처	063-462-6062(FAX 063-462-6083)
주소	전북 군산시 하나운로 13(나운동 성전), 군산시 공단대로 203(수송동 성전)
홈페이지	www.vision153.org

드림교회 교회학교의 특별함의 이유

드림교회 교회학교는 10년 동안 약 20배 성장을 경험했다. 어떻게 이러한 성장이 일어날 수 있었는가? 크게 3가지로 요약 설명한다.

1. 담임목사의 교육에 대한 비전이다.

교회의 모든 부분은 결국 담임목사의 의중이 가장 중요한 것 같다. 다른 말로 하면 목회관, 교육철학이 가장 중요하다.

저희 드림교회는 담임목사의 교육에 대한 끊임없는 강조이다. 예배시간, 광고시간, 시간 날 때마다 목사님께서 교육에 대해서 부르짖으신다. 말로만 교육하지 않고, 실제로 담임목사 안에 교육에 대한 비전이 엄청나다

2. 교사들의 자발적인 헌신이다

우리 교회 교육부의 가장 큰 특징은 교사들의 헌신에 있다. 이 부분이 다른 교회와 큰 차이가 있다고 생각한다. 담임목사의 교육 비전이 결국 교인들에게 흘러 나와서 교사들이 엄청나게 헌신한다. 매일 교회에 나와서 기도하는 교사들, 매일 학교에 가서 전도하는 교사들, 자발적으로 엄청난 헌신을 한다.

3. 교역자들의 전문성이다

우리 교회는 교육부서에만 6명의 전임 목사가 있다. 다들 매우 뛰어나다고 감히 말씀드리고 싶다. 다들 나름의 전문성을 가지고, 주중에 오직 이 일을 감당하기 때문에, 교육부서가 계속 발전하고 성장을 하고 있다.

드림교회 영아부 '신앙의 골든 타임'

교회학교에서 어떤 부서가 가장 중요할까? 필자는 단연코 영아부라고 믿는다. 일반적으로 영·유치부 아이들이 어려서 신앙 교육이 힘들 것이라고 생각한다. '과연 이렇게 어린 아이들이 예배를 제대로 드릴 수나 있을까?' 결코 그렇지 않다. 어쩌면 이 시기가 신앙 형성에 있어서는 일생일대에 가장 중요한 시기일지 모른다. 인지발달 학자들에 의하면, 사람의 성품과 인성 등 내적 인간성의 80%가 7세 미만에 완성된다고 한다. 따라서 영·유치부 시기야말로 아이들의 신앙교육에 있어서 최고의 적기, 즉 '신앙의 골든 타임'이라고 할 수 있다.

드림교회 영아부에는 3~4세 아이들로 구성된 성가대가 있다. 3~4세 아이들이 어떻게 성가대가 가능할까? 다소 믿기 힘들겠지만, 여기에 와서 직접 보면 깜짝 놀랄 것이다. 영아부 성가대는 아이들 몇몇이 서서 찬양하고 마는 것이 아니라 정식 성가대다. 그래서 매주 금요일이면 연습이 있고, 연습에 참석한 아이들이 영아부 예배 때 성가대로 선다. 평균 20명 정도의 아이들이 성가대로 찬양을 하는데, 정말 열심히 찬양하고 율동한다.

왜 드림교회는 어린아이들을 위해 성가대를 만들었을까? 지금이 바로 신앙의 골든 타임이기 때문이다. 아이들의 신앙 발달에 있어서 지금처럼 중요한 때가 없기 때문이다. 어릴 적부터 사무엘과 같은 믿음의 아이들을 만들

기 때문이다.

얼마 전에 있었던 일이다. 한 아버지가 아이를 데리고 영아부를 찾아오셨다. 그분은 불교 신자셨다. 궁금한 나머지 어떻게 드림교회에 오게 되셨는지 질문했다. 그러자 자기 친구가 드림교회에 다니는데, 교회학교 교육이 정말 좋다고 해서 자기 아이도 교육시키러 왔다고 하셨다. 또 언젠가는 천주교 신자인 어머니가 아이를 데리고 교회를 찾으셨다. 천주교에는 아이들을 따로 교육하는 부서가 없는데, 드림교회는 교회학교 교육이 잘되어 있다고 해서 소문을 듣고 찾아왔다고 하셨다. 이처럼 아이들에게 관심을 가지고 제대로 교육하면 비신자까지도 찾아온다. 현재 드림교회 미취학부인 영·유치부는 영아부, 유치1부, 유치2부로 구성되어 있으며, 매 주일 약 500여 명의 아이가 함께 모여 예배를 드리고 있다.

언젠가 5세 아이가 처음으로 유치부에 출석하게 되었다. 아이는 난생처음 교회에 와서 모든 것이 어색해 당황스러워했다. 선생님이 아이에게 기도하는 법, 찬양하는 법을 친절하게 설명해 주셨다. "선생님처럼 무릎을 꿇고 손을 모으고 눈을 감는 거예요. 기도가 끝나면 '아멘'이라고 말하면 돼요." 아이는 이내 교사를 따라 하며 예배를 드렸다. 그리고 금방 유치부에 적응했고, 이제는 매 주일 빠지지 않고 교회에 출석하고 있다.

그런데 놀라운 것은 부모님이 교회에 다니지 않았다는 것이다. 아이의 가정에서는 일요일이면 일정이 있어 외출해야 하는데, 교회에 다니기 시작한 아이 때문에 곤란을 겪게 되었다. 아이가 무슨 일이 있어도 주일에는 교회에 가야 한다고 고집했던 것이다. 그래서 부모가 매주 아이를 교회에 데려다주면 함께 유치부 예배를 드리게 되었다. 그리고 지금은 교회에 등록해 신앙생활을 함께 하고 있다. 결국, 5세 아이의 믿음이 한 가정을 믿음의 가정으로 변화시킨 것이다.

이것이 바로 영·유치부 아이들의 순수한 믿음이다. 선생님이 가르쳐 준

그대로 스펀지처럼 받아들이는 것이다. 이 시기야말로 신앙 교육을 하기에 가장 좋은 때임을 발견하게 된다.

그러면 어떻게 아이들에게 신앙 교육을 할 것인가? 중요한 것은 아이들의 수준과 연령에 맞게, 그리고 아이들이 흥미롭게 참여할 수 있는 교회교육 환경을 만들어나가는 것이다. 아이들의 눈높이에 맞춘 교육을 제공하는 것이다. 그러면 아이들이 모이고, 부모님들이 관심을 가지고 교회를 찾아온다.

드림교회 유치부, 아이들의 눈높이에 맞춘 예배

아이들은 드림교회 유치부 예배에 한 번 참석하면 또 오고 싶어한다. 유치부 예배의 특별함 때문에 아이들은 큰 기대를 하고 교회에 오고, 모두가 함께 뛰놀며 하나님을 찬양하고 있다.

1. 예배를 위한 준비

드림교회 유치부는, 아이들이 즐겁고 행복하게 예배드릴 수 있도록, 예배팀, 사역팀, 봉사팀, 새가족팀이 운영되고 있다.

1) 예배팀 – 찬양팀 / 성가대 / 음향팀

예배팀에는 찬양팀, 성가대, 음향팀이 있다. 찬양팀과 성가대는, 연초에 오디션을 통해서, 선발된 아이들로 구성되어 있다. 찬양팀과 성가대에 소속된 아이들은, 매주 토요일마다 모여서, 1시간 이상씩 연습을 하고 있다. 그리고 연습한 아이들만 주일에 찬양팀과 성가대로 섬기고 있다. 이를 통해 아이들이 하나님을 예배하는 모습을 배우고 훈련하고 있다. 또 음향팀은, 예배음향과 영상전체를 담당하고 있다. 마이크 상태와 스피커, 예배 자료 등을 예배 전에 반드시 체크하여 최상의 상태에서 예배가 진행될 수 있도록 한다.

사역팀에는 큐맨팀, 챈트팀, 드라마팀 등이 있다. 아이들이 예배에 집중할 수 있도록 분위기를 환기하고, 아이들이 예배 주제를 분명히 기억하도록 돕는 역할을 하고 있다.

2) 사역팀 – 큐맨 / 챈트 / 드라마

큐맨 : 큐맨팀은 설교주제를 알려주는 팀이다. 3~5분 정도 짧은 드라마, 찬양, 동요, 게임 등을 준비해서 오늘의 설교주제가 무엇인지 알려주는 역할을 한다.

챈트 : 챈트팀은 매주 말씀을 랩찬양과 율동으로 함께 외우는 팀이다. 이를 위해 각 주제에 맞는 율동을 만들고, 음악을 찾아 준비해, 아이들이 즐겁게 말씀을 외우며 기억하도록 돕고 있다.

드라마 : 드라마팀은, 한 달의 교육주제를 매월 셋째 주에 드라마로 보여주는 사역을 하고 있다.

이런 사역팀들은, 매주 모여서 다음 주 예배 주제에 맞춰 기획하고 연습하고 있다. 그러면 이런 팀은 누가 할까? 팀마다 팀장은 있지만, 모든 유치부교사가 돌아가며, 매주 준비하고 있다. 재미있는 것은, 20대 대학생 교사부터 70대 권사님 교사까지 나이를 불문하고, 아이들의 눈높이에 맞춰, 즐겁고 재미있게 준비하고 있다.

3) 봉사팀 – 안내팀 / 환경팀

4) 새가족팀 – 3주간 교육(반 연결)

봉사팀에는, 유치부 아이들이 예배실에 왔을 때 맞이하는 안내팀과, 예배실 환경을 준비하는 환경팀이 있다. 특별히 환경팀은, 예배시작 전에, 공과자료와 책상, 아이들이 앉는 예배자리 세팅과 신발장 정리, 공과지와 간식배부 등의, 예배의 모든 환경에

관한 일들을 감당하고 있다. 그런데 여기서 끝나는 것이 아니다. 사역의 디테일함이 필요하다. 더불어 예배실 온도, 냉난방 상황을 반드시 체크해야 한다.

예배실이 너무 덥거나 너무 추우면, 아이들은 집중하지 못한다. 우리 교회 교육관은, 보일러 시스템이다. 그런데 겨울에 춥다고 예배시간 내내 보일러를 켜 놓으면, 어떻게 될까? 유치부 아이들이 가만히 있지를 못한다. 덥다고 몸을 꼬고, 어떤 아이들은 아예 드러눕는 아이들도 생긴다. 그래서 그것을 캐치하고, 아이들이 예배드리기에 가장 적합한 온도, 냉난방을 잘 점검해야 한다. 그래서 최상의 상태에서, 예배를 드리도록 점검하고 준비하고 있다.

드림교회 유치부는 매주 교회를 찾아오는 새가족들이 많이 있다. 매주 거의 2~3명 정도의 새가족들이 등록한다. 그래서 유치부에서는 새가족부에 신경을 많이 쓰고 있다. 유치부는 새친구가 등록하면, 새가족반으로 편성된다. 새가족반 3주 프로그램을 통해 복음에 대해서, 교회에 대해서, 예배에 대해서 설명함으로 교회에 정착할 수 있도록 교육한다. 그리고 새친구는 새가족 교사와 배정될 반교사가 함께 연락해서 챙기고, 교제하고 있다. 감사한 것은, 유치부의 새가족들로 인해 믿지 않던 부모님들도 교회에 등록해, 신앙생활을 하는 경우가 많다는 점이다.

2. 즐거운 예배

유치부는 아이들이 즐겁게 예배를 드릴 수 있도록 최선을 다하고 있다. 이를 위해 아이들이 집중해서 들을 수 있는 설교와 즐겁고 다양한 예배순서를 진행하고 있다.

1) 집중하는 설교

유치부 설교는 어떤 설교라고 생각하는가? 유치부 설교는 유치한 설교인가? 아니다. 유치부 아이들에게도, 성경의 내용을 제대로 전달해야 한다.

왜 예수님이 이 말씀을 하셨는지, 이 말씀이 무엇을 말하는지 정확하게 알려주어야 한다. 그래서 유치부 설교에도, 반드시 논리가 필요하다. 귀납적인 설교를 해야 한다. 다만 아이들 눈높이에 맞추어서, 아이들이 집중할 수 있도록 해야 한다.

이를 위해 유치부 설교는 내러티브 설교를 기본으로, 원포인트의 메시지를 전달하고

자 한다. 그리고 아이들을 집중시키기 위해, 다양한 시도를 하고 있다. 아이들이 좋아하는 캐릭터 옷을 입고 설교하기도 하고, 설교 중간에 퀴즈를 내서, 선물을 주기도 하고, 실험을 통해서, 설교를 진행하기도 한다. 그리고 때로는 아이들이, 직접 설교에 참여할 수 있도록 하고, 게임을 통해서, 다양한 형태를 통해 말씀을 집중해서 들으며, 즐겁게 예배할 수 있도록, 많은 노력을 하고 있다.

캐릭터 설교

즉석퀴즈

실험설교

2) 즐거운 예배순서

그리고 설교만이 아니라 모든 예배가 아이들이 즐겁게 동참할 수 있도록, 다양한 예배순서를 준비하고 있다. 아이들이 즐겁게 함께 하는 찬양, 설교주제를 알리는 큐맨, 즐겁게 말씀을 암송하는 챈트, 한 달 주제를 즐겁게 기억하게 하는 드라마, 매주 재미있게 진행되는 공과, 한 달에 한 번 진행되는 생일파티, 아이들과 함께 뛰며 놀며 하나되는 레크레이션, 새친구들을 마음껏 축복하는 새가족 환영, 주일마다 듣는 설교를 퀴즈 형식으로 풀어보는 골든벨 등 이렇게 아이들이 최대한 즐겁게, 재미있게 예배를 드리며, 하나님을 예배하는 예배자로 세워나가고 있다.

찬양 큐맨 챈트

세상 속으로 전진하는 유년부

1. 사랑하면 일한다

사람을 사랑한다면, 일도 열심히 해야 한다. 자신이 맡은 부서, 우리 아이들, 내 새끼들이 수련회에 가서 재밌게 놀고, 은혜받고 돌아올 수 있도록 하려면 그 부서의 책임자는 부단히 고민해야 한다. '빠진 것은 없나? 아이들에게 뭐가 더 필요할까?' 이런 고민을 하면 자연스럽게 할 일들이 떠오른다. 예수님이 안식일에 병자를 치유하시는 모습을 본 유대인들은 예수님을 박해했다. 이때 예수님이 정말 멋진 말을 하셨다. "내 아버지께서 이제까지 일하시니 나도 일한다" (요 5:17). 예수님은 사람을 사랑하시기에 일하셨다.

드림교회 유년부 교사들은 아이들을 진심으로 사랑한다. 아이들을 사랑하기에 늘 아이들에게 필요한 것을 고민한다. '어떻게 하면 아이들이 예배에 좀 더 집중할 수 있을까?', '어떻게 하면 아이들의 신앙이 자랄까?', '어떻게 하면 아이들이 교회에 오는 것을 재밌어할까?' 고민하니 할 일이 떠오른다. 그렇게 떠오른 생각들을 지금까지 실천해 왔다. 많은 고민을 하기에 할 일이 많다. 하지만 그만큼 아이들은 자신들의 필요를 공급받는다. 아이들을 향한 사랑, 그로 인한 고민, 고민 끝에 떠오르는 일들을 실천한 것이 드림교회 유년부의 가장 큰 성장 비결이다.

2. 철저히 아이들 눈높이에 맞는 예배를 디자인하라

1) 자연스러운 예배의 흐름

아이들은 집중력이 짧다. 대표 기도자가 실수로 마이크를 켜지 않고 기도하면, 그 찰나의 순간에 바로 눈을 뜨는 것이 아이들이다. 기도 후 반주자가 깜박 잊고 후주를 하지 않으면 '뭐지?'라고 생각하며 두리번거리는 것이 아이들이다. 집중력이 짧은 아이들을 예배에 집중시키려면 모든 예배의 순서가 실수 없이 자연스럽게 이어져야 한다.

2) 원 포인트 교육

드림교회 유년부는 원 포인트 교육을 한다. 설교와 공과를 연결해 한 주에 하나의 메시지만 전달한다. 어린이 예배에서 가장 우선돼야 할 것이 바로 설교와 공과를 연결하는 것이다. 설교 시간에는 삼손에 대해 배우고, 공과 시간에는 아브라함에 대해 배운다면? 설교 시간에는 말씀의 중요성에 대해 배우고, 공과 시간에는 전도하라고 배운다면? 과연 아이들이 여러 가지 메시지를 한 주간 기억할 수 있을까? 원 포인트 교육에는 두 가지 방법이 있다. 첫째, 이미 나와 있는 공과 콘텐츠에 설교를 맞추는 방법이다. 둘째, 설교자가 자신의 설교에 맞게 직접 공과를 만드는 방법이다. 드림교회 유년부는 후자의 방법으로 교육한다.

3) 다양한 2부 순서

드림교회 유년부에는 다양한 2부 순서가 있다. 공과 시간을 활용해 '매월 큐티 시상', '매월 생일 파티', '성경 골든벨' 등, 여러 활동이 진행된다. 공과를 통해 말씀을 되새기는 것도 중요하지만, 그리스도 안에서 성도의 교제가 얼마나 기쁘고 즐거운지도 가르쳐 주려고 노력하고 있다.

3. 전도, 아이들이 움직이도록 하라

1) 관계형 전도를 하라

많은 교회가 뿌리기식 전도를 한다. 뿌리기식 전도란 지나가는 아이들에게 선물을 주고 교회를 소개하는 전도 방법이다. 귀하고 값진 일이다. 그러나 전도 축제라는 목표를 가지고 있을 때는 다른 방법으로 전도해야 한다. 오늘날은 뿌리기식 전도로는 열매를 거두기가 쉽지 않다. 드림교회 유년부에서는 항시 학교 앞 심방을 통해 관계형 전도를 한다. 아이들과 지속적으로 만나고 관계를 맺어 '해피데이'와 같은 전도 축제를 기획하고 많은 친구가 교회에 오도록 한다. 방법은 간단하다.

첫째, 전도 전날 담임 교사나 밴드를 통해 아이에게 미리 공지한다. "내일 목사님이랑 선생님이 ㅇㅇ학교 앞으로 갈 거야. 전도할 친구 데리고 목사님을 꼭 만나!"

둘째, 다음 날 약속된 시간에 약속된 장소에서 아이들을 만난다. 그리고 간단한 선물을 주며 교회를 소개하며, 관계를 맺는다.

셋째, 그 다음 주에 같은 시간, 같은 장소에서 다시 그 친구를 만난다. 아이들을 이런 식으로 3회 이상 만나면, 얼굴과 이름을 익힐 수 있다. 이렇게 관계가 형성되면, 전도 축제 당일, 교회에 처음 나오는 아이들이 쭈뼛쭈뼛하지 않고 큰 목소리로 "목사님, 저 왔어요!"라고 말하며 예배실로 들어온다.

2) 정착 방법

새 친구가 교회에 한 번 오는 것도 힘든데, 두 번, 세 번 오는 것은 더 어려운 일이다.

'한 번만 가야지!'하는 마음으로 교회에 오는 친구들이 많고, 부모 역시 '특별한 날이라고 하니까 한 번만 보내야지!'라는 마음으로 보내 주기 때문에, 새 친구를 그다음 주에도 오게 하기란 쉬운 일이 아니다.
따라서 날짜 선정이 중요하다. 가령 어린이 주일 전주에 진행하여 "다음 주는 어린이 주일이야, 다음 주에는 선물도 주고, 콜팝도 먹을 거야!"라고 광고하면, 다음 주에 대해 기대한다. 그리고 주중에 부모님을 심방한다. 이처럼 전도 축제에 이어지는 이벤트를 준비한다면, 새 친구들을 교회에 두 번, 세 번 오게 할 수 있다. 교회에 두 번, 세 번 온 친구는 한 번 온 친구보다 정착률이 훨씬 높다.

4. 부모와의 소통은 필수다

유년부 사역은 부모의 협력 없이 이루어질 수 없다. 제자훈련을 하더라도 부모가 신청을 해줘야 할 수 있고, 성경학교도 부모가 보내줘야 올 수 있다. 매주 예배에 오는 것 역시 마찬가지다. 부모의 협력을 끌어내기 위해서는 부모와 평소에 긴밀하게 소통하는 것이 중요하다. 드림교회 유년부는 부모와 소통하기 위해 여러 가지 노력을 한다.

첫째, '부모와 함께하는 SNS'를 운영한다. SNS를 통해 매주 아이들의 예배 모습을 공유하고, 각종 행사 사진과 공지사항을 전달한다.

둘째, 부모와 함께하는 집회를 매년 두 차례 연다. 상반기에는 특별새벽기도회를, 하반기에는 부흥회를 진행한다. 장년 특별새벽기도회와 부흥회에 참여하는 것이 아니라, 유초만의 특별새벽기도회와 부흥회를 진행한다. 부모와 함께 율동하며 찬양하고, 말씀 듣고, 기도하는 시간은 아이들뿐만 아니라 부모에게도 큰 영적 각성의 자리가 된다.

이외에도 회기 첫 달에 진행하는 학부모데이, 제자훈련 등을 통해 가능하면 부모와 교역자가 만나는 자리를 많이 만들고자 노력한다. 부모와 소통할 때 부모는 부서의 든든한 후원자가 된다.

학교에서 기도하는 초딩들의 이야기, 스쿨처치 〈초등부〉

1. 스쿨처치의 시작

학교에서 기도하는 초딩들의 이야기를 들어 본 적이 있는가? 드림교회 초등부 아이들은 학교에서 자기들끼리 모여 기도 모임을 한다. 아이들을 심방하다가 무심결에 한 아이에게 이런 질문을 했다.

"○ ○야, 너 학교에서 점심시간에 기도하고 밥 먹니?"

아이는 한참을 웃더니 이렇게 대답했다.

"하긴 해요!"

"'하긴 해요'라니? 그게 무슨 뜻이야?"

"하긴 하는데, 뭐 떨어뜨리고 줍는 척하면서 엄청 빠르게 속으로 해요!"

"왜 그렇게 하는데?"

"음, 뭔가 창피해요!"

보니 다른 아이들의 상황도 별반 다르지 않았다. 교회 생활을 열심히 하는 친구들이나, 예배시간에 앞에서 찬양을 인도하는 친구들이나 학교에서 전혀 구별되지 못한 모습으로 살아가고 있었다. '어떻게 하면 이 상황을 돌파할 수 있을까?' 고민하다가 생각한 것이 학교기도모임 '스쿨처치'였다. '아이들이 일주일에 한 번만이라도 학교에서 함께 모여 기도하면, 학교생활이 조금은 달라지지 않을까?'라는 생각에 아이들에게 도전하고 시작했다.

처음에는 지원자가 적었다. 어떤 학교는 지원자가 한 명이었다. 혼자라도 기도하겠다고 했다. 그렇게 한 주가 지나고, 두 주가 지나고, 한 달 만에 80여 명의 아이가 학교기도모임 '스쿨처치'에 동참했다. 8년째 진행 중인 초등부 스쿨처치는 매년 50여 명의 아이가 각 학교에 함께 모여 학교 복음화를 위해 기도하고 있다.

2. 스쿨처치 에피소드

아이들이 스스로 기도하니 은혜가 되지만, 문제도 있다, 어떤 학교는 남자 친구들과 여자 친구들이 다퉜다. 이유는 여자 친구들은 진지하게 예배를 드리고 싶은데, 남자 친구들이 자꾸 장난을 쳤기 때문이었다. 여자 친구들의 항의가 강해서 기도 모임을 남자 반, 여자 반으로 나눠 주었다.

이렇게 해당 학교에는 두 개의 기도모임이 생겼다. 또 어떤 학교는 기도할 장소가 없어 아이들이 운동장이나 복도에 모여 기도하기도 한다.

한 학교는 두 명의 아이들이 교실에서 기도 모임을 하는데, 친구들이 와서, 예배지를 빼앗아 흔들면서 "이제 뭐야? 너희 교회 다녀? 지금 뭐 하는 거야?"라고 비아냥거리며 모임을 방해했다. 그런데 놀라운 것은 놀림을 당했던 초등부 아이의 반응이었다. 후에 부끄럽지 않았냐고 물으니, 전혀 부끄럽지 않았다고 했다. 어찌나 은혜가 되던지!

또 하나의 에피소드를 소개한다. 한 친구가 기도 모임 시간에 늦었다. 그

런데 그날따라 기도의 분위기가 뜨거웠다. '이상하다! 오늘따라 왜 이렇게 뜨겁게 기도하지?' 어색한 마음으로 기도회에 참여했고, 기도회를 마쳤다. 그때 리더가 과자를 꺼내, 친구들에게 나눠 주었다. 상황을 확인하니, 리더가 예배 전에 "우리가 기도하려고 모이는 건데, 기도를 제대로 안 하는 것 같아, 오늘 기도를 제대로 하면 과자를 줄게"라고 했단다. 그 얘기를 듣고 뿌듯한 마음에 얼마나 웃었던지!

스쿨처치 기도 모임을 통해 아이들이 영적으로 많이 성장했다. 이제 친구들 앞에서 믿음을 드러내는 것을 부끄러워하지 않는다. 오히려 "나 교회 다닌다"라고 먼저 공개한다. 그러니 전도도 쉽고, 교회에 관해 이야기하는 것도 자연스럽다. 식사 기도는 기본이다.

3. 스쿨처치의 비전

아이들과 스쿨처치를 시작하면서 하나의 비전을 제시했다. "우리가 마중물이 되자!"라는 것이었다, 마중물이란 펌프질을 할 때 물을 끌어 올리기 위해 위에서 붓는 물이다. 단 한 바가지이지만 마중물을 통해 끌어올려지는 물의 양은 목욕을 하고도 남을 만큼이다. "우리가 시작이 되어 전국 초등학교 아이들이 학교에서 기도하는 꿈을 꾸자!"라고 아이들에게 말했다.

감사하게도 드림교회 초등부 아이들의 이야기를 듣고 초등학교에 기도 모

임을 세우려고 시도하는 교회가 있다는 소식을 들었다.

우리의 신앙 교육은 교회 안에만 머물러서는 안 된다. 아이들의 삶의 현장까지 침투해야 한다. 또래 문화에 민감한 아이들이 친구들 앞에서도 당당하게 기도하고, 자신들의 신앙을 밝힐 수 있는 수준에까지 나가야 한다. 학교기도모임 '스쿨처치'는 우리 아이들에게 당당한 신앙을 갖게 하는 귀한 도구임에 틀림없다.

청소년부 〈제자훈련 편〉

청소년부 사역에 있어서 가장 중요한 것이 무엇이냐고 묻는다면, 단언하건대 '제자훈련'이라고 말할 것이다. 그동안 청소년 사역을 하면서 많은 학생과 좋은 관계를 맺었다. 관계의 힘은 막강하다. 일진도, 일짱도, 심지어 아싸(중심에 있지 않은 학생)도 다 관계를 잘 맺어 교회에 붙어 있게 할 수 있었다. 그런데 관계는 관계일 뿐이었다. 학생들이 많아지고, 잘 챙겨 주었던 학생들은 전보다 조금 덜 챙겨 주자 학생들이 떨어져 나갔다. 또한, 아무리 학생들과 목사의 관계가 좋다 할지라도 영적인 양육이 들어가지 않았을 때는 그 아이들의 성장을 결코 볼 수 없었다.

제자훈련은 학생들을 성장시키는 최고의 무기다. 따라서 청소년부가 강력해지기를 원한다면 제자훈련이 최고의 방법이다. 그런데 제자훈련은 일방적으로 진행되어서는 안 된다. 학생들이 원하는 제자훈련, 학생들이 필요로 하는 제자훈련, 학생들과 소통할 수 있는 제자훈련이 될 때 효과를 발휘한다.

1. 소통하는 제자훈련이란?

보통 양육이나 제자훈련을 한다고 하면 어떠한 교재를 사용하냐는 질문을 가장 많이 받는다. 왜냐하면, 보통 '제자훈련=성경 공부'라고 생각하기 때문이다. 물론 제자훈련은 성경 공부를 포함하지만, 훨씬 그 이상의 것이어야 한다. 그래서 드림교회 제자훈련은 교역자가 홀로 분투하는 일방적인 성경 공부 프로그램이 결코 아니다. 학생들이 자발적으로 참여하고 움직이는 제자훈련을 실천하고 있다.

1) 삶을 터치한다

청소년부 제자훈련 프로그램 안에는 생활 계획표 작성이 들어가 있다. 첫 시간이 되면, 어김없이 매일 삶을 어떻게 살지를 정하고 생활 계획표를 작성한다. 담당 교사는 이 계획표를 보면서 학생의 삶에 관여하게 된다. 과연 학생이 어떠한 생각으로, 어떻게 살고 있는지에 대해 진지하게 고민하면서 학생과 대화를 나눈다.

2) 매일 영성에 중심축을 둔다

제자훈련 기간에 학생들이 해야 하는 것은 매일 개인 영성 체크다. 하루에 읽어야 할 성경의 분량이 있고, 매일 해야 할 큐티가 있고, 매일 일정 시간 해야 하는 기도가 있으며, 매일 한 구절 이상 성경을 암송해야 한다. 또한, 새벽 예배 등, 공예배에도 참석해야 한다. 그러면 결국 개인의 매일 영성에 집중하게 된다. 담당 교사는 제자훈련 시간마다 이 부분을 매우 진지하게 확인한다.

3) 나눔을 강조한다

제자훈련은 교사의 일방적인 가르침에 의해서 2시간이 채워지지 않는다. 교사가 가르치는 시간은 채 한 시간도 되지 않고, 나머지 시간에 학생들이 자발적으로 대화를 나눈다. 우선은 일주일간의 삶 속에서 만났던 하나님을 나누고, 큐티를 통해서 하나님이 주신 말씀을 나눈다. 성경 공부 시간도 함께 느끼고 생각한 것을 나누는 식으로 진행된다.

4) 자발적인 참여가 이루어지도록 한다

청소년부 제자훈련 프로그램은 누구도 강요하지 않는다. 많은 경우 자발성의 원칙에 의해서 학생들이 참여하고 있다. 무료도 아니다. 본인의 교재비는 스스로 부담해야 한다. 그런데도 매번 120명 이상의 학생들이 참여하고 80% 이상의 학생들이 수료한다.

5) 사역과 연관시킨다

드림교회 청소년부의 가장 큰 특징은 봉사하는 학생들이 제자훈련에서 탈락하면 언제든지 사역도 그만둬야 한다는 것이다. 쉽게 말하면 훈련 없는 봉사자를 만들어 내지 않고 있다.

그간 많은 교회에서는 이른바 끼 있고, 활발하고, 리더십 있는 아이들을 무조건 봉사자로 세웠다. 그런데 심지어 교회 임원까지 했던 학생들과 찬양 인도자들조차도 나중에 교회를 떠나는 사태가 벌어졌다. 잘못되어도 한참 잘못되었다. 드림교회 청소년부에서는 아무리 찬양을 잘 인도해도, 아무리 반주를 잘해도 양육에서 탈락하면 모든 사역을 내려놓아야 한다. 그렇다 보니 학생들의 영적 내성이 강해질 수밖에 없다.

2. 청소년부 제자훈련 프로그램 진행 상황

드림교회 청소년부 제자훈련 프로그램은 성경 공부라는 개념보다는 매일 기도하는 법, 매일 성경 읽는 법, 매일 큐티하는 법, 매일 암송하는 법 등을 먼저 충분히 가르치고, 이러한 영적 활동을 매일 실천할 수 있도록 도와준다. 그리고 토요일이나 주일 모임 시간에는 일주일간의 영적 활동을 점검하고 주어진 교재로 성경 공부를 한다. 보통 제자훈련 기간은 6주이며, 1년에 4회 진행된다. 중학교에 입학하면 고등학교를 졸업할 때까지 계속해서 제자훈련 프로그램에 참석하게끔 격려한다.

처음 드림교회에서 '제자훈련'을 할 때 재미난 일들이 생겨났다.

첫째, 제자훈련을 수료한 학생들 사이에서 제자훈련에 대한 긍정적인 이야기가 입소문을 타고 퍼졌다. 학생들의 주된 평은 "조금 힘들긴 하지만, 재미있었고 유익했다"라는 것이었다. 학생들이 처음 경험한 제자훈련을 주일에 수많은 사람이 한자리에 모여서 예배드리고, 흩어져서 분반 공부를 하는 것과는 비교가 되지 않을 정도로 수준 높은 모임이었다. 한번 훈련이 시작되면 보통 2시간 정도 진행되었는데, 전혀 지루하지 않았고 갈수록 학생들이 흥미를 느끼면서 서로의 것을 많이 나누는 부담 없는 시간이 되었다. 그러면서 기도와 말씀의 훈련이 병행되었기 때문에 학생들의 호응이 무척 좋은 편이었다.

둘째, 제자훈련을 경험한 학생들의 부모들이 한결같이 매우 좋아했다. 제자훈련을 수료한 학생들의 부모들은 필자를 만나면 감사하다고 몇 번을 이야기했다. 과거 방학이면 매일 늦잠이나 자고 컴퓨터 게임에 몰입하던 녀석들이 일어나자마자 방에서 큐티를 하고, 성경 말씀을 읽고, 암송하고, 신앙서적을 읽은 후 독후감을 쓰고, 기도하는 모습을 본 부모들은 큰 감동을 받았다. 그간 자녀들의 게으른 모습만 보다 영적으로 변화되고 성숙한 모습을 보면서 서로 자녀들에게 제자훈련 추천하기 운동이 벌어졌다.

제자훈련 1단계에 50명의 학생이 신청했는데, 다음에는 70~80명, 나중에는 무려 130명이 넘는 학생들이 등록해서 큰 고민에 빠진 적이 있었다. 인도할 교사가 부족하고, 12개의 반이 양육 받을 만한 공간이 부족해서였다. 매우 행복한 고민이었다. 이후 기도하는 가운데 하나님이 모든 필요를 채워 주셨다. 지금은 제자훈련반이 보통 18개 운영되고 있다. 담당 교사만 18명이고, 주로 토요일 오후 시간과 주일 이른 아침 시간을 이용해 반을 나눠서 단계별로 진행하고 있다.

3. 제자훈련의 결과

첫째, 토요일이면 교회에 아이들이 넘친다. 제자훈련을 받기 위해서 150명이 넘는 아이들이 교회에서 북적댄다. 보통은 학원에 가 있을 시간인데, 제자훈련에 시간을 헌신한 것이다.

둘째, 기도와 말씀의 생활화다. 학교에서 큐티 책을 먼저 편다. 수학여행을 가도 큐티를 한다. 야간 자율 학습이 끝난 뒤 기도로 마무리하는 학생들이 많아졌다.

셋째, 많은 학생의 우선순위가 바뀌었다. 1년에 4회 진행되는 제자훈련에 참여하기 위해서는 많은 헌신이 필요하다. 토요일에 학원에 가는 것이나 과외를 받는 시간이 제자훈련 시간과 겹치지 않아야 한다. 가족 여행을 가더라도 제자훈련 기간에 가서는 안 된다. 친구들을 만나 놀고 싶어도 나중으로 미뤄야 한다. 그러나 학생 대부분이 주말이면 개인 공부하는 시간을 제외하고는 훈련에 집중하고 있다.

넷째, 청소년부의 체질 개선이다. 이 부분이 가장 강력한 결과라고 생각한다. 제자훈련을 받은 아이들이 영적으로 강해졌고, 그들이 봉사하고 섬기자 공동체가 더욱더 강해졌다. 양육을 통해서 진정한 믿음이 생기기 시작하면서 웬만한 시험에 흔들리지 않는 강력한 공동체가 만들어진 것이다.

다섯째, 청소년부가 전반적으로 영적으로 뜨거워졌다. 제자훈련에 참여하는 학생들이 청소년부의 중심 세력이 되어서 수련회와 학교 기도회 등 모든 행사의 주축이 되었다. 그들이 영적 구심점 역할을 해주고 있다.

* 자료 1: 제자훈련 진행 방식

- 환영 및 인사(2분)
- 성경 암송 점검(10분: 2분 연습 시간, 8분 점검 시간)
- 일주일간 영성표 작성 및 제출(5분)
- 아이스 브레이크(10분)
- 큐티 나눔(20분, 모두 참여를 원칙으로 함)
- 성경 공부(40분, 대화식으로)

* 자료 2: 제자훈련반 운영 요일

- **토요 제자훈련(10개 반)**

① 1단계: 오전 10시, 오후 2시
② 2~8단계: 오후 2시
③ 드림하이반(5개 반): 오후 2시

- **주일반(2개반): 토요제자훈련이 불가능한 반**

① 1시 30분, 3시 30분

- **제자반 가능 대상자**

① 구원의 확신이 있는 자
② 예배 정기 출석자
③ 성경 공부 참석자, 성경 암송 경험자, 큐티 경험자
④ 훈련기간 내 성실히 숙제할 수 있는 자
⑤ 사역팀 봉사를 위한 필수 코스

- **커리큐럼 소개**

① 1년에 4회에 걸쳐서 진행함(학기중 2회, 방학 중 2회)
② 각 단계를 이수해야 상위 단계로 진급 가능
③ 1~8단계까지 있음, 그 이후는 드림하이반

- **제자훈련 교재**

① 제자훈련 시리즈 1,2,3,4(고신대 출판부)
② KIWWY 청소년 성경공부 시리즈(좋은씨앗)

드림교회 청년부 Group Bible Study 소개

7년 차 커리큘럼으로 이루어진 GBS

1) 군산드림교회 청년부 개요

드림교회 청년부는 20세 이상(미혼) 크리스천 청년들이 모인 신앙의 공동체로서 말씀과 교제와 삶을 통해서 교회와 세상 속에서 온전한 그리스도의 제자를 꿈꾸고 있다.

2) 청년부의 3대 강조점

① **예배**: 청년 예배
② **영성**: GBS / 비전기도회
③ **교제**: 목장모임 / 또래모임 / 캠퍼스모임

3) 커리큘럼의 목표

① **신앙의 형성**: 믿음이 없는 자연인에게 예수 그리스도를 소개함으로써 신앙인으로 변화시키는 것이 1차 목표이다. 여기에는 1단계 회심의 교육이 필요하고, 2단계 양육의 교육이 필요하고, 3단계 치유의 교육이 필요하다.

② **기독교 세계관의 형성**: 과거에는 세속의 가치관과 의식 속에서 사로잡혀 있었던 청년들에게 예수 그리스도 안에서 바른 가치관과 인생관을 세워준다. 온전한 기독교 세계관을 가지고서 캠퍼스와 직장에서의 삶을 영위하게 하는 것이 2차 목표이다.

③ **비전의 형성**: 확립된 기독교 세계관을 바탕으로 하여서 하나님께서 원하시는 인생의 길을 꿈꾸고 준비하게 하는 것이 3차 목표이다. 어떠한 방향과 목표를 가지고 사는 것이 예수 그리스도의 제자의 삶인지에 대해서 깊은 고민을 하면서 온전한 비전을 꿈꾸게 하는데 그 목표가 있다.

4) 커리큘럼의 3가지 영역

① **성경과 신학**: 기독교의 가장 기본이 되는 신론, 기독론, 인간론, 죄론, 종말론, 성령론 등을 온전히 이해하여서 건전한 신학의 바탕 위에서 건전한 신앙생활을 영위토록 한다.

② **기독교 사상 및 세계관**: 기독교 세계관 교육을 통해서 청년들에게 온전한 성경적 가치관을 심어주며, 제자도, 공동체, 예배, 리더십 등에 대해서 성경적 밑바탕을 만들어 주도록 한다.
③ **크리스천의 삶**: 청년들의 삶에 직접적으로 연관이 큰 이성 교제, 소명 및 직업관, 내면 성찰, 우선순위, 영적 성장 등에 대해서 성경적인 가이드를 제시해 줌으로써 삶으로 믿음을 보이도록 한다.

5) 커리큘럼의 기간 및 진행 방향

학제는 1년을 3학기로 운영하며, 분기별로 성경과 신학, 기독교 사상 및 세계관, 크리스천의 삶의 강의를 하나씩 듣도록 한다. 전체 커리큘럼은 7년간 이어지게 되며, 총 18개 과목으로 구성이 돼 있다. 과목 이수는 그 학기의 출석 일수의 3/4 이상을 원칙으로 한다.

6) 과목 정리

성경과 신학

주제	주교재
창세기1,2 (신론, 인간론)	High 창세기, 프리셉트 /12과, 10과
요한복음1,2 (기독론)	요한복음, IVP /13과, 13과
갈라디아서 (구원론)	Best 갈라디아서, 프리셉트 /15과
에베소서 (교회론)	함께 지어져 가느니라, SFC /9과
사도행전1,2 (성령론, 선교)	사도행전, IVP /12과, 12과
요한계시록 (종말론)	요한계시록1 프리셉트 / 12과
하나님 나라 (복음의 기초)	복음의 기초, 한책의 사람 / 10과

기독교 사상 및 세계관

주제	주교재
우선순위	하나님 마음에 합한 소원, 프리셉트 /12과
물질관	하나님 마음에 합한 재정, 프리셉트 /12과
제자도	베드로의 일생, IVP /10과
소명 및 직업관	일, IVP /6과
성(性)	성 그 끝없는 유혹, 프리셉트 /11과

주제	주교재
예배	예배, 프리셉트 /10과
내면 성찰	자존감, IVP /9과
기도	마음의 기도, IVP /12과
리더십	일어나 성벽을 건축하자, SFC /11과
전도	하나님 마음에 합한 전도, 프리셉트 /12과
영적 성장	이 복음을 위하여, SFC /9과

7) 7년 커리큘럼

년차	1학기	2학기	3학기
1	우선순위 (하나님 마음에 합한 소원, 프리셉트 / 12과)	창세기 I (High 창세기 I , 프리셉트 / 12과)	창세기 II (High 창세기 II , 프리셉트 / 10과)
2	영적성장 (이 복음을 위하여, SFC / 9과)	갈라디아서 (Best 갈라디아서, 프리셉트 / 15과)	성(性) (성 그 끝없는 유혹, 프리셉트 / 11과)
3	리더십 (일어나 성벽을 건축하자, SFC / 11과)	하나님 나라 (복음의 기초 / 10과)	요한계시록 (요한계시록1 프리셉트 / 12과)
4	기도 (마음의 기도, IVP / 12과)	에베소서 (함께 지어져 가느니라, SFC / 9과)	물질관 (하나님 마음에 합한 재정, 프리셉트 / 12과)
5	소명 및 직업관 (일, IVP / 6과)	요한복음 I (요한복음 I , IVP / 13과)	요한복음 II (요한복음 II , IVP / 13과)
6	내면성찰 (자존감, IVP / 9과)	제자도 (베드로의 일생, IVP / 10과)	전도 (하나님 마음에 합한 전도, 프리셉트 / 12과)
7	예배 (예배, 프리셉트 / 10과)	사도행전 I (사도행전 I , IVP / 12과)	사도행전 II (사도행전 II , IVP / 12과)

8) 리더 GBS 모임, 목장 GBS 모임

목장 GBS모임을 하기 위해서 리더들이 매주 모여서 리더 GBS 모임을 가지고 있다. 신학적으로 성경적으로 조금 더 깊이 있는 지식들을 나누며 삶의 이야기들도 함께 나누고 있다.

삶의 이야기는 리더 안에 엘더들을 세워서 엘더들과 함께 리더들을 조로 나누어져 GBS모임을 하기 전에 모임을 가진다. 먼저 엘더들과 교역자는 정기적으로 모여서

LED(Leader & Elder Date)의 주제를 정하거나 우리 청년공동체가 처해 있는 상황을 나누고 리더들에게 나누어야 할 주제들을 정한다. 그리고 본격적으로 리더 GBS모임을 가진다. 또한 마무리 모임으로 주일에 목장 GBS를 마치고 난 이후에 리더 모임을 한번 더 가짐으로 각 목장의 목원들과 리더들의 안부를 묻고 기도하는 시간을 가진다.

※모임시간: 매주 토요일 오전 9시 30분 – 11시 : 리더 GBS모임, 11시 – 12시 : LED모임

GBS

특송 (목장별)

리더모임(합심기도, 말씀나눔)

목장별 게임(GBS대체 및 2부 순서)

혜성교회

THE CHURCH WILL LIVE
WHEN THE NEXT GENERATION
LIVES

담임목사	정명호 목사
교회연락처	02-763-0191(FAX 02-765-1024)
주소	서울시 종로구 혜화로 6길 80
홈페이지	www.hyesung.or.kr

혜성교회 교육 사역과
코로나19 이후 다음 세대 교육의 방향

Ⅰ. 혜성교회 다음 세대 교육의 여정

2020년으로 혜성교회는 설립 72주년을 맞는 전통적인 교회이다. 2005년 봄, 제6대 담임으로 정명호 목사가 부임한 이래 성도들에 대한 훈련 목회에 대한 강조와 함께 다음 세대 교육에 남다른 노력을 기울여 왔다. 다음 세대 교육을 위한 방향성이라고 함은, 첫째, 교회교육을 목회적 관점에서 접근하기보다 교육적 관점으로 접근한 것이다. 둘째, 가정과 협력하는 교육문화를 만들어가려고 노력하고 있다. 셋째, 주일학교 이외에 주중의 교육 활동과 교육기관(기독유아학교 한아름 유치원, 기독청소년공부방 러빙스쿨, 기독대안학교 이야기학교)을 설립하였다. 이 글은 그 여정을 간략히 설명하고, 현재 진행 중인 교육 활동들을 소개한 후, 앞으로의 다음 세대 교육 방향을 제안하도록 하겠다.

먼저 혜성교회의 다음 세대 교육 사역에서는 담임목사의 교육학적 이해와 관심, 그리고 실제적인 조력의 영향이 매우 크다. 다음 세대 교육에 있어서 가장 우선하는 요건을 갖춘 것이다.

두 번째는 다음 세대 교육을 위한 핵심 리더들과 팀을 세우는 데 힘써 왔는데, 이야기학교 교장(16년 차), 영아~유치부 담당 교육 디렉터(15년 차), 초등부와 전체 교육팀 디렉터(9년 차)가 주축이 되고 있다. 전문 사역자들이 장기적인 방향성 안에서 사역을 이끌어갈 수 있는 환경을 제공하고, 이들이 성장할 수 있도록 교육연수와 각종 탐방을 지원해왔다.

세 번째는 다음 세대 교육을 위한 다양한 교육실험을 할 수 있도록 공간을 준다는 것이다. 새로운 계획이 수립되면 그것을 실행할 수 있도록 여지를 준다. 네 번째는 교사들의 헌신도가 높다는 것이다. 교사들은 변화를 수용하고 함께 사역을 만들어가는 일에 기꺼이 동참해왔다.

교육팀이 2005년부터 우선하여 주목한 것은 통계자료였다. 앞으로 10년 사이 초중고 학령인구 100만 명이 줄어든다는 인구통계였다. 이것은 자녀 출산의 감소가 가져올 가족 변화의 당연한 귀결이었다. 이때부터 교육을 연구하고 전략을 수립하면서 2012년에 ① 주일학교 교육에 있어서 목양적 관점에서 교육적 관점으로의 전환, ② 교회와 가정의 연계, ③ 주일과 주중교육 이라는 3가지 방향을 구체화하고, 1년마다 한 가지씩 중점적으로 사역을 만들어 왔다.

학령인구의 감소로 인해 주일학교 전도의 어려움, 소수의 자녀로 인한 가족 단위 생활의 강화, 반기독교 정서의 확산으로 복음을 바로 제시하는 것이 어려울 것이라는 점도 고려했다. 구도심의 막다른 언덕길 꼭대기에 있는 교회의 위치에 대한 핸디캡을 극복하기 위해 지역사회에 혜성교회를 알리게 할 사역도 필요했다. 이를 위해 매년 5월 5일 어린이날 "우리들 세상"이라는 어린이 축제를 개최하는 것이었다. 2019년 통계를 볼 때 자원봉사자까지 약 5,000명이 넘는 사람들이 가족 단위로 참여하였다.

이러한 노력의 결과는 통계에서 나타난다. 혜성교회는 모든 상황을 정확하게 이해하기 위해 기초 통계를 중요하게 관리한다. 2012년부터 2019년까지 학령인구 감소와 주일학교(0~19세) 출석 통계 그래프를 비교해 보면 학령인구 감소에도 불구하고 주일학교는 꾸준히 성장하고 있음을 볼 수 있다.

2016년 이후 조금씩 하강하는 것은 2017년부터 앞으로 10년 동안 150만 명의 초중고생이 감소한다는 통계를 참작하여 평가할 때 쇠퇴가 아니라 성장이라고 바라볼 필요가 있다. 한국 사회와 함께 혜성교회 역시 학령인구 감소의 여파를 피해갈 수 없다고 판단하면서도 여전히 다음 세대에게서의 복음의 돌파를 꿈꾸고 있다.

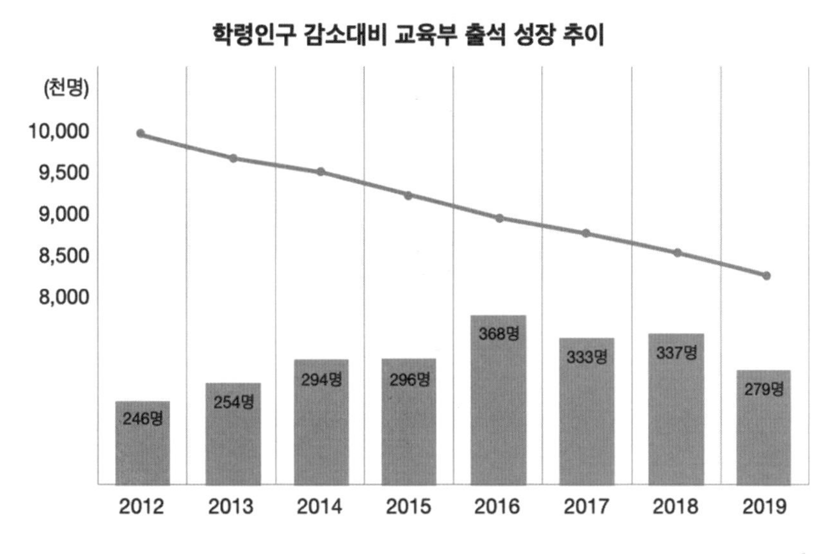

※ 선: 초중고 학령인구 추이

※ 그래프: 혜성교회 주일학교(0~19세) 연평균 출석률

II. 가정을 세우고 지역을 섬기는 다음 세대 교육

혜성교회 교육팀은 교육의 방향성을 추구하면서 단계적인 실천의 바탕부터 쌓아가는 교육 활동에 주력해 왔다. 각 주일학교 부서의 활동만으로는 교회 전체의 교육적 문화를 만들어가기에는 역부족이기 때문이다. 전 교회적인 다음 세대 교육 사역은 다음과 같다.

1. 교사 - 부모 가족대회

지속적인 교회와 가정의 신앙연계의 중요성을 일깨우는 시간이다. 매년 2월 교회와 가정연계를 주제로 모든 교사와 부모가 참석하여 신앙교육을 위한 교회의 방향성을 공유하고, 자녀양육과 신앙교육의 책임이 부모에게 있음을 일깨워주고 다짐한다.
진행순서는 교사와 부모가 강의를 듣고, 자녀의 신앙교육을 다짐하는 선언식을 통해 기도, 선언문 낭독, 서명하고 이후에는 부서별 교사와 부모의 만남으로 구체적인 부서의 교육방향을 공유하는 시간을 갖는다.

2. 전세대 예배

2012년부터 시작한 전 세대 예배는 가정의 소중함을 신앙 안에서 세우고 점검하기 위한 예배로 매년 5월 어린이 주일에 드려지며, 온 세대가 함께 예배를 드리는 세대 통합예배의 형식으로 진행된다. 이날은 부서별로 흩어진 가족들이 가족석으로 모여 주일 대예배 시간에 본당에서 함께 예배를 드리게 된다. 찬양도 기존 찬양팀이 아닌 모든 부서와 다양한 연령, 혹은 가족으로 구성된 찬양팀을 조직하여 함께 찬양하고, 설교도 담임목사가 아닌 부서 사역자가 스토리텔링의 형식으로 모든 세대가 함께 들을 수 있는 메시지를 전한다.

3. 우리들 세상

혜성교회는 매년 5월 5일 어린이날 "우리들 세상"이라는 이름으로 교회가 아이들과 가정을 위한 놀이터를 제공하고 있다. 인근 중·고등학교 운동장 전체를 활용하여 거대한 규모의 에어바운스와 놀이기구를 설치하고, 여러 가지 부스를 꾸며 놀이동산을 만들어준다. 꾸며지는 부스는 다음과 같다.

- **놀이마당**: 낚시게임, 야구게임, 전통놀이 등, 다양한 놀이 활동
- **이벤트마당**: 가족사진촬영, 인형 탈, 막대풍선, 그림 그리기 대회 등, 추억을 만드는 활동
- **먹거리마당**: 지역 푸드트럭과 연계한 상생하는 먹거리 부스
- **공연마당**: 어린이 뮤지컬, 어린이 벨리댄스, 퍼레이드 등, 문화활동 공유와 볼거리 제공
- **체험마당**: 팔찌 만들기, 마법종이체험, 컬러비즈 체험 등, 다양한 경험의 장소
- **나눔마당**: 어린이 벼룩시장, 나눔 바자회를 통한 참여하는 나눔 행사

우리들 세상은 시초에 어린이 주일에 교회가 아이들과 가정을 섬기기 위한 교육부서의 행사로 시작하였다. 지금은 구청이 후원하는 지역사회 어린이 축제로 발전하여, 봉사자 포함 5,000명 내외가 참석하는 거대한 규모의 행사가 되었다. 혜성교회라는 이름을 전면에 드러내거나 전도지를 나누어 주지는 않지만, 봉사자들의 조끼에 새겨진 이름으로 교회를 알게 되고, 봉사자들의 미소와 친절을 통해 혜성교회가 가진 어린이들을 향한 관심과 마음을 느끼고 신뢰를 주게 된다.

4. 교육기도주간

가정의 달을 맞이하여 온 교회가 다음 세대를 위해 함께 기도하는 주간이다. 주중학교(기독대안학교 이야기학교, 기독유아학교 한아름 유치원, 기독청소년공부방 러빙스쿨)

와 주일학교의 모든 부서가 함께 기도 제목을 내고 요일별로 정리하여 함께 기도 제목을 두고 기도한다. 새벽에, 야간에, 이 주간은 온 교회가 함께 다음 세대를 위해 집중적으로 기도한다. 교육기도주간을 통하여 성도는 다음 세대의 중요성을 알게 되고 기도의 제목들을 알게 된다. 이 기간을 통하여 주중학교의 설립 기념 예배도 함께 진행한다.

5. 패밀리 타임(Family Time)

신앙교육의 건강한 문화를 만드는 문화 운동인 '좋은 씨앗 뿌리기'(Sow the good seed) 운동의 일환으로 진행되는 프로그램이다. 《바이블 타임》이라는 성경 읽기 교재를 활용하여서 가정에서 함께 한 말씀을 나누고 교제하는 시간을 가지는 프로그램이다. 단순히 성경을 읽는 것에 그치지 않고 가정에서 부모와 자녀가 함께 말씀을 주제로 교제하며 이야기하는 시간을 강조하며, 신앙교육의 핵심으로 제시한다. 연말에 신청을 받아 부서별로 진행하며 5월 전 세대 예배와 12월 수료예배를 통하여 모범 가정의 모습을 찍어 공유하고, 우수 가정을 시상하는 것으로 지속적인 격려를 하고 있다.

6. 아빠와 함께하는 아기학교(놀이를 활용한 주중 신앙교육 프로그램)

평소에 직장생활과 바쁜 일과로 자녀와 놀이하는 시간을 갖지 못하는 아빠들이 자녀와 함께 자유롭게 놀고, 성경 이야기를 듣고, 자녀를 지지해주며 자녀와 신체활동을 하면서 온몸으로 사랑을 키워가는 프로그램이다.

1) 대상

3~5세의 어린이와 아빠(아빠가 안 될 경우 보호자 1인)

2) 교육 기간 및 회비

- 봄학기 : 3월 둘째 주 ~ 6월 초, 8주간, 회비 50,000원.
- 가을학기 : 9월 둘째 주 ~ 11월 초, 8주간, 회비 50,000원.
- 매주 토요일 10시 30분 ~ 12시 30분 진행.

3) 장소

유치부실 : 어린이 25명과 아빠(보호자 1인)교사 10명을 포함하여 60명이 여유롭게 활동할 수 있는 장소

4) 교육 활동

자유선택놀이(10:30~11:00), 노래와 율동(11:00~11:10), 예배(11:10~11:30), 유아체육 활동과 오감 체험활동(11:30~12:10), 간식과 부모교육(12:10~12:30) 그리고, 학기별로 봄학기에는 딸기농장체험활동과 가을학기에는 숲속 체험활동이 있다.

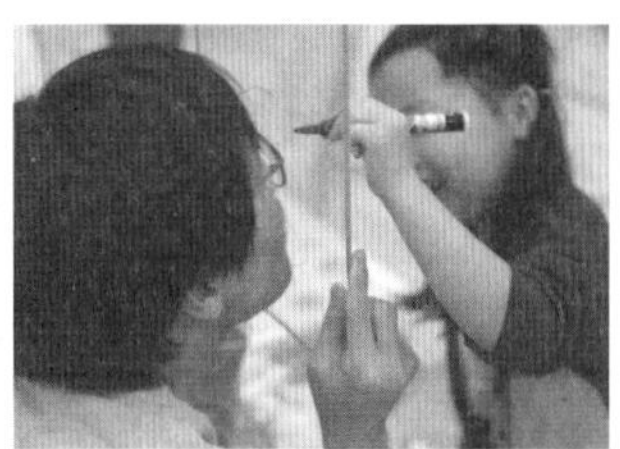

7. 마더 와이즈(Mother Wise)

매일 규칙적으로 성경말씀을 공부하며 경건의 삶을 훈련하고 가정에 대한 실제적인 지혜를 배운다(성경공부). 삶의 다양한 부분에서 여성들이 서로를 멘토링하며 사랑으로 품고 가르치며 격려한다(멘토링). 여성들이 소그룹에서 연합을 이루어 서로의 가정을 위해 중보기도 한다(중보기도). 1년에 2회, 화요일, 10:30~13:00에 진행한다. 교재는 지혜편, 회복편, 자유편, 총 3권을 구매하여 사용한다.

8. 기도하는 엄마들(MIP-Mother's In Prayer)

두세 명의 엄마들이 매주 1회 1시간 정기적으로 모여서 MIP 기도의 방식대로 자녀와 자녀의 학교를 위해 대화식으로 합심하여 기도한다. MIP 기도 특징은 1) 대화식 합심기도(짧고 단순한 언어로 구체적으로 기도), 2) 말씀기도(성경말씀을 묵상하고 그 말씀

에 근거하여 기도), 3) 4단계 기도(찬양-고백-감사-중보)이다. 교재는 기도일지 1, 2, 3, 4, 총 4권을 단계별로 구매하여 사용한다.

9. 어와나(Awana)

학기제로 운영되며 매주 금요일 저녁에 운영하는 어와나 클럽은 말씀을 바탕으로 한 활동으로 유년초등부가 속한 학동기의 특징에 잘 어울리는 활동이다. 게임, 말씀암송, 교제와 시상으로 구성된 어와나 프로그램은 게임을 통해 에너지를 발산하고 규칙과 권위에 순종하는 법을 배우며, 기본적인 교리로 구성된 핸드북을 암송하며 토론하고, 시상을 통해 동기를 부여한다. 혜성교회 어와나에서는 매월 마지막 시간을 특별한 테마로 진행하는 '테마 데이(Thema Day)'로 정하고 진행한다. 파자마를 입고 오는 '파자마 데이', 야광으로 게임을 하는 '야광 데이' 등, 아이들이 흥미 있게 참여할 수 있도록 선정하여 교육적 효과를 극대화하고 있다.

10. 총신대학교 기독교교육과와 함께하는 교육훈련장학생 훈련

혜성교회는 2015년부터 총신대학교 기독교교육과 학생을 추천받고, 혜성교회 청년부 내 교육관련 학과 학생을 선발하고 있다. 교육훈련생은 매년 3월부터 12월까지 10개월 동안 혜성교회 6개의 교육부서를 1개월씩 체험한다. 그리고 비전반에 참가하여 담임목사의 목회철학을 듣고, 매월 1회 이야기학교 교장을 통해 기독교교육을 배운다. 각 부서를 체험할 때에 부서 사역자는 사역계획서를 설명하고 부서 운용에 대하여 매주 토요일 가르치는 시간을 갖는다. 사역자들은 "작은 담임목사님이 방문한 것 같다"는 부담감을 말하면서도 오히려 자신의 사역을 객관화시킬 수 있고, 사역을 성장시켜야 하는 건강함으로 소화하고 있다.

11. 매월 교육팀 교육스터디

초기 교육디렉터였고, 현재 이야기학교 교장과 함께 매월 1회 주일 오후에 교육부서 상황에 대한 슈퍼비전 혹은 기독교교육에 대한 스터디를 진행한다. 2019년에는 혜성교회 교육이 가정에 중심을 두어야 한다는 내용을 주로 다루었고, 2020년 현재는 코로나19 이후 교회교육의 대응에 대한 내용을 이야기하고 있다.
일반적으로 교육 사역자들은 훈련받을 기회와 문제를 같이 논의하고 해결해 나갈 동료가 없다. 사실 교육부를 맡은 사역자들은 전문가가 아니라 현재 배우고 있는 학생이다. 전임사역자를 세울 여력이 없다면, 세워진 사역자들을 성장시켜나갈 방안이 필요하다.

12. 상하반기 사역 점검

교육은 평가를 통해 성장할 수 있다. 우선 자체적인 교육팀 내부의 피드백 시간이 있다. 초기에는 1박 2일 M.T를 하면서 사역 전체를 점검하였다. 현재는 전체 목회자가 모여 상하반기 평가와 계획을 보고하고 토론하는 시간을 정기적으로 갖는다.

Ⅲ. 교육철학과 방향에 따른 부서별 교육활동

혜성교회 주일학교는 신앙 연령별 발달단계에 따른 '키워드'(핵심단어)를 중심으로 교육과정을 설계하였다. 시중에 나와 있는 모든 공과를 주제별로 분석하여 부서별 발달단계에 따라 어떤 공과를 활용할 것인지 결정하였다. 특히 예배와 공과의 원포인트 주제 연결, 주일학교와 가정의 연계에 대한 방법들을 꾸준히 찾아왔다. 전도전략도 연령별 특성에 맞는 방안을 개발해 왔다.

1. 영아부(Wonder-경이로움과 신뢰)

이 시기의 어린이는 주 양육자인 부모의 돌봄을 통해 신뢰감을 형성한다. 이 신뢰감은 생의 후기에 맺게 되는 모든 사회관계에서의 성공적인 적응과 밀접한 관련이 있고, 후에 하나님의 사랑을 신뢰하고 신앙의 결단을 고백하게 되는데 근본이 된다. 그래서 부모교육을 통해 부모가 바로 설 수 있도록 돕는 것이 중요한 사역이 된다. 그리고 교회와 가정이 연계되는 것이 필요하다.

1) 부모교육

영아시기에 부모의 영향은 지대하다. 그러나 성경적인 자녀관을 가지고 있는 부모는 극히 드물다. 부모교육을 통해 성경적인 자녀관을 갖게 하고, 신앙교육의 주체로서 가정에서 어떻게 신앙교육을 하고 양육해야 하는지에 대해 배우고 함께 고민하는 시간을 가져야 한다.

2) SNS를 활용하여 가정과 연계하기

① 영아부 주일 찬양 영상과 설교 영상을 매주 촬영하여 영아부 밴드와 각반 카톡방에 올려 각 가정과 공유한다.

② 각 가정에서 패밀리 타임(부모가 자녀에게 성경 읽어주는 활동)을 할 수 있도록 책과 읽는 본문을 공유한다.

3) 엄마 나들이

건강한 부모가 건강한 아이를 만든다. 육아를 담당하느라 개인 시간을 갖지 못하는 엄마들에게 잠시 육아의 부담을 내려놓고 자유시간이 필요하다. 1년에 2회, 각 3시간씩 진행한다. 영아부에서 교사들이 보육하고 있고, 반별로 교사와 엄마들이 하고 싶은 것을 하면서 3시간 자유시간을 가지며 쉼을 누리고 온다. 영화를 보거나 점심식사를 하고 카페에서 담소를 나눈다. 이러한 잠시의 외출은 다시 집으로 돌아가 육아에 힘을 내게 하는 효과가 있다.

4) 원더풀 데이(Wonder-Full Day, 경이로움이 가득 넘치는 전도 축제)

영아부에 자녀를 데리고 나오는 부모들이 영아부에 나오면서 자녀가 좋아하고, 부모 스스로도 좋은 경험을 하게 되면, 영아부에 대해 자부심을 느끼게 되고 자연스럽게 부서를 자랑하고 전도하게 된다. 그렇게 영아부도 전도의 열매가 풍성한 부서가 될 수 있다. 영아부도 전도하는 부서가 되기 위해 부모가 영아부를 자랑하며 친구를 초대하는 시간을 봄에 2주, 가을에 3주 진행한다.

① 영아부 친구를 위한 프로그램을 특별하게 준비하여 진행한다. 연령별로 온몸으로 경험하는 대그룹 활동을 진행한다. 필요하면 외부 강사도 섭외하여 평소에 해보지 못한 큰 활동을 진행한다.
② 부모는 부모교육, 영아부 친구는 부모와 분리되어 특별활동을 진행한다. 이때는 점심식사를 할 수 있도록 부서에서 주먹밥을 준비하여 함께 먹는다.

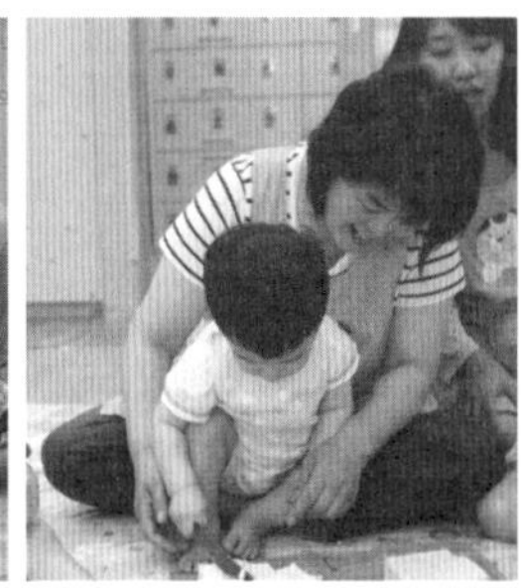

2. 유치부(Wonder-경이로움과 탐험)

유치부는 신앙의 주체인 부모의 '신앙과 성경적인 양육에 대한 열정'을 깨워서 가정에서도 신앙교육이 이뤄지고, 성경에 기초한 바른 가치관에 따른 양육을 할 수 있게 돕는 부서이다. 그것을 더 잘 돕기 위해 여러 가지 사역 중 아래와 같은 사역이 대표적이다.

1) 부모교육

영아부뿐만 아니라 유치부에서도 여전히 아이들에게 부모는 많은 영향을 끼친다. 부모들이 성경적인 자녀관을 가지고 가정에서 신앙교육의 주체로서 바른 신앙교육과 양육을 할 수 있도록 부모교육을 반드시 실행해야 한다.

2) 반별 데이트

유치부는 관계 형성을 과제로 가진 아이들이 있는 부서이다. 그래서 반별로 관계 형성을 잘할 수 있도록 친밀감을 형성하기에 좋은 반별 데이트를 3~5월 중에 진행한다. 3~5월 중에 각 반끼리 또는 같은 연령별로 하루를 정해서 교회에서 만나 반 교사와 친구들이 간식을 먹고, 게임을 하며 서로 친해지는 시간을 갖는다.

3) 원더풀데이(Wonder-Full Day, 경이로움이 가득 넘치는 전도 축제)

전도하는 친구들이 되게 하도록 봄에 2주, 가을에 3주 전도행사인 원더풀데이를 진행한다. 이 시간에 친구를 전도하도록 4주 전부터 초대하고 싶은 친구의 이름을 써서 제출하고 함께 기도한다. 그리고 부모님에게 그 친구의 부모님과 관계를 맺어서 데리고 올 수 있도록 적극적으로 도와주실 것을 부탁한다. 그리고 당일 주체성과 협력, 자아존중감과 배려 등을 경험하는 대그룹 활동이나 작품을 만들어가는 활동을 진행한다. 필요하면 외부 강사도 섭외하여 평소에 해보지 못한 큰 활동을 진행한다.

4) 7세의 1박 2일 캠프

유치부 7세는 자주성을 키우기 위해 8월에 부모와 분리되어 선생님과 아이들과 1박 2일로 캠프를 진행한다. 이 시간에 스스로 저녁을 준비하여 먹고, 게임을 하고, 스스로 씻고, 텐트(모기장)에서 친구들과 모여서 영화를 보고 잠을 잔다. 그리고 다음 날 아침에 일어나서 산책하고, 아침을 먹고 집에 귀가하는 시간을 갖는다. 부모님의 도움 없이 혼자서 의젓하게 해내는 경험은 자신감을 느끼는 값진 경험이 된다.

3. 유년부(Discovery–발견과 배움)

유년부 시기의 아이들은 인지적인 발달과 함께 신뢰와 관계를 통하여 알게 된 하나님과 세상에 대해 탐구하게 된다. 이를 통하여 아이들은 단편화된 배움에서 경험을 통한 폭넓은 배움으로 나아간다. 이런 인간발달의 특징을 기반으로 혜성교회 유년부에서는 '배움'이라는 키워드를 부서의 핵심어로 삼아, 모든 부서 사역에 접목해 교육한다.

1) 이야기성경 커리큘럼과 스토리텔링 설교

유년부 시기의 '배움'이라는 특징에 가장 알맞은 커리큘럼을 세우기 위하여 오랫동안 국내외의 교재를 분석하며 연구했다. 그 결과로 미국, 플로리다의 Northland 교회에서 개발한 'The Worship, The Word & The Way' 커리큘럼이 가장 적합한 커리큘럼이라는 결론을 내리고 Northland 교회와 협약을 하여 커리큘럼을 제공받아 사용하게 되었다. 'The Worship, The Word & The Way' 커리큘럼은 작가, 교육전문가, 신학자, 목회자 등의 전문가들이 모여서 만든 커리큘럼으로 3년 동안 창세기부터 요한계시록까지 성경 전체를 아우르는 커리큘럼이다. 본 과정은 성경 내용 자체에 대한 배움과 말씀의 핵심적인 진리를 실천하는 데 중점을 맞추어져 고안되어있다. 유년부에서는 직접 이 커리큘럼의 원전을 활용하여 혜성교회의 환경과 실정에 맞게 수정 보완하여 사용하고 있다.

더불어 유년 시기에 '배움'이라는 특징에 맞춰 설교의 형태도 이야기를 통해서 메시지를 전달하는 '스토리텔링' 설교를 지향한다. 스펀지처럼 내용을 흡수하는 아이들에게 폭넓은 신앙의 기틀을 잡아줄 수 있다.

2) 유년부 디스커버리 예배(Discovery Worship)

유년초등부가 속하는 학동기는 '발견(Discovery)'이라는 특성을 갖는다. 세상에 대해 활발한 발견이 이루어지며, 세상을 배우고 세상과 만나는 시기이다. 이러한 학동기의 특성을 고려하여 유년, 초등부에서는 교육철학 예배인 디스커버리 예배를 진행한다. 교육과정의 한 단원이 끝날 때마다(4~5주 간격) 하나의 주제와 목표를 효과적으로 전달하기 위해 예배의 순서와 구성, 장소와 형식까지 새롭게 구성되며, 또 수동적인 예배가 아닌, 참여적인 예배이며 체험적인 예배로 진행한다.

예를 들어, '기적의 하나님이신 예수님'이라는 단원을 마무리하며 '오병이어 사건(요

6:3-13)'을 본문으로, '하나님께서 우리를 어떻게 하나님의 계획에 참여시키시는지 알아봐요.'라는 주제를 심화로 디스커버리 예배를 기획하였다. 유년부실을 예수님께서 설교하셨던 들판으로 꾸미고, 선생님들은 예수님의 열두 제자가 되어 아이들을 맞이한다. 예수님 복장의 사역자가 예배를 시작하고, 예배 중 하나의 도시락을 함께 만든다. 만들어진 도시락은 빌립과 안드레로 분장한 선생님을 통해 예수님에게 전달되고, 그것을 축사하여 나누어 줄 때, 미리 준비한 물고기 모양 과자와 빵을 나누어주고 먹으며, 오병이어의 기적을 체험적으로 배우게 하였다. 이렇게 오감을 이용하며, 체험적으로 드리는 예배가 유년부의 디스커버리 예배이다.

3) 성경 골든벨

매년 하반기에(11월경) 진행하는 성경 골든벨은 유년부의 철학인 '배움'을 확장함과 동시에 암기를 잘하는 아이들의 연령별 특징에 적합한 프로그램이다. 연간 커리큘럼 안에서 준비된 예상 문제집을 3주 전에 나눠주고 외우는 것을 점검하며 그동안 배운 말씀을 기억하게 한다. 골든벨이라는 형식을 통해 진행함으로, 선의의 경쟁을 즐기고 인정받기 좋아하는 유년부 시기의 아이들에게 재미와 배움뿐 아니라 규칙을 지키는 훈련도 함께 할 수 있는 사역이다.

4) 허니미 신앙 훈련(Honey-味 신앙훈련)

유년부 시기는 성경의 말씀처럼 하나님의 말씀이 꿀의 맛보다 더욱더 달콤해야 함을 배우기에 최적화된 시기이다. 유년부 시기에 성경에 대한 이미지와 바탕은 세상을 바라보며 신앙을 쌓아가는데 중요한 기초가 된다.

이런 목적으로 유년부는 '허니미 시스템'을 운영한다. 허니미는 꿀(honey)과 미(味)를 합쳐 '하나님의 말씀과 함께 사는 것이 꿀맛과 같이 달콤하다'는 것을 체험할 수 있도록 하는 시스템이다. 일상생활에서 말씀과 관련된 적용과 성경암송 등을 통해서 허니 스티커를 얻게 되고, 이것은 상하반기에 각각 한 번씩 진행되는 허니미 축제를 통해 사용하며 보상받게 된다.

4. 초등부(Discovery-발견과 만남)

초등부 시기의 아이들은 이전까지 폭넓은 영역에서 하나님의 기초 지식을 알아갔다면 이제는 하나님과 나, 성경인물과 나, 세상과 나라는 관점에서 일대일의 만남이 이루어진다. 이를 통하여 하나님, 사람, 세상과의 인격적인 만남이 이루어지며 하나님의 뜻대로 지혜로운 선택을 할 수 있게 된다. 예배를 통해서 하나님을 인격적으로 만나고 고백하며, 소그룹을 통해서 교사와 친구를 만날 수 있도록 하고, 여러 가지 행사를 통해 세상 속 하나님을 발견할 수 있도록 돕는다.

1) 초등부 디스커버리 예배(Discovery Worship)

유년부와 마찬가지로 학동기의 특성을 고려한 교육철학을 담은 디스커버리 예배를 진행한다. 초등부의 디스커버리 예배는 격월로 '미팅 데이'(Meeting Day)와 '인카운터 찬양집회'(Encounter Worship)를 진행한다.

미팅 데이는 '만남'이라는 초등부의 교육철학을 따라 교회라는 공간이 주는 제약을 벗어나 아이들이 주도적으로 장소를 정하고 외부에서 반별 소그룹을 진행하는 시간이다. 예배의 형식은 지키되 순서를 짧게 가져가고 소그룹의 비중을 높인 적용 위주의 예배를 통해, 연초에는 서로가 친해지는 계기가 되며, 관계가 형성된 후에는 솔직한 나눔을 할 수 있도록 돕는다.

인카운터 찬양집회는 반대로 예배의 비중을 높인 교육철학 예배이다. 초등부 시기는

하나님을 인격적으로 만날 준비가 된 시기이다. 성경학교의 기도회와 같은 찬양집회 형식의 예배를 통해 하나님과의 만남을 안내한다. 또한, 예배의 구성을 중고등부, 청년부 찬양팀과 콜라보레이션(Collaboration)을 함으로 열정적인 청년의 모습을 모델링하고, 나이 차이가 얼마 나지 않는 학생 찬양팀을 통해 나도 신앙의 결단이 가능하다는 모델링을 할 수 있도록 돕는다.

2) 놀러와 캠프

놀러와 캠프는 초등부의 브랜드 행사로 교회에서의 하룻밤 캠핑을 통해 초등시기에 필요한 다양한 만남을 유도한다. 교육철학에 따라 기획된 캠프의 콘셉은 교회가 '아이들을 위한 안전한 놀거리와 만남의 장소를 제공한다'는 것이다. 그렇기에 캠프는 지역사회를 섬기는 일인 동시에 교육의 장이 된다.
캠프를 통해 불신자들과 교회에 출석은 하지만 적응을 하지 못하는 친구들도 마음의 문턱을 낮추고 교사와 친구들과 친해질 수 있는 시간이 되며, 기존 아이들도 교사와 1박 2일의 캠프와 놀이를 통해서 더욱더 깊은 유대감을 가지고 이야기를 나눌 수 있는 시간이 된다. 캠프의 운영은 부모 봉사자를 모집하여 운영하며, 반을 맡은 양육교사는 캠프의 시작부터 끝까지 아이들과 함께 일정을 소화한다. 부모가 봉사하고, 교사가 아이들과 함께 놀고, 먹고, 자는 과정은 아이들에게 안전함을 느끼게 하며, 교회에 대한 신뢰를 쌓을 수 있는 만남의 시간이 된다.

3) 학교 앞 심방

초등부 시기의 아이들은 부모의 영향력은 줄어들고 또래 집단과 학교의 영향력이 점점 늘어나게 된다. 이 시기에 아이들은 가정이나 교회에서의 모습과 학교에서의 모습이 다른 경우가 많다.
학교 앞에 찾아가 교사와 사역자가 얼굴을 비추는 것은 '교육을 아이들의 영역인 학교에 확장한다'는 의미가 있다. 또래의 시선을 의식하는 아이들의 성향에 따라 불특정 다수를 위한 전도의 모습이 아니라 부서의 아이들을 위한 개별적인 심방의 모습으로 다가가는 것이 좋다. 비교적 시간이 적은 등교 시간에는 작은 간식을 준비하여 전달하며 인사하는 것으로도 충분하며, 하교 시간에는 준비된 간식보다 학교 근처의 분식점이나 문방구를 활용하는 것이 아이들의 만족도가 높으며, 친구를 소개받는 전도의 계기가 될 수 있다.

5. 중등부(Passion-열정과 정체성)

중등부 시기의 아이들은 성인으로서의 출발하는 시기로 호르몬의 변화와 사고의 확장과 함께 스스로에 대한 주체 의식을 가지게 된다. 이 시기의 아이들에게 기준이 되는 성경적 세계관을 제시하고, 자신과 세상에 대한 올바른 정체성을 가질 수 있도록 코치하는 사역이 필요하다. 중등부 시기는 성인을 모델링 하며, 자신들이 주체가 되어 행동할 때 적극적인 배움이 일어나기에, 중등부의 키워드인 '열정'을 바탕으로 사역을 조직하였다.

1) 학생 자치 사역

중등부 아이들의 학생 자치 사역은 아이들에게 열정을 드러내고 관심이 있는 활동을 통해 정체성을 찾아가는 도움을 준다. 아이들의 예배 참여는 스스로 동기를 부여하고 열정을 발산하며, 삶의 예배화가 이뤄지는 유익이 있을 수 있겠지만 예배의 준비가 미흡하여 본질이 흐려질 위험도 있다.

그러므로 학생들이 열정을 드러낼 수 있도록 장을 만들어주되, '이전보다 완성된' 모습을 추구하며 각자가 섬기는 영역의 전문성을 키울 수 있도록 부서 차원의 학생 자치 사역을 지원한다. 또한, 학생 자치 사역은 아이들의 참여를 지속하고 유지하는 역할을 한다. 이 시기 아이들은 충동적이고 쉽게 참여하지만, 역할에 대한 책임을 지기 어려워하는 경향이 있다. 같은 관심사를 가진 친구들이 모여 한 예배를 섬길 수 있는 팀을 구축해주면 서로가 힘이 되어 섬김의 일을 이어갈 수 있다.

담당교역자나 교사가 위로부터 명령을 내리는 형식이 아닌, 학생 스스로가 자신들의 동역자를 세우고 함께 만들어가는 시스템을 통해 사역의 전승 또한 이루어진다

학생자치팀	하는 일
임역원	학생들을 대표한 의사 결정 / 부서 프로그램 진행 / 학생 관계 개선 노력
찬양팀	예배 찬양 인도 / 예배 음향 조율 / 찬양 팀원 모집 / 찬양 팀원 교육
홍보팀	예배 환영 / 예배 광고 / 부서 홍보 및 학생 참여 홍보
미디어팀	예배 미디어 및 조명 조율 (설교 영상자료) / 부서 행사 미디어 지원
패밀리타임팀	학생 신앙 점검 / 학생 경건활동 홍보
E-스포츠팀	부서 내 친목 담당 / 부서 외 전도 활동

2) **패션쇼**(Passion Show)

중등부는 청소년기의 특성을 고려한 '열정'이라는 교육철학을 담은 패션쇼 예배를 진행한다. 중등부의 패션쇼 예배는 각 커리큘럼의 마지막 주에 커리큘럼 내용의 정리와 함께 학생들의 참여로 진행된다. 패션쇼 예배는 기획부터 준비, 진행에 걸치는 모든 단계에 학생 자체팀이 참여한다는 것이 주된 핵심이다. 패션쇼 예배에는 정해진 형식이 없다. 학생들이 몇 주간에 걸쳐서 말씀을 통해 배워온 신앙의 주제들을 정리하고 적용하기 위한 예배와 순서들을 신앙의 열정으로 표현하면 되는 것이다.
중등부에서는 이 시간을 통해 자신과 세상에 대한 정체성에 질문을 가지고, 올바른 성경적 세계관을 가져갈 수 있는 중요한 적용의 시간을 가질 수 있도록 돕고 있다.

6. 고등부(Passion-열정과 가치관)

고등부 시기의 아이들은 종합적인 사고를 통해 정체성과 비전을 알아가게 된다. 성경적 세계관을 바탕으로 한 자기 정리와 멘토링을 통하여 하나님 안에서 살아가는 것이 무엇인지 알게 된다면, 자연스럽게 무엇을 향해 달려가야 하는지에 대한 비전이 생기게 된다.

1) 신앙콘서트

학업과 진로에 관한 관심을 가지고 어떻게 살아갈 것인가를 고민하는 고등부에는 소통의 장이 필요하다.

신앙콘서트는 지금까지 고등부 커리큘럼을 통해 배운 성경적 가치관으로 살아가는 삶이 무엇인지 즉석에서 진행하는 토크 콘서트의 형식으로 소통하는 자리를 가진다. 진로, 관계, 연애 등, 설교를 통해 배운 성경적 가치관을 대화를 통해 직면하게 된다. 또한, 교회에 나오지 않는 친구들도 초대하고 질문할 수 있도록 하여서 다양한 의견과 생각을 나눌 수 있는 자리이다.

사역자와 교사가 신앙의 멘토로서 솔직한 답변을 통해, 각자의 상황을 공감하고 위로하며 소통함으로 신앙에 대한 비전을 가질 수 있도록 안내한다.

2) 야자전도(야간 자율학습 전도)

고등부 시기의 아이들은 대부분 야간 자율학습을 하게 된다. 따라서 아이들이 생활하는 현장으로 찾아가기 위해서는 야간 자율 학습시간에 찾아갈 수밖에 없다.

교회를 기준으로 거점이 되는 전도학교를 정하고 야간에 응원 메시지가 담긴 작은 선물 꾸러미를 가지고 찾아가 전도한다. 시간 특성상 긴 시간을 마주하고 이야기를 나눌 수는 없지만, 하루를 마무리하며 전달하는 메시지는 학생들에게 각인되기에 충분하고, 이렇게 찾아와주는 교회가 어디이며, 방문하려면 어떻게 해야 하는지에 대한 질문을 하게 된다.

Ⅳ. 코로나19 이후 다음 세대 교육의 방향

혜성교회의 교육은 많은 시간, 많은 사역자와 교사들, 그리고 부모들이 협력하여 만들어 온 것이다. 가장 중요한 것은 담임목사의 이해와 의지이고, 다음은 교육 방향성을 가지고 이끌어갈 사람들이다. 오랜 사역이 쌓여서 교육문화와 교육 활동들이 만들어진다. 교육은 철학, 사람, 시간이 필요하다. 그리고 각 교회의 역사와 자원에 따라 어떻게 만들어갈 것인지를 내부에서 만들어가야 한다.

혜성교회의 사역 중에 교회교육과 연결된 가정 사역, 그리고 기독교대안학교에 대해서는 언급하지 않았다. 주일학교 교육만으로 부족하고 이 부분까지 포함해야 혜성교회의 다음 세대 교육을 더 잘 이해할 수 있지만, 지면상의 이유로 여기까지 마무리하고, 미래적인 이야기로 결론을 내려 한다.

"다음 세대 교육이 중요한지 알겠어요. 그런데 어떻게 해야 하나요?"

학령인구 감소와 사회적 변화 속에서 교회들이 다음 세대 교육에 대해서 이런 질문을 자주 해온다. 그래서 답변을 해주면 '왜 그렇게 해야 하는지 모르겠다!'는 표정을 짓는다. 코로나19로 인해서 이제는 그 답변이 답임을 피부로 체감하고 있을 것이다. 코로나19는 출석 예배를 할 수 없는 상황을 만들었다. 아이들이 부모와 함께 장년 예배를 온라인으로 드리거나 아이들만의 예배를 가정에서 드리고 있다. 한 마디로 교회에서는 예배와 아이들의 신앙교육을 위한 활동 자료를 지원하는 사역으로 바뀌었고, 눈여겨볼 것은 교사의 역할을 부모가 하고 있다는 사실이다. 그런데 문제가 있다. 부모가 자녀교육의 일차적 주체라는 성경적 의식을 가지지 못하고, 혹여 갖고 있더라도 어떻게 양육해야 할 것인지 준비되지 못한 상태라는 것이다. 이제 기독교교육의 전통에 따라 앞으로의 다음 세대 교육 방향을 제안하고자 한다.

네덜란드 깜뻰에 가면 지역 소도시 3개를 합쳐서 바이블벨트라고 불리는 곳이 있다. 그곳은 개혁주의 전통이 튼튼하게 유지되고 있다. 그리고 네덜란드 이민자들이 모여 사는 미국의 미시간 그랜드래피즈 지역과 인접한 캐나다 온타리오 주 해밀턴 지역에서도 기독교 전통이 유지되고 있다. 독일에서 시작되어 전 세계 28개 공동체로 확산된 부루더호프 공동체는 자녀양육으로 유명하다. 그리고 우리가 잘 아는 유대인들의 자녀교육은 전 세계적으로 알려져 있다. 2000년 동안 민족 정체성을 유지하면서 세계의 금융과 학문적 탁월성을 인정받고 있다. 그런데 이들의 교육방법에서 공통점이 있다.

첫째, 정체성과 신앙을 그들의 문화 속에서 전수한다는 것이다.

둘째, 가정-교회(회당 혹은 공동체 모임)-학교에서 공동체적으로 한다는 것이다. 네덜란드 크리스천들은 기독교자유(대안)학교에 자녀를 보낸다. 부루더호프 공동체 구성원은 자체 교육기관을 운영한다.

유대인들은 초중고등학교를 유대인 학교에 보낸다. 혈통적 유대인이 신앙적 유대인이 되도록 하는 것을 부모들은 사명으로 여긴다. 특히 가정과 학교를 중요시 한다.

그렇다면 한국교회의 다음 세대 교육방법은 자명한 길이 있다.

1) 교회교육 중심에서 가정과 학교 중심으로 전환해야 한다.
2) 그리스도인 부모들이 가정에서 신앙 양육을 할 수 있도록 준비시켜야 한다.
3) 기독교대안학교들과 협력하여 기독교가치관으로 다음 세대를 교육해야 한다(입시 위주의 대안학교를 기독교 대안교육으로 보기는 어렵다).

이 방법에 동의가 되지 않는다면, 코로나19의 상황을 직시하여야 한다. 언제든 교회는 일정기간 폐쇄될 수 있다. 부모가 자녀신앙교육을 책임지지 않으면 자녀세대를 하나님의 백성으로 만들기 어렵다. 우리가 중점적으로 사역 방향을 움직여야 할 것은 가정이다. 코로나19가 부모가 자녀교육의 주체라는 사실을 일깨우고 있다.

그러면 교회에서는 무엇을 해야 하는가?

교회는 다음 세대 교육에서 가정과 학교에 일임하고 할 일이 없는 것인가?

그렇지 않다. 교회가 지금까지 신앙교육을 책임지려 했던 사역을 축소하고 가정을 지원하고 공동체적인 신앙문화를 만들어 전세대가 함께하는 사역으로 전환해야 한다. 그 일을 위한 과정을 설명하면 다음과 같다.

1단계: 담임목사의 교육에 대한 방향성이 확고해야 한다. 이는 론 헌터 주니어의 〈신6〉[4]라는 책이 도움이 될 것이다. 중요한 것은 새로운 패러다임을 가져야 한다. 기존의 패러다임을 벗어나기에 옛 교육방식에 익숙한 세대는 어려움이 따를 것이다. 그러나 코로나19 상황에 대학교수와 일반학교 교사들이 변화를 받아들이는 것을 보기 바란다. 담임목사가 이해를 포기하면 다음 세대 교육 변화는 한 걸음도 나가기 어렵다.

2단계: 다음 세대 사역을 이끌어갈 핵심 멤버를 두어야 한다. 사역은 결국 사람이다. 사람 부족을 지금까지 말해왔다. 그러나 지속적인 사역을 할 사람을 키우거나 사역의 환경을 만들어주지 않았다. 그리고 계속 짧은 기간에 사역자들이 바뀌는 일을 되풀이 했다. 어떤 방향으로 갈 것인지를 알기 위해서 티모시 폴 존스의 〈가정사역 패러다임 시프트〉[5]라는 책으로 도움을 얻을 수 있다.
이 부분에서 지금까지 총회 교육부에 교육방향을 요구하는 일을 주로 해왔다. 하지만 가장 효율적인 방법은 노회 차원에서 교육전략팀 혹은 교육지원팀을 만드는 것이다. 기존의 주일학교연합회 같은 프로그램 진행 위주의 단체가 아니라 실질적인 교육전략

4) 론 헌터 주니어, 『신6』, 김원근 역, (디씩스코리아, 2017)
5) 티모시 폴 존스, 『가정사역 패러다임 시프트』, 엄선문, 박정민 역, (생명의 말씀사, 2013)

과 방법을 지원할 팀을 말하는 것이다. 또 노회에서 교육 사역자를 훈련시키는 과정을 두는 것도 권장할만하다. 그런데 경험상 교육과정은 이론가보다 현장 전문가의 강의, 현장 방문, 체험, 프로젝트 중심의 교육과정이 필요하다.

3단계: 전략팀을 꾸려 교회 사역을 재조정하고, 가정의 부모들을 지원하는 사역을 한다. 다른 교회의 것을 벤치마킹하는 것이 도움이 된다. 그러나 개교회마다 환경이 다르다. 무조건 가져온다고 해서 우리 교회에 맞는 것이 아니다. 결국, 내부에서 끈기 있게 배우며 사역할 팀이 필요하다. 초기에는 교육의 방향성을 잡고, 실행하기 위해 외부 컨설팅을 받는 것이 필요하지만 처음부터 내부 팀이 함께해야 사역을 안착시킬 수 있다.

4단계: 교육방향과 전략을 모든 교회 구성원이 알 수 있도록 한다. 더디더라도 모든 구성원이 함께 가야 한다. 지금까지 한국교회는 사회와 마찬가지로 탑-다운(Top-down) 방식으로 운영되었다. 앞으로의 교육은 가정이 중심이기에 부모인 교회 구성원들이 의식을 공유하고 참여할 수 있을 때 성공률이 높다.

5단계: 교육전략을 실행하고 반드시 피드백하여 개선해 나간다. 우리는 피드백에 약하다. 그러나 교육은 평가가 곧 교육이고, 성장을 결정한다. 객관적 평가를 정기적으로 하고 전략과 방법을 개선해 나가는 노력을 3년 이상을 한다면 교회교육의 변화가 보이기 시작할 것이다. 피드백을 위해서는 수평적 문화가 형성되어야 가능할 것이다. 참여자들이 말하지 않거나 좋은 말만 할 경우에는 위험신호로 받아들여야 한다. 말을 못하게 하는 가장 큰 이유 중 하나가 지도자이기 때문이다.

6단계: '될 때까지 한다.' 이것은 목회의 핵심이고, 부모의 사명이다. 공동체의 존립과 관계되어 있기 때문이다. 교회의 역사성은 다음 세대로 신앙이 이어질 때 만들어진다. 다음 세대 교육은 목회의 본질적인 것이다. 부모들이 모여있는 교회의 사명이다. 학령인구가 감소하면서 교회가 이 사실을 자각하고 있는 듯하다. 앞으로의 다음 세대 교육은 '우리 자녀 지키기'일 수 있다.

7단계: 다음 세대 교육은 문화 만들기이다. 3년 이상을 꾸준히 하면 문화가 조금씩 만들어질 것이다. 문화는 철학과 가치가 일상 생활화된 것을 의미한다. 교육을 프로그램으로 이해하지 않아야 한다. 프로그램은 철학을 담아낸 것이고, 프로그램을 실행함으로 나타난 결과가 문화여야 한다. 그리고 그 문화에 생명력이 있으려면 가치가 살아있어야 한다. 유대인들이 2000년 넘게 전 세계에서 정체성을 전수할 수 있었던 것은 살아있는 정신력이었다.

한 교회의 정신, 가치는 리더에게서 나온다고 해도 틀리지 않을 것이다. 다음 세대 교육을 해나가는 하나님 나라 가치는 목사와 장로들의 자녀교육에서 나타난다. 세속주의로 일컫는 물질주의, 개인주의 성공주의를 따라가는 자녀교육을 멈출 때 진실한 다음 세대 교육이 교회에서 살아날 것이다.

하나님 나라의 승리를 위해 반드시 해야 하는 한 가지,
바로 이 땅의 다음 세대를 살리는 일입니다

대림교회

THE CHURCH WILL LIVE
WHEN THE NEXT GENERATION
LIVES

담임목사	송대현 목사
교회연락처	02-831-8135(FAX 02-831-8137)
주소	서울시 영등포구 시흥대로 183길 12(대림동)
홈페이지	www.daerimch.or.kr

엄마 독서전문가 과정 운영계획안

Ⅰ. 배경

○ 영아부 엄마들의 기도모임 '굿맘클럽'이 매주 목요일 오전 진행되고 있는 중에 이번 4월 11일 굿맘클럽 모임은 오픈 강의 형식으로 '0세 교육의 비밀'이라는 강좌를 열었다.

○ 하나님께서 그간 우리 엄마들의 기도를 들으시고 응답하시는 시간인 듯, 엄마들에게 성경적 자녀 양육에 큰 도전이 되었고 지식의 그릇을 더욱더 키워 가야겠다는 지식적인 도전도 되었다.

○ 그러나 현실은 믿음의 자녀들조차 영아기 때부터 스마트폰 및 양육자인 엄마의 산후우울증, 부부관계 갈등 등으로 어려운 시간을 보내는 가정들이 많다.

○ 이번 강좌를 듣고 영아부 엄마들이 더 배워보겠다며 후속 강좌를 요청했다. 더욱이 주일만 겨우 예배에 나오는 엄마들도 강좌를 열어주시면 자신이 회비를 내고 아기를 안고 나오겠다고 하였다. 이에 9회기로 이루어진 강사님의 '엄마 독서 전문가 지도자 과정'을 통해 엄마들에게 배움의 기회를 제공하므로 양육에 대한 자신감을 주고 부모 신앙훈련의 장을 마련해주고자 한다.

Ⅱ. 개　요 – 시간표(총 9회기 3개월 과정)

○ 명　칭 : 대림교회 굿맘스쿨 '엄마 독서전문가 과정'

○ 대　상 : 희망자 중심으로 선착순 10~15명(지역주민 전도대상자 3~5

명 포함)

○ 장 소 : 10명일 경우 영아부실, 그 이상이면 조금 더 넓은 공간 필요

○ 일정 교육기간과 회비가 있는 프로그램

- 교회는 장소만 제공
- 매달 회비 있음
- 과정운영비, 강사료, 재료비는 회비를 통해 자비로 부담

○ 진행되는 시간표(별도첨부)

Ⅲ. 필요한 사항

교회에서 약간의 운영비를 후원해주신다면 더 풍성한 시간이 될 것 같다. (운영비 일부 정도)

독서전문가 과정이란?

대림교회 영아부와 RSA가 함께 한 3개월 과정의 부모교육 훈련이다.
"부모와 교사를 위한 독서전문가 과정"은 "독서전문가협회(Reading Specialist Academy)"주관으로 실시하는 독서전문가를 양성하는 교육 프로그램으로서 주 1회(2시간), 월 3주, 3개월간, 총 18시간의 강의와 과제와 실습을 통해 다음 세대의 자녀들에게 독서의 즐거움과 창의성, 리더십을 키워주는 통합독후활동 프로그램을 운영할 수 있도록 부모와 교사를 양성하는 교육과정이다.

독서전문가 과정 시작배경

영아부 내 엄마들의 모임(Good Mom Club)에서 함께 기도모임을 하고 학기 마지막에는 강사를 초청하여 세미나를 진행하였다. '0세 교육의 비밀' 이라는 주제로 진행을 하였는데 예상했던 것 이상으로 부모님들의 반응이 너무나 뜨거웠다.
강의를 마친 후 테이블을 모으고 함께 간단한 점심식사를 하면서 질의응답이 계속되었고 더 배우고자 하는 마음을(지식적인 부분과 신앙적인 도전) 하나님께서 강사를 통해 부모들에게 부어주심을 느낄 수 있었다.

더 배우고 싶다는 의견을 모아 후속으로 강사님의 강좌(독서지도와 신앙)를 열어달라는 영아부 부모님들의 요청이 있었다. 이 부모들과 전도대상자들을 초청하여 후속강좌를 통해 계속해서 배움의 기회를 갖는다면 이들을 중심으로 대림교회 부모들이 믿음으로 서는 중요한 구심점, 전도의 기회가 되리라 기대해 봄직했다.
장기간의 훈련으로 제대로 배워보자는 의견들이 형성되었고 부모를 위한 독서 전문가 과정을 통해 배움과 회복의 시간으로 엄마가 충전되고 가정에서 아이들에게 실제적 도움을 주는 배움을 가져보자는 취지아래 시작되었다.

진행 과정

당회에 운영계획안을 제출하고(당회 제출한 계획안 보고서 별도 첨부) 3주간의 광고와 면대면 만남을 통해 홍보하며 영아부 부모들을 중심으로 전 교회 부모들을 대상으로 모집하였다. 무료 진행이 아닌 수강료를 본인이 부담해야 하는 점이 부모들에게 좀 낯설었다. 교회의 경우 대부분의 세미나는 무료로 진행되거나 약간의 회비만 받은 데 비해 본 강좌는 한 달간 15만 원의 비용을 부담해야 했기 때문이다. 하나님의 은혜로 기도하는 가운데 부모들이 모이고 강의를 들었던 분들을 중심으로 15명의 인원이 참여하게 되었다(타 교회 4분과 타 종교(불교) 1분 포함).

독서전문가 과정 시간표(1차)

일시	강의제목	부제	내용진행
5/2	독서인생고속철도 : 평생 책과 친해지는 우리 아이 만들기	독서포트폴리오 개념잡기부터 독서인생 start~! 독서인생 비전수립	- 독서 약속장 - 비전 수립 - 책나무 스티커붙이기 - 책 읽어 주기표 - 독서 나무 만들기 - 독서 나뭇잎 붙이기
5/9	도서영역별 독후활동 ① 언어영역	'옛이야기'의 매력 속으로~! 언어영역도서의 이해와 전래, 명작의 심리학적 영향 이해	- 브래인 스토밍 연습 - 마인드맵 기법 알기 - 한줄 느낌 쓰는 방법 - 뒷이야기 이어쓰기 - 독서 계단 이해하기 - 무의식에 끼치는 독서영향
5/16	도서영역별 독후활동 ② 수리영역	'논리적 사고'와 '체계적 글쓰기'를 키우기 위한 수리영역 독후활동	- 수학글쓰기 - 도형글쓰기 - 분류놀이 스케치북 만들기 - 일대일 대칭개념 독후활동 - 수학기호 약속규칙 표현 - 테셀레이션 기법 알기

- **일　시** : 2019년 5월 1, 2, 3주(매주 목요일 오전 10~12시)
- **장　소** : 대림교회
- **대　상** : 부모와 교사, 선착순 12명
- **준비물** : 개인은 필기도구만 준비(인쇄물 외 교육 자료는 담당자 준비)
- **참가비** : 3회 10만원(과정운영비, 강사료, 재료비, 점심 포함)

독서전문가 과정 시간표(2차)

- 일　시 : 2019년 5월 4, 5주, 6월 2주(매주 목요일 오전 10~12시)

일시	강의제목	부제	내용진행
5/23	도서영역별 독후활동 ③ 과학영역	창의력 시대의 "스팀(STEAM)"형 인재 이해와 과학영역독서지도	– 스팀형 과학교육이란 – storytelling기법 이해 – 관찰 일기 쓰기 – 기름종이로 관찰그림그리기 – 실험 보고서 쓰기 – 생태관찰그림그리기
5/30	도서영역별 독후활동 ④ 인지정보영역	정보의바다 시대에 "유의미한 정보"를 찾아내는 능력과 지식정보 정리하기	– 유의미한 정보력이란? – 인지발달 단계 개념이해 – 백과 한단어 찾기 – 연령별 궁금노트 – 필름지에 관찰그림 – 백과 찾고 스크랩하기
6/13	도서영역별 독후활동 ⑤ 사회영역	광범위한 사회영역에 대한 이해와 다양한 독서지도로 접근하는 방법	– 인물 비교 벤다이어그램 – 책으로 가는 세계여행 – 신문스크랩(NIE) – 가족신문, 광고만들기 – 미래의 리더로 키우기 – 새우깡 프로젝트 작품활동

독서 전문가 과정 시간표(3차)

• 일 시 : 2019년 6월 3, 4주, 7월 1주(매주 목요일 오전 10~12시)

일시	강의제목	부제	내용진행
6/20	좋은 그림책 보는 법과 정서 지원 독서치료 사례	독후활동과 독서에 관한 핵심적 활동 Tip과 작품 감상	– 좋은 그림책이란? – 독서치료의 목적 – 독서치료의 효과 – 감정지원 독후활동실예 – 독서를 통한 감정코칭 – 다양한 작품 감상
6/27	분노의 이해와 감정 코치 전략	감정과 분노에 관해 이해하고 감정코치 전략 익히기	– 분노란? – 분노의 요소 5가지 – 트라우마(trauma) – 감정 표현 언어 – 분노 극복 7가지 단계 – I–Message – 감정코치 5단계 – 감정코치 전략
7/4	자존감의 이해와 자녀와의 사랑 만들기	자존감에 대해 이해하고 일상생활에서 감정코치 대화 적용하기	– 자존감이란? – 자존감의 비밀 – 자녀 양육의 유형 – 감정코치의 효과 – 반영적 경청 – 적절치 못한 상황 – 생활 속 대화기술 연습 – 나–메시지 익히기

진행일지

1주차

독서하는 사람의 특권은 무엇일까? 인생을 다르게 보는 힘을 가진 것이다. 우리 자녀의 독서 인생 스타트는 부모인 나와 함께! 부모인 내가 이 땅에 사라지고 없다면 나는 아이에게 무엇을 물려줄까? 두 가지를 기억하자. 천국의 자녀로 살아갈 수 있는 믿음, 그리고 이 땅에서 살아갈 수 있는 능력, 책과 친한 아이는 당신이 없어도 잘 살아갈 수 있다. '그러면 어떻게 이 아이에게 독서능력을 물려주고 가지? 책은 어떻게 아이를 행복하게 할까?'

1) 책 읽기를 생활 속 놀이처럼 즐기는 아이
2) 책 읽고 나면 글과 그림, 신체로 표현하는 아이
3) 책 속의 주인공을 동일시하며 꿈을 키우는 아이
4) 책에서 읽은 내용을 응용해 문제를 스스로 해결하는 아이

매주 수업을 들으면 집에 돌아가 아이들과 한 주 동안 해야 할 활동들이 주어진다. 단톡방에는 계속되는 질문과 강사님의 명쾌한 대답, 그리고 아이들과 함께한 사진이 한 주간 올라오고 격려와 함께 열기가 뜨거웠다. 첫 주는 수업을 듣고 집에 돌아가 아이들과 책 나무를 만들고 브레인스토밍을 하며 독서 명언을 집안 곳곳 붙여보았다. 브레인스토밍은 깜짝 놀랄만한 자녀의 언어능력에 영아부 엄마조차도 깜짝 놀라고 말았다.
그리고 또 한 가지! 이 수업의 본질은 믿음으로 신앙으로 자녀를 양육해야 할 것에 대한 끊임없는 도전을 강사님으로부터 받는다. 불신자가 참여하였어도 지혜로운 엄마라면 강사님의 가르침의 본질을 이해한다. 책 읽어 주는 기술을 배우러 왔다가 믿음을 갖게 되는 부모들의 사례가 강사님에게는 많이 있었다.

2주차 ~ 마지막 강의까지

아래 내용은 수업 후 카톡에 부모들이 올린 사진, 폭풍 궁금증에 대한 강사님의 답변을 추려본 것이다.

• 브레인스토밍을 많이 하면 낮에 스케치북에 적으셨듯이 언어 유창성이 생깁니다!
카톡방에 계속 자료와 질의응답과 과제가 올라가니 이 방은 반드시 무음처리를 해 놓으세요~^^

• 책은 읽는 재미를 붙이는 것이 우선입니다. 내용을 기억하는지에 대한 확인은 나중에 하셔도 됩니다. 일단 다독과 정독이 목표입니다. 이것이 충분히 되면 묵독과 속독이 가능해집니다~! 좋은 책을 많이 읽은 아이는 시간이 가면 스스로 표현하고, 쓰고, 그리고 논술까지 자연스러워집니다~^^

• 이번 기회에 아이에게만 책을 읽으라 하는 것이 아닌 엄마가 먼저 솔선하여 책을 읽는 모습을 보여줌으로 독서하는 우리 집 분위기를 만들면 아이들의 미래는 더 멋진 결과가 있으리라 확신한다~^^

• 15개월이 책을 펼쳐 혼자 한 장씩 넘기는 걸 보니 빠르다는 생각이 드네요~^^
아마 형 누나가 있어 책 읽는 행동이 자연스럽게 학습이 된듯합니다. 수민이는 생각이 마구 쏟아져 나올 때고 적당한 시기에 잘하고 있는 듯합니다! 일!반!적!으로 남자애들이 여자애들보다 발달 수준이 낮습니다. 다 그런 것은 아니고...^^

• 평균적으로 중 3 이상~ 고 1이 되어야 생각 수준이 비슷해져요. 남자아이들이 여자애들보다 늦은 것처럼 보이지만 고등학교 때 갑자기 쑥 크지요. 신체도 머리 생각도...

함께 수업을 들으며 좀 더 깊은 자녀에 대한 고민과 도움을 나누고 가정에서 실제 책을 읽고 활동함으로써 배움의 열기는 뜨거웠다. 강의료가 비싼 것에 대해 불만을 이야기했던 집사님은 첫 달만 듣고 그 이후는 생각해보겠다며 첫 주 참석하신 후에 이 강좌는 비싼 게 아니라 저렴한 것이었다고 사과를 하셨다. 처음 참석하셨던 모든 분이 끝까지 3개월을 완주하였다.
사교육을 엄청나게 자녀에게 시키고 있던 어머니는 강사님의 강의를 들으면서도 '아무렴 이렇게 책을 읽으면서 사교육 없이 자녀를 키운다지만 그래도 내가 능력이 있으니까 다 시키는 거지'라며 흘러들었다고 한다. 재미있게 활동해야 하는 엄마와의 책 읽기를 학원을 다녀온 후 아이가 잠을 자야 할 시간에 이루어진 것이다. 후에는 어떤 일이 일어났을까? 이 교육을 받던 기간에 아이가 몹시 아팠다. 원인을 몰라 큰 병원에서 수많은 검사를 하였다. 그리고 엄마는 하나님 앞에 자신의 욕심을 내려놓게 되었다. 영어, 태권도, 미술... 다니던 모든 학원을 다 멈추고 아이와 함께 쉬며 책 읽는 즐거움을 느끼게 되었다. 아이는 행복해졌다.
불교를 믿는 부모님도 3개월을 제일 앞자리에 앉아 정말 열심히 수업을 들으셨다. 강사님이 외쳤던 가장 중요한 메시지를 깨달을 수 있는 지혜가 있었기를, 그분에게 믿음이 심어지기를 기도하며 뒷모습을 바라보곤 했다.

마치며

진행하는 입장에서는 부모들이 조금 더 구체적으로 자녀교육에 대한 방법과 경험들을 배우고 나눌 수 있어 좋았다. 수업을 마치고 함께 책을 구입하기도 하고 추천해 주기도 하는 모습이 보기 좋았다.

교회에서 부모들을 위해 다과와 점심 식사 비용을 지원해 주었다. 교회가 부모들의 모임을 조금 더 적극적으로 후원해주고 격려해준다면 다음 세대를 세우고 지원하는 교회, 우리 교회에 가면 우리 자녀를 믿음으로 키우는 것을 배울 수 있는 교회, 다음 세대들이 모이는 교회가 될 것이다.

어려웠던 점은 그 다음 심화 과정을 기대하며 진행하려고 하는데 우리 모두 너무나 바쁜 것이다. 일하느라 바쁘고 어린 아기는 오전 8시부터 저녁 7시까지 어린이집에 있는데 엄마는 내가 무엇을 위해 이렇게 사는지 모르겠다고 이야기한다. 엄마의 시간이 우리 아이들에게로 돌아갈 수 있다면 그래서 자라는 동안 엄마 품에서 마음껏 즐겁게 읽고 안겨 그 품이 하나님의 따뜻한 품인 것을 늘 기억하고 살 수 있다면 좋겠다는 생각을 한다.

이런 어려움에도 교회에서는 믿음으로 자녀를 키우고자 사교육 없이 행복한 지혜로운 아이를 키우고자 길을 찾는 부모들에게 이러한 과정들을 소개해 준다면 그들에게 유익한 가르침이 될 것이라 기대한다. 엄마들의 독서

모임도 좋고 그 가운데서 또 엄마들이 정기적으로 아이들에게 책을 읽히고 엄마표 독후활동들을 준비해 준다면 아이들은 건강한 집밥을 먹듯이 건강하게 자랄 수 있을 것이다. 이러한 활동이 이루어지는 곳이 교회라면 좋겠다.

영역	세부영역	독서목록
언어 / 문학	– 명작 / 고전 – 창작영역 – 인성 / 사회성	– 어휘력 공감 능력 – 가치관 세우기~! – 무의식의 건강한 사고
수리 / 과학	– 과학 – 생태 – 수리	– 논리적 사고 형성 – 문리적 세상 알기~! – 수학적 사고와 과학적으로 과제 해결
사회 / 문학	– 인물 – 역사 – 문화 / 예술 – 사회	– 창의적 사고 형성과 – 위인과 역사로 정신적 세상 알기~! – 인성 / 사회성 / 문제해결력
인지 / 종합	– 인지 종합 – 백과 – 읽기 / 논술	– 스스로 지식을 찾아가는 방법 알기! – 지식의 맵~! – 통합(융합)교육 시대의 학습 방법

건어물
해산물
생선 1미
"1두릅 = 20미"
"1손 = 2미"
6,980
6,980
3,980
12,000
15,800
6,980
5,900
38,000
23,000
38,000

▣ 부모와 교사를 위한 제1기 "독서 전문가 과정"

대림교회는 독서전문가협회(Reading Specialist Academy)와 함께
다음 세대를 이끌어 갈 우리의 자녀들이
사교육 없이 행복한 인재로 자라나도록
독서의 즐거움과 창의성, 리더십을 키워주는 "부모와 교사를 위한 독서 전문가 과정"을 총9회
18시간의 통합독후활동 프로그램으로 운영하여 부모와 교사에게 비전을 제시하고자 합니다.

▶ 특징 : 독서 전문가 과정
① 총 9회 강좌, 매주 같은 장소와 시간에 모여 영역별 도서 이해 및 강의 진행
② 언어, 수리, 사회, 과학, 인지 영역 등 학교 교과 영역별 도서를 중점으로 다룸
③ 참여자가 참가비를 부담하여 SNS로 9회차 강의동안 피드백하며 과제수행으로 훈련
④ 강사의 10여 년간 부모코칭 사례, 사교육 없이 자녀를 양육한 노하우로
부모가 비전을 재발견하는 전환점이 되는 훈련의 시간

▶ 대 상 : 0세-12세 자녀를 둔 부모와 교사, 선착순 12명
▶ 일시 : 5월 2일(목) 개강, 매주 목요일 오전10시 ,
▶ 회비 : 3회기 10만원 (과정운영비, 강사료, 재료비, 점심 포함)
▶ 신청 : 신청서 작성 후 담당자나 목회지원실로 제출

▶ 강의 과목 : 교과영역별 독후활동 강의

주 제	강 의 제 목	시간
1. 독서입문	● 독서포트폴리오 개념 잡기부터 start하기 : 우리 아이 인생 고속철도	강의진행 :90분 독후활동 :30분
2. 언어영역	● 언어영역도서의 이해와 전래. 명작의 심리학적 영향 이해	
3. 수리영역	● "논리적사고"와 "체계적글쓰기"를 익히기 위한 수리영역 독후활동	
4. 과학영역	● 창의력 시대의 "스팀(STEAM)"형 인재 이해와 과학영역 독서지도 방법	
5. 인지정보영역	● 정보의 시대에 "유의미한 정보"를 찾아내는 능력과 지식 정보 활용하기	
6. 사회영역	● 광범위한 사회영역에 대한 이해와 이에 따른 다양한 독서지도 접근법	
7. 정서영역	● 좋은 그림책 보는 법과 정서 지원 독서 활동을 통한 독서 치료 사례	
8. 분노와 감정	● 감정과 분노에 관해 이해하고 감정코치 전략 익히기	
9. 감정코치	● 자존감에 대해 이해하고 일상생활에서 감정코치 대화 적용하기	

대림교회

하나님 나라의 승리를 위해 반드시 해야 하는 한 가지,
바로 이 땅의 다음 세대를 살리는 일입니다

당진예빛교회

THE CHURCH WILL LIVE
WHEN THE NEXT GENERATION
LIVES

담임 교역자 황만철 전도사
교회연락처 010-5601-0153
주소 충남 당진시 순성면 느락길 15
홈페이지 http://cafe.daum.net/3cvisionschool

다음 세대를 위한 새로운 시작! 새로운 도전!
교회학교를 한국형 유대인 교육을 통한 기독교 대안학교로!

당진예빛교회(담임 황만철 전도사)는 대한예수교 장로회 백석교단 소속 아산예빛교회(담임 윤정상 목사)의 지교회이며 제주디딤돌선교회(이성모 전도사)의 파트너다.

2019년 7월 당진지역에서 다음 세대 사역을 위한 새로운 도전을 시작하였다. 당진예빛교회는 교회학교 학생 중심의 특성화된 교회이고, 부모가 자녀를 가르치는 가족공동체 연합의 교회이며 교회학교 학생들을 위한 기숙사를 운영하는 교회이다. 또한, 예빛교회는 부모와 자녀를 위한 교육 사역과 지역사회를 위한 이웃사랑 사역으로 선한 영향력을 최대한 발휘할 수 있는 두 바퀴 시스템을 적용한다. 이것이 당진예빛교회의 시작이 새로운 도전인 이유이다.

2세대를 위해 1세대가 헌신하는 교회공동체

당진예빛교회는 2세대를 위해 1세대가 헌신하여 다음 세대 리더를 양성하고 지역사회에 기여하여 한국교회에 성경적인 교회성장 모델을 제시하려는 목표를 가지고 세워진 교회공동체다.

두 바퀴 시스템(Two Wheels System)

당진예빛교회는 이 목표를 이루기 위해 두 바퀴 시스템을 적용한다. 두 바퀴 시스템은 앞에 있는 작은 바퀴의 방향조절과 뒤에 있는 큰 바퀴의 동력으로 최대의 구동력과 견인력을 발휘하는 교회 성장 시스템이다. 구동력은 교회의 성장능력을 말하고 견인력은 지역사회에 기여하여 영향력을 발

CTS 기독교 TV '내가 매일 기쁘게' 출연

휘하는 능력과 한국교회에 대한 리더십을 말한다.

두 바퀴 시스템의 성경적 배경은 믿음과 행함 법칙이고, 학문적 배경은 20 대 80 법칙이다. 두 바퀴 시스템은 모두가 하나님을 예배하고 사역에 참여할 수 있도록 하는 참여형 활동 시스템이다.

두 바퀴 시스템의 핵심은 믿음과 행함을 20 대 80 법칙에 적용하여 예배와 사역이 조화를 이루도록 하는 것이다. 두 바퀴 시스템의 콘셉트(Concept)는 후륜형 트랙터(Tractor)이다.

후륜형 트랙터(tractor)는 앞에 있는 작은 바퀴의 방향조절과 뒤에 있는 큰 바퀴의 동력으로 최고의 구동력과 견인력을 자랑한다. 작은 바퀴는 예배를 통한 믿음 회복, 큰 바퀴는 사역을 통한 행함 실천이며, 작은 바퀴와 큰 바퀴의 조화는 믿음과 행함의 일치를 의미한다.

믿음의 역할을 하는 작은 바퀴 20%가 행함의 역할을 하는 큰 바퀴 80%를 이끌어 가는 것이다. 두 바퀴 시스템의 목표는 믿음과 행함이 일치하는 교회가 되는 것이다.

믿음과 행함이 일치하는 교회는 예배를 통해 경험한 말씀을 사역으로 반복하여 실천하는 교회를 말한다. 믿음과 행함의 일치는 예배를 통한 믿음이 교회사역 뿐만 아니라 개인의 삶 전체에 적용되는 것을 의미한다.

당진예빛교회의 작은 바퀴는 성찰과 각성, 성경말씀, 성경 파노라마, 믿음 스토리, 3행 기도, 찬양, 간증으로 이루어진 온종일 통합예배다. 예배는 모든 사역의 방향을 조절하는 우선순위이다. 예배를 통하여 경험한 성숙한 믿음을 교회사역과 개인의 삶에 적용한다.

성숙한 믿음이란 자신의 삶을 돌아보고 성경을 배우며 배운 말씀을 삶에 적용하기 위한 계획을 세우는 예배를 통하여 얻을 수 있는 하나님의 은혜이다.

당진예빛교회의 큰 바퀴는 믿음을 실천하기 위한 3대 사역이다. 3대 사역은 예배 사역, 교육 사역, 이웃사랑 사역이다. 당진예빛교회는 두 바퀴 시스템(Two Wheels System)을 적용하여 3대 사역을 실천함으로 우리의 믿음을 세상에 보일 것이다.

가. 예배 사역

예배 사역은 당진예빛교회의 주일 온종일 통합예배, 새벽예배, 수요예배, 아버지학교, 독서 토론회다. 새벽예배, 수요예배, 아버지학교, 독서 토론회는 주일 온종일 통합예배를 준비하는 과정이다. 새벽예배의 성경 암송과 쓰기, 수요예배의 통합예배 인도자 교육과 성경 교사 교육, 아버지학교의 성경적 리더십 교육, 독서 토론회의 인문학 독서 교육은 주일 온종일 통합예배가 최상의 성과를 낼 수 있도록 돕는 역할을 한다. 당진예빛교회는 예배 사역을 통해 성경을 배우고 구체적인 행동으로 실천하여 믿음과 행함이 일치하는 삶을 사는 공동체를 기대한다.

1) 주일예배

• 시간 : 오전 10시 – 오후 6시 30분
• 부모와 자녀가 함께 하는 온종일 통합예배 순서

① 성찰과 각성 : 성실과 성장 평가, 생각 평가, 계획실천 평가, 서술 평가, 감사 리스트 만들기, 감사와 회개의 기도
② 찬양
③ 신앙고백 : 사도신경, 우리의 핵심가치와 목표, 우리의 결심, 사명 선언문
④ 하브루타(점심 식사)
⑤ 성경 배우기 : 성경 읽기, 성경 암송, 성경 파노라마(시대별 줄거리, 인물, 지명, 연대표, 지도), 믿음 스토리(주제, 설명 서술, 결심 서술, 계획 서술)
⑥ 간증 : 꿈 발표와 성경 스토리텔링
⑦ 설명 서술과 결심 서술 만들기
⑧ 계획 서술 만들기
⑨ 3행 기도문 만들기와 3행 기도하기
⑩ 찬양
⑪ 대표기도
⑫ 헌금기도
⑬ 주기도문

성경파노라마는 성경 역사서를 이해하기 위한 성경공부 자료이다. 믿음 스토리는 믿음을 행함으로 옮기기 위해 필요한 행함실천계획 만들기 자료이다. 3행 기도는 믿음을 고백하고 그 믿음을 행하므로 옮기기 위해 하나님께 도움을 요청하는 기도이다.

2) 새벽예배

• 시간 : 매일 새벽 5시 30분 – 7시
• 성경 읽고 쓰기(1시간), 성경 암송하기(30분)

3) 수요예배

• 시간 : 수요일 오후 7시 30분 – 10시 30분
• 부모를 위한 통합예배 인도자 교육과 성경 교사교육

4) 아버지학교

• 시간 : 목요일 오후 7시 30분 – 10시 30분
• 2세대를 위한 1세대 공동체의 성경적 리더십 교육

5) 독서 토론회

• 시간 : 화요일 오후 7시 30분 – 10시 30분
• 2세대와 1세대가 함께하는 인문학 독서 교육

나. 온 종일 통합예배 자료

1) 신앙고백

우리의 핵심가치와 목표

우리의 핵심가치와 목표는 믿음과 행함으로 위대하고 거룩한 예수님의 제자를 양성하는 것입니다.
우리의 믿음은 믿음 스토리를 읽고 듣고 암송하고 인정하는 것입니다.
우리의 행함은 믿음 스토리에 대한 행함 실천계획을 만들고 실천하는 것입니다.
위대함이란 자신과 타인을 존중하고 자기주도력을 가진 사람이 자신의 전문성을 통해 사회에 기여하여 그 영향력을 발휘하는 것입니다.
거룩함이란 위대함을 뛰어넘어 자신의 사명이 무엇인지 알고 그 사명에 순종하는 것입니다.
예수님의 제자는 하나님을 사랑하는 사람과 이웃을 사랑하는 사람입니다.
예수님의 제자는 구원 받은 사람, 하나님의 뜻이 무엇인지 분별하여 살 수 있는 분별력을 가진 사람, 교회 성장에 기여하는 사람입니다.

우리의 결심

– 우리는 가치 있는 행동으로 나와 타인에 대한 좋은 성품을 보이겠습니다.
– 우리는 우리의 죄를 용서하시기 위해 예수님을 보내주신 하나님을 예배하겠습니다.
– 우리는 성경을 배우고 구체적인 행동으로 실천하겠습니다.
– 우리는 하나님을 사랑하고 이웃을 사랑하겠습니다.
– 우리는 직업을 통하여 사회에 기여하는 진로계획을 실천하겠습니다.
– 우리는 구체적인 학습계획과 주도력으로 학습에 대하여 최대의 성과를 이끌어 내겠

습니다. 우리는 자신과 타인, 그리고 팀에 대한 좋은 성품을 배우고 행동계획을 반복하여 실천하겠습니다.
- 우리는 신앙계획, 진로계획, 행동계획, 학습계획을 통해 우리의 믿음을 행함으로 보이겠습니다.

2) 결심 서술

- 나는 가치 있는 행동으로 나와 타인에 대한 좋은 성품을 보이겠습니다.
- 나는 나 자신을 존중하고 타인을 존중하겠습니다.
- 나는 나 자신의 가치를 인정하겠습니다.
- 나는 자신감을 갖겠습니다.
- 나는 타인의 가치를 인정하겠습니다.
- 나는 타인의 가능성을 인정하겠습니다.
- 나는 나의 죄를 용서하시기 위해 예수님을 보내주신 하나님을 예배하겠습니다.
- 나는 예배 시간을 잘 지켜 참여하겠습니다.
- 나는 좋은 예배태도를 유지하겠습니다.
- 나는 예배시간에 나의 믿음을 고백함으로 하나님께 나의 마음을 드리겠습니다.
- 나는 예배시간에 나의 죄를 대신해서 죽으심으로 제물이 되신 예수님께 감사를 드리겠습니다.
- 나는 예배시간에 믿음을 행함으로 보여줄 것을 결심하겠습니다.
- 나는 예배시간에 믿음을 행함으로 보여주기 위한 계획을 하겠습니다.
- 나는 예수님을 마음에 모셔 들이고 나의 주인 자리와 NO.1 자리를 예수님께 드리겠습니다.
- 나는 전도, 구제, 교육을 통해 교회성장에 기여하겠습니다
- 나는 성경을 배우고 구체적인 행동으로 실천하겠습니다.
- 나는 성경암송 요절을 모두 암기하겠습니다.
- 나는 하나님을 사랑하고 이웃을 사랑하겠습니다.
- 나는 나의 직업을 통하여 사회에 기여하는 진로 계획을 실천하겠습니다.
- 나는 구체적인 학습계획과 주도력으로 학습에 대하여 최대의 성과를 이끌어 내겠습니다.
- 나는 학습시간 전에 미리 준비하는 태도를 보이겠습니다.
- 나는 학습시간에 집중력과 지구력을 발휘하겠습니다.
- 나는 행동하기 전에 생각하고 계획하겠습니다.

– 나는 다양한 경험을 통해 생각의 힘을 키우고 위기나 고난이 닥쳤을 때 그 능력을 발휘하겠습니다.
– 나는 윗사람을 잘 섬김으로 윗사람이 일을 잘할 수 있도록 돕겠습니다.
– 나는 아랫사람을 잘 섬김으로 아랫사람이 자발적으로 따를 수 있도록 하겠습니다.
– 나는 동료들을 잘 섬김으로 팀워크를 이루고 시너지 효과를 내겠습니다.
– 나는 나와 타인, 그리고 팀에 대한 좋은 성품을 배우고 행동계획을 반복하여 실천하겠습니다.
– 나는 신앙계획, 진로계획, 행동계획, 학습계획을 통해 나의 믿음을 행함으로 보이겠습니다.
– 나는 이 모든 것을 잊지 않고 기억하게 해달라고 하나님께 늘 기도하겠습니다.

3) 계획 서술

– 나는 목소리를 크게 하겠습니다.
– 나는 행동을 빠르게 하겠습니다.
– 나는 긍정적인 말을 하겠습니다.
– 나는 나를 칭찬하겠습니다.
– 나는 나를 격려하겠습니다.
– 나는 나를 위로하겠습니다.
– 나는 나의 꿈에 집중하겠습니다.
– 나는 나의 일에 집중하겠습니다.
– 나는 나의 시간에 집중하겠습니다.
– 나는 위험한 행동을 하지 않겠습니다.
– 나는 해야 할 일을 찾아서 하고 행동 전에 생각하겠습니다.
– 나는 시간을 지키고 효과적으로 시간을 사용하겠습니다.
– 나는 주어진 환경에 긍정적인 반응을 보이겠습니다.
– 나는 110 감사 리스트를 매일 기록하겠습니다.
– 나는 팀의 목표를 향한 공동의 행동을 하겠습니다.
– 나는 타인을 존중하는 언어와 행동을 보여주겠습니다.
– 나는 타인에게 양보하고 도와주겠습니다.
– 나는 타인을 칭찬하겠습니다.
– 나는 타인을 격려하겠습니다.
– 나는 타인을 위로하겠습니다.

– 나는 상대방이 말할 때 상대방을 바라보겠습니다.
– 나는 상대방의 소리에 귀를 기울이겠습니다.
– 나는 상대방을 향해 바른 자세를 유지하겠습니다.
– 나는 상대방의 입장이 되어 생각해봄으로 상대방의 마음을 이해하겠습니다.
– 나는 상대방의 말에 적절한 반응을 보이겠습니다.
– 나는 모르는 것이 있으면 질문하겠습니다.
– 나는 다양한 롤 모델의 행동유형을 분석하고 다양한 직업을 탐색하겠습니다.
– 나는 윗사람을 섬기겠습니다.
– 나는 아랫사람을 섬기겠습니다.
– 나는 동료를 섬기겠습니다.
– 나는 예배시간에 경청하여 잘 듣겠습니다.
– 나는 예배시간에 크게 읽겠습니다.
– 나는 예배시간에 바르게 쓰겠습니다.
– 나는 예배시간에 큰 소리로 말하고 찬양하겠습니다.
– 나는 예배시간에 바른 자세를 유지하겠습니다.
– 나는 이웃에게 하나님의 자녀가 되는 방법을 알려주고, 예수님을 영접하고 믿도록 전도하겠습니다.
– 나는 교회와 예수님의 이름으로 도움이 필요한 이웃을 도와 이웃사랑을 실천하겠습니다.
– 나는 교회학교 교사로 교회학교 학생들을 교육하겠습니다.
– 나는 직업이나 봉사로 기여할 구체적인 대상을 계획하겠습니다.
– 나는 직업이나 봉사로 기여 대상에게 기여할 구체적인 내용을 계획하겠습니다.
– 나는 구체적인 직업과 봉사를 계획하겠습니다.
– 나는 전문성이나 전문기술에 대한 전공계획을 하겠습니다.
– 나는 전공을 배울 학교계획을 하겠습니다.
– 나는 직업, 봉사, 전공과 연관성이 있는 체험활동 계획을 하겠습니다.
– 나는 4100 꿈 리스트를 완성하겠습니다.
– 나는 구체적인 학습 목표를 세우겠습니다.
– 나는 시간별 학습계획을 세우겠습니다.
– 나는 학습시간 5분 전에 미리 도착하여 준비하겠습니다.
– 나는 학습시간에 연필을 바르게 잡고 글씨를 바르게 쓰겠습니다.
– 나는 학습시간에 집중력과 지구력을 발휘하여 바른 자세를 끝까지 유지하겠습니다.
– 나는 영어단어 암기 계획을 세우고 매일 실천하겠습니다.

– 나는 역사인물 100명을 탐색하고 기록하겠습니다.
– 나는 수학공식 100개를 탐색하고 기록하겠습니다.
– 나는 영어문법 100개를 탐색하고 기록하겠습니다.
– 나는 역사 사건 100개를 탐색하고 기록하겠습니다.
– 나는 역사 제도와 법 100개를 탐색하고 기록하겠습니다.
– 나는 문학작품 100개를 탐색하고 기록하겠습니다.
– 나는 과학 공식과 기호 100개를 탐색하고 기록하겠습니다.
– 나는 자기 성찰 질문 100개를 기록하겠습니다.
– 나는 내가 계획을 세우지만, 계획이 이루어지게 하시는 분은 하나님이신 것을 믿고 하나님의 도움을 요청하는 3행 기도를 늘 하겠습니다.

4) 3행 기도문

나는 하나님께서 특별하고 가치 있게 창조하신 존재입니다.
나는 믿음으로 구원받은 하나님의 자녀입니다.
나의 믿음은 하나님께서 나를 특별하고 가치 있게 창조하신 것,
내가 죄인인 것, 하나님께서 나의 죄를 용서하시기 위해 예수님을 이 땅에 보내주신 것, 예수님께서 나의 죄 때문에 십자가에 못 박혀 돌아가신 것, 돌아 가신지 3일 만에 다시 사신 것, 하늘로 올라가신 것, 믿음이 있는 자와 믿음이 없는 자를 심판하시기 위해 다시 오실 것을 인정하는 것입니다.
하나님의 자녀인 저에게 하나님께서 명령하신 사명은 하나님을 사랑하고 이웃을 사랑하는 것입니다.
그래서 나는 이 사명을 완수하기 위해 신앙계획, 진로계획, 행동계획, 학습계획을 구체적으로 세우고 실천하겠습니다.
신앙계획은 예배와 교회 성장에 기여하기 위한 계획이고, 진로계획은 사회에 기여하기 위한 직업에 대한 계획이며, 행동계획은 성경적인 좋은 성품을 갖기 위한 계획입니다. 그리고 학습계획은 주도력과 전문성을 키우기 위한 계획입니다.
하나님!
제가 신앙계획, 진로계획, 행동계획, 학습계획을 모두 실천하여 믿음을 행함으로 보일 수 있도록 해주세요. 계획은 내가 하지만 그 계획이 이루어지도록 하시는 분은 하나님이십니다.
저의 행함을 보고 다른 사람들이 하나님께 영광을 돌릴 수 있도록 해주세요.
예수님의 이름으로 기도합니다. 아멘.

다. 교육 사역 – 3C 비전스쿨

3C 비전스쿨은 다음 세대와 교회학교 성장을 위한 당진예빛교회 교육 브랜드이며 당진예빛교회의 교회학교다. 교회학교 성장이란 믿음과 행함이 일치하는 성경적 교회학교가 되는 것이고 공교육을 돕는 미래형 대안학교가 되는 것이며 위대하고 거룩한 예수님의 제자를 양성하는 것이다.

당진예빛교회 교회학교는 자녀들에게는 지혜로운 멘토가 되고 부모들에게는 든든한 지원군이 될 것이다. 이를 위해 자녀들에게 좋은 성품과 태도, 꿈, 성공적인 학습결과에 대하여 효과적인 멘토링을 하고 성품과 태도가 좋지 않은 자녀, 꿈이 없는 자녀, 학습결과가 잘 나오지 않는 자녀 때문에 고민하는 부모들에게는 구체적인 해결방법을 제시하겠다.

3C란 인격(Character), 실력(Competence), 헌신(Commitment)의 영어 첫머리 글자를 모은 것으로 대통령이 직접 추천하고 국회의 허락으로 임명되는 미국의 고위 공직자 500명을 선출하는 3가지 인재 선발 기준이며 위대하고 거룩한 예수님의 제자가 되기 위한 3가지 성품을 말한다.

당진예빛교회 교회학교는 한국교회 교회학교 성장을 돕기 위해 교회학교 퍼스널 브랜딩 시스템(Personal Branding System of the Church School)을 적용한다. 교회학교 퍼스널 브랜딩 시스템은 각 교회의 인프라(사람, 재정, 공간)와 지역 환경을 고려하여 맞춤형(Personal Branding) 교회학교 프로그램을 제공하는 교회학교 성장 프로그램 컨설팅 시스템이다.

1) 교회학교의 인재상

① 믿음과 행함이 일치하는 사람

– 구원받은 사람

– 목표와 계획이 일치하는 사람

– 가치 있는 일을 선택하고 그 일에 집중하는 사람
– 하나님의 뜻이 무엇인지 분별하여 살 수 있는 분별력을 가진 사람

② 위대하고 거룩한 사람

– 자신과 타인을 존중하고 자기주도력을 가진 사람
– 자신의 전문성을 통해 사회에 기여하고 그 영향력을 발휘하는 사람
– 자신의 사명이 무엇인지 알고 그 사명에 순종하는 사람과 교회 성장에 기여하는 사람

2) 기독교 유아 교육 사역

당진예빛교회 교회학교 기독교 유아 교육은 1~6세 유아와 학부모가 함께 참여하여 상호작용 놀이와 성경 듣기, 성경 암송하기, 성경 읽기, 성경 쓰기를 통해 1~6세의 유아가 성경적인 기초 성품이 형성되고 기초학습 능력이 배양될 수 있도록 돕는 활동형 유아 교육 과정이다.

3) 기독교 대안 교육 사역

당진예빛교회 교회학교 기독교 대안 교육은 7~19세의 어린이와 청소년들을 위대하고 거룩한 예수님의 제자로 양성하기 위한 기숙과정이고 성경적인 신앙교육, 성경적인 진로교육, 성경적인 성품 교육과 자기 주도학습을 위한 통합코칭 과정이다.
위대하고 거룩한 예수님의 제자는 구원받은 사람, 하나님의 뜻이 무엇인지 분별하여 살 수 있는 분별력을 가진 사람, 자신의 전문성을 통해 사회에 기여하여 그 영향력을 발휘하고 교회 성장에 기여하는 사람이다.

4) 교회학교 교육 Concept

① 하나님께서 만드신 자연 체험하기
② 하나님께서 만드신 나 발견하기
③ 하나님께서 만드신 타인 존중하기
④ 하나님께서 만드신 세상에 기여하기
⑤ 하나님께서 세우신 교회에 헌신하기

5) 교회학교 교육 목표

하나님의 자녀가 되는 것

① 성경적 정체성을 가지고 있고 구원의 확신이 있는 사람

② 믿음과 행함이 일치하는 사람

인격적인 사람이 되는 것

① 자신을 존중하여 자신감과 주도력을 가진 사람

② 타인을 존중하여 타인의 가치와 가능성을 인정하는 사람

실력 있는 사람이 되는 것

① 우선순위 결정력과 성경적 분별력을 가진 사람

② 생각의 힘과 집중력을 가진 사람

③ 시간관리 능력과 정보가공 능력, 가속학습 능력을 가진 사람

헌신적인 사람이 되는 것

① 섬기는 리더십을 가지고 자신이 속한 조직에서 성과를 내는 사람

② 자신의 전문성을 통해 사회에 기여하고 그 영향력을 발휘하는 사람

③ 자신의 사명이 무엇인지 알고 그 사명에 순종하는 사람

6) 교회학교 운영 및 주요 교육 과정

교회학교 운영

① 자급자족을 원칙으로 하는 365일 공동체 생활

② 습관 형성을 위한 3무(無) – 방학, 외출, 인터넷과 미디어

주요 교육 과정 1 – 온 가족 텃밭 농사

가족이 함께 기르고, 수확하는 과정을 통해 이루어지는 최상의 인성 교육 과정

(1) **교육 운영**

가족별로 일정하게 분양된 밭에 계절 작물 심고 거두기

(2) **세부 내용**

① 에듀 팜(Edu Farm, 교육농장)

에듀 팜은 이론으로 배우는 변화와 성장을 스스로 하는 농사를 통해 시각화하고 자기 변화와 자기 성장에 적용하도록 하는 활동이다. 텃밭 농사는 간접경험이 아닌 직

접경험이다. 아이들은 직접 심고, 기르고, 수확하는 농사의 반복을 통해 변화와 성장의 과정을 경험하게 될 것이다.

② 케어 팜(Care Farm, 성품치유농장)

케어 팜은 자연체험을 통한 정서 함양 및 휴양 등의 기능을 넘어 스스로 하는 농사를 활용한 정신적, 육체적 건강 회복을 목적으로 제공되는 활동이다. 자연환경에서 이루어지는 농사라는 직접경험은 생각에 긍정적인 영향을 주기 때문에 감정조절과 행동조절에 필요한 최상의 도구이다. 텃밭 농사를 통해 얻게 되는 감정조절 능력과 행동조절 능력은 성품형성과 성품치유에 좋은 영향을 주게 될 것이다.

③ 힐링 팜(Healing Farm, 감정치유농장)

힐링 팜은 수확의 기쁨을 통해 마음의 상처를 치유하고 더 나은 미래를 꿈꿀 수 있게 하는 활동이다. 텃밭 농사는 직접 작물을 키워보고, 내가 먹는 음식이 밥상에 오르기까지 과정을 경험하고, 이를 통한 농업의 소소한 재미를 느낄 수 있도록 하며, 생명의 소중함을 직접 피부로 경험하도록 하는 것을 목표로 한다.

주요 교육 과정 2 – 통합 코칭

믿음을 행함으로 보이기 위한 신앙, 진로, 학습, 성품 통합 교육과정

(1) **세부 내용**

• 신앙계획 세우고 실천하기

신앙계획은 믿음을 행함으로 보여 믿음이 성장하기 위한 계획이다. 신앙계획에는 예배와 교회 성장에 기여하기 위한 계획이 있다.

① 예배에 대한 계획

예배에 대한 계획은 예배 시간을 잘 지켜 참여하고 좋은 예배 태도를 유지하는 것이다. 좋은 예배 태도란 경청하여 잘 듣고, 크게 읽고, 바르게 쓰고, 큰 소리로 말하고 찬양하며 바른 자세를 유지하는 것이다.

② 교회 성장에 기여하기 위한 계획

교회 성장에 기여하기 위한 계획은 전도, 구제, 교육이다. 전도는 타인에게 하나님의 자녀가 되는 방법을 전하고 교회로 인도하여 정착할 수 있도록 돕는 것이다. 구제는 가난하고 소외된 이웃을 자신의 경제력과 재능을 가지고 교회를 통하여 섬기

는 것이다. 교육은 고등학교를 졸업하고 3년간 보조교사로, 10년간 정교사로 교회 학교를 섬기며 아이들을 가르치는 것이다.

• 진로계획 세우고 실천하기

진로계획은 자기 일(직업과 봉사)을 통해 사회에 기여하여 이웃사랑을 실천하기 위한 계획이다. 진로계획에는 목표에 대한 계획, 일에 대한 계획, 전문성이나 전문기술에 대한 계획, 전문성이나 전문기술을 배울 곳에 대한 계획, 중고등학교에서 해야 할 체험활동에 대한 계획이 있다.

① 꿈 서술(인생의 목표, 신앙계획, 진로계획, 학습계획, 행동계획 서술하기)
② 정체성 서술("나는 누구인가?", "나는 어떻게 살아야 하는가?")
③ 사명 선언문(정체성 서술, 사명 서술, 목표 서술, 계획 서술하기)
④ 진로계획 노트(사회기여, 직업 개요, 전공과 학교, 체험활동 등을 탐색하여 기록하기)
⑤ 자기소개서(자기소개서 기본 문항과 자율 문항에 대한 답변 기록하기)
⑥ 진로 상담(진학과 진로에 대한 1:1 상담)

• 학습계획 세우고 실천하기

학습계획은 주도력과 전문성을 키우기 위한 계획이다. 학습계획에는 교과목 예습과 복습 계획, 영어단어 암기 계획, 수학 문장제와 계산법 풀이 계획, 자기 계발 노트 만들기 계획이 있다.

• 행동계획 세우고 실천하기

행동계획은 성경적인 좋은 성품을 갖기 위한 계획이다. 행동계획에는 자기를 존중하는 사람이 되기 위한 계획, 타인을 존중하는 사람이 되기 위한 계획, 자기 주도적인 사람이 되기 위한 계획, 섬기는 리더십을 가진 사람이 되기 위한 계획이 있다.

라. 이웃사랑 사역

이웃사랑 사역은 지역사회의 자영업자, 생산자, 소비자를 섬김으로 지역경제 성장에 기여하고 지역사회의 학부모들이 자녀를 성경적으로 양육할 수 있도록 돕기 위한 당진예빛교회의 사회기여 사역이다.

이를 통하여 당진예빛교회의 이미지 상승과 질적, 양적 성장에 기여할 것이다. 더 나아가 당진예빛교회 이웃사랑 사역을 벤치마킹 하려는 교회들을 위한 컨설팅을 통해 한국교회 성장에 기여할 것이다. 당진예빛교회 이웃사랑 사역은 경영 컨설팅 사역, 플렛폼 사역, 학부모 커뮤니티 사역이다.

1) 당진예빛 경영 컨설팅 사역

경영 컨설팅 사역은 당진지역에 있는 소규모 자영업자들이 최소 비용으로 창업할 수 있도록 하는 창업지원(인테리어 시설비와 보증금 전액 지원)과 경영 전반에 대한 컨설팅 제공, 그리고 기본소득을 위한 네트워크를 제공하여 자영업자들의 고소득을 창출하고 지역사회 경제 성장에 기여하는 사역이다.

2) 당진예빛 플렛폼 사역

플랫폼 사역은 소규모 농업 생산자와 소비자를 연결하여 상호이익을 추구하고 농촌지역 경제성장에 기여하는 사역이다. 플렛폼 사역으로 지역사회 소규모 농업 생산자들에게는 농산물 판로 안정화와 계약재배로 인한 고품질 농산물 생산을 통한 소득증대에 기여하고 소비자들에는 안전하고 저렴한 농산물 공급과 농촌경제 성장에 기여할 수 있는 기회를 제공할 것이다.

3) 당진예빛 학부모 커뮤니티 사역

학부모 커뮤니티 사역은 학부모들을 위한 1만 권 도서관, 카페, 미용실을 통합 운영하여 자녀 양육에 대한 나눔과 쉼을 제공하고 학부모 특강을 통해 자녀 양육 정보를 지속적으로 제공하는 사역이다.

하나님 나라의 승리를 위해 반드시 해야 하는 한 가지,
바로 이 땅의 다음 세대를 살리는 일입니다

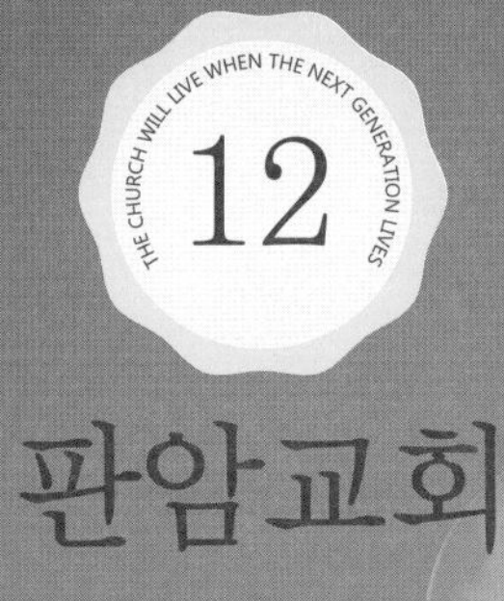

판암교회

THE CHURCH WILL LIVE
WHEN THE NEXT GENERATION
LIVES

담임목사	홍성현 목사
교회연락처	042-283-8662(FAX 042-272-8662)
주소	대전광역시 동구 옥천로 176번길 35
홈페이지	www.panamchurch.org

판암교회는 대전광역시 동구에 위치하고 있으며, 1958년 개척하여 60년의 역사를 가지고 있다. 현재 홍성현 담임목사가 시무하고 있으며, 지역과 소통하고, 다음 세대를 그리스도의 제자로 세우는 목회방향을 갖고 있다. 판암교회는 지역주민과 다음 세대들이 교회의 공간을 부담 없이 이용하고 예배할 수 있는 선교센터를 2019년에 준공하였다.

선교센터 1층에는 프렌차이즈 카페(coffee bay)가 입점하여 청소년들이 셀그룹과 스터디할 수 있는 공간을 만들었고, 지역주민들이 부담 없는 가격에 정식 카페의 문화 공간을 이용하고 있다. 카페는 부목사님과 정식 매니저가 본사에서 교육을 받고, 정식으로 운영하여 카페 퀄리티가 떨어지지 않도록 유지하고 있다. 구조적으로 교회의 예배실을 많이 건축하는 것도 중요하지만, 다음 세대들을 위한 문화적 공간과 이웃과 소통하는 공간을 창출함으로 중요한 복음의 통로가 되고 있다.

선교센터 지하는 젊은이 예배와 금요 성령집회가 드려지는 장소로 사용되고 있다. 금요성령집회 예배스타일은 기존의 기도회가 아니라 캠프처럼 진행함으로써 조명, 음향, 찬양스타일을 젊은 층에게 어필할 수 있도록 기획되어 있다. 어르신들도 이러한 문화를 잘 수용할 수 있도록 광고하여 다음 세대들을 배려할 수 있도록 하였다. 현재는 다음 세대들이 금요성령집회의 40%를 담당하고 있으며, 예배 후에 셀러브레이션을 하고 강단에 나아와서 뜨겁게 기도하고 있다.

1. 새싹 유치부

새싹 유치부는 1~7세를 포함하고 있으며, 예배 전 전 교사가 예배실에 모여서 드려질 예배와 영혼을 놓고 기도한다. 기도회가 마치면 어린이들이 예배실로 들어올 때마다 담임교사들이 나가서 안아주며 그 영혼을 위해 축복기도 해준다. 부모님들도 그 자리에서 같이 기도한다. 기도가 마치면 어린이 찬양, 율동으로 예배 전 찬양 인도한다. 어린아이들은 분리 불안이 있으므로 부모와 같이 예배드린다.

예배는 오감 설교를 진행하고 있다. 미디어에만 의존한 설교 방식이 아니라 만져보고, 체험하면서 예배를 경험하고, 설교 말씀을 경험으로 인식하게 한다. 분기별로 연극, 인형극 설교를 하고 있으며, 한 달에 한 번 선교사님을 위한 선교예배를 드리고 있다.

영아부, 유치부는 현재 어린이전도협회 프로그램과 통합측 공과 교재를 활용하고 있다. 두 프로그램을 혼합해서 사용하고, 아이들이 가정에 돌아가서 부모님과 그날의 예배를 소통할 수 있도록 부모님과 활동 프로그램을 넣어서 가정에 보낸다.

각 가정에 돌아가서 부모님과 아이들이 분반 교재를 활용하여 가정예배를 드리고, 체험 만들기를 같이 제작해서 다음 주 예배에 가지고 온다. 담임교사는 교재를 갖고 온 친구들에게 스티커를 부착해주며 축복해 준다. 또한, 한 주간 가정예배를 드릴 수 있도록 한 주 말씀 카드를 보낸다. 말씀 카드를 냉장고 소식에 붙여서 아이들과 그 말씀을 읽고 찬양하고 기도할 수 있도록 한다. 분기가 끝나면 모든 아이들에게 차등을 주지 않고 시상을 하여 하나님의 나라의 본질에 대해서 설명하고 서로 축복하는 유치부를 만들어가고 있다.

2. 사무엘 유초소년부

유초소년부는 달란트 제도를 사용하고 있다. 아이들에게 출석, 말씀 암송, 전도 등에 대한 시상을 달란트를 제공하고, 분기별로 달란트 파티를 하고 있다. 매달 마지막 주에 우승반(출석, 주중 교사심방)을 선정하고 축하 폭죽과 함께 우승반 교사에게는 우승 상품권(5만 원 상당)을 시상한다. 어린이는 달란트 제도와 함께 교사는 교사 사명통장을 운영한다. 교사는 전도, 주중 심방, 전 교사 기도회 참석에 따라 통장 달란트가 지급된다. 어린이 관리는 교사에게 있기 때문에, 교사들에게 사명에 대해서 기도하며 끊임없이 교육하고 있다.

반성장을 위해서 무학년제를 실시하고 있으며, 남녀 구분 없이 이루어져 있다. 반에는 반장을 세우고, 교사를 도와서 분반 공부시간에 아이들을 관리한다. 학기 초에는 신입생을 기준으로 가정방문을 하고, 한 달에 한 번 반별 단합대회를 한다(재정 보조함).

생일자에게는 엽서를 보내거나 축하 카톡을 보낸다. 사정에 따라 기프티콘을 보낸다. 결석자에게는 그 주를 넘기지 않고, 심방을 통해서 반드시 아이들을 파악하고 서기를 통하여 담당 교역자에게 보고한다.

교사는 필히 예배를 참석하고, 무결석, 무지각을 원칙으로 한다. 사회자, 기도자는 복장을 갖추어 입고, 어린아이들에게 본을 보인다. 어린 영혼을 위해 하루에 한 번씩 이름을 부르며 기도하며 사명감을 갖고 임하고 있다.

예배팀에는 2팀의 성가대와 찬양율동팀이 있다. 찬양율동팀은 여는 예배 역할을 담당하고, 율동을 포함하여 역동적인 찬양인도를 한다. 찬양 율동팀은 단복을 입고 어린아이들이 반응할 수 있도록 옆에서 같이 찬양하며 찬양인도자를 돕는다. 성가대는 성가복을 입고 찬양하고, 말씀 전에 찬양하고 분반 공부 후 1시간씩 연습하고 돌아간다.

설교는 아이들 눈높이에 맞추어 시청각 설교를 한다. 말씀과 분반 공부 교재 내용이 같고, 설교말씀을 다시 한번 상기시킨다. 본문 말씀의 요절은 가정에 돌아가서 아이들이 암송하고, 주중에 말씀을 놓고 기도한다. 그리고 다음 주가 되면 분반 공부시간 전에 요절을 암송하고, 달란트를 받는다. 분기별로 요절 암송대회를 하여 아이들이 말씀을 외우도록 교육하고 있다.

3. 다윗 중등부

중등부는 Renewal 2020 표어로 영혼의 리뉴얼, 예배의 리뉴얼, 교육의 리뉴얼, 교제의 리뉴얼, 섬김의 리뉴얼의 실행 방향을 갖고 있다.

먼저 예배의 리뉴얼은 교역자가 예배에 기쁨과 즐거움이 있을 수 있도록 분위기를 형성하고 예배에 대한 중요성을 교육한다. 각반 교사들은 매주 토요일에 각반 학생들에게 전화 심방하고, 한주의 상황을 보고한다. 중등부 예배는 주일 오전 9시에 예배하는데 지각, 결석하지 않도록 독려한다.

또한, 찬양팀을 영성과 실력 있는 팀으로 훈련시킨다. 교역자가 예배에 대해서 지도하고, 담당교사는 음악적 달란트가 있는 분으로 아이들에게 찬양과 연주, 기능적인 부분에서 지도한다. 학생들은 기도로 예배를 준비하고, 매주 1~2회 모여서 철저하게 연습한다.

교육의 리뉴얼로는 교육적 효과를 강화하기 위해서 몇 주 주기로 한 가지 주제와 성경을 선정하고 함께 말씀에 대해서 고민하고 연구하고, 묵상할 수 있도록 지도한다. 또한, 설교를 통하여 아이들에게 같은 공감대를 전하고, 성경, 과학, 기독교 윤리, 문화에 대해서 성경적 가치관을 교육하고 있다

기독교 기초교리 교육을 통하여 신앙의 핵심적인 교리교육과 변증적 접근을 하고, 제자교육을 통하여 셀리더들에게 필히 교육하고 있다. 분반공부

시간에 설교와 일관성 있는 공과를 유도하여 기초교리를 같이 토의한다. 또한, 신앙의 성장을 위하여 금요성령집회를 참석하고, 예배 후 강단에 올라가서 함께 기도한다.

교제의 리뉴얼로는 반별 모임과 단합대회를 진행하고(재정 지원) 반별로 우리만의 기도회를 하여 반별로 금요성령집회 참석을 유도하고 있다. 그리고 야외예배, 단체소풍 등, 학생들과 교사가 함께 교제할 수 있도록 하고 있다.

섬김의 리뉴얼로는 지속적인 전도, 새 친구 초청 파티를 하여 영혼 구원의 섬김에 대해서 교육한다. 아이들이 중등부를 섬길 수 있는 사역을 창출(예배팀, 행사준비, 진행팀)하여 다 같이 참여하는 섬김의 자리를 만들고 있다.

또한, 중등부는 매년 초 학부모님들을 초청해서 함께 예배드리며, 중등부에 대해서 홍보하고, 축복하며 함께 기도하는 시간을 갖는다. 중등부에서 진행되는 예배와 가치관 교육과 사업계획안을 함께 나누고 부모님들의 적극적인 참여를 유도한다.

매달 한 번은 교사들과 학생들이 단합대회를 하며, 새로운 친구들이 잘 정착할 수 있도록 친교의 시간을 만든다.

그리고 주일 주중 예배와 주일예배에 맨 앞자리를 사수하기 하면서, 예배의 모범이 되는 중등부가 되고 있다.

4. 다윗 고등부

다윗 고등부 "믿으니깐 살아 낸다"라는 표어로 예수 그리스도의 복음을 갖고 삶의 예배의 자리에 나아가 '믿음으로' 그 복음을 '살아 내는' 것을 목표로 한다.

예수 그리스도의 주되심을 온전히 믿어 이제는 자신도 그의 고난과 영광에 온전히 동참하여 살아가는 것을 지향한다. 로마서가 계속해서 말하는 '믿어 순종케' 하는 신앙이 우리 다윗 고등부의 교육목적이다.

이를 실천하기 위해서 예배에 집중한다. 말씀과 성령으로 임재하시는 하나님의 영광을 예배 가운데 경험하기 위해 예배의 포커스를 설교에 집중한다. 예배에 마음을 열고 나아갈 수 있도록 찬양팀을 훈련시킨다.

또한, 기도훈련으로는 예배시간 말씀 후 기도회를 충분히 하여 기도를 통한 영적인 충만함을 누리는 경험을 하도록 한다. 학교에서의 첫 시간을 기도로 시작하도록 '첫 시간 기도' 캠페인을 시행한다.

또한, 금요성령집회에 참석해서 캠프와 같이 뜨겁게 찬양하고 말씀 듣고 기도한다. 기도 때에는 강단 위에 모두 올라가서 담당 교역자와 교사가 함께 학생들을 축복하며 기도해 주고, 선배들이 그 기도를 받고 후배들에게 나아가 기도해 준다. 서로 축복기도 해주면서 기도하는 공동체를 이루어간다.

매주 공예배를 참석하여 어른들의 예배를 배워가고, 예배실의 맨 앞자리를 사수하여 학생이지만 예배의 모범이 되게 하고 있다. 주중 예배와 주일 예배에 최대한 많이 참석하도록 하고 있다.

잃은 양 찾기를 통해서 잠자고 있는 영혼을 깨우고, 내부를 강화시킨다. 새가족부를 운영하여 공동체에 들어온 아이들을 제대로 된 교제와 훈련을 통해서 참된 그리스도인으로 성장시킨다. 서기부에서 새가족을 관리한다.

또한, 고등부는 사역국 체제를 운영한다. 행정국, 찬양국, 섬김국, 미디어국, 새가족국으로, 행정국은 임원들이 담당하고 고등부 행정을 담당한다. 찬양국은 모든 찬양을 담당하고 예배 기획을 한다. 섬김국은 아이들을 심방하고, 잃은 양을 교사들과 함께 관리한다. 미디어국은 예배 방송과 유튜브

중계, 영상홍보를 맡는다. 모든 국에는 재정이 편성되어서 자유롭게 활동할 수 있도록 독려하고 있다.

매년 분기별로 위러브처럼 스탠딩 워십을 운영하고 있고, 아이들이 예배를 기획하여 더 은혜롭고 파워풀한 예배를 드린다. 주중에는 분반 공부실을 아이들 독서실로 운영하고, 담당 교역자 허락하에 운영되고 있다.

하나님 나라의 승리를 위해 반드시 해야 하는 한 가지,
바로 이 땅의 다음 세대를 살리는 일입니다

부평갈보리교회

THE CHURCH WILL LIVE
WHEN THE NEXT GENERATION
LIVES

담임목사	신재국 목사
교회연락처	032-515-8771(Fax:032-506-8774)
주소	인천광역시 부평구 부흥로 259번길 38
홈페이지	www.calvary.co.kr

하나님께서 부평갈보리교회 유초등부 사역으로 인도해 주셨다. 교회는 450명 출석 규모에 유년부와 초등부가 나눠져 있는 시스템에서 필자가 부임할 때, 유초등부가 연합되었다. 기존의 교사들과 새롭게 임명된 교사들과 함께 많지 않은 인원들로 구성된 약 30여 명의 아이와 함께하게 되었다.

1. 새로운 무학년제 시스템 체제로의 전환

갈보리교회는 상황적으로 학년제 시스템보다는 무학년제 시스템으로 편성하는 것이 훨씬 효과적으로 사역할 수 있겠다고 판단하였다. 무학년제 시스템이란 기존의 학년 기준에 맞추어서 반을 편성하는 것이 아니라 지역(학교)별로 구역을 정하고, 그 지역(학교) 안에서 반을 구성하여 선, 후배들이 함께 반 편성을 하여 운영하는 시스템이다. 또한, 교사들도 살고 있는 주거지역이 서로 지역(학교)별로 나누어져 있어서 아이들과 함께 같은 지역에 사는 교사들이 같은 지역에 사는 반을 맡아 담임으로 섬기기로 하였다.

전체적으로 "홀리 키즈"라고 명명하고, 지역(학교)별로 홀리 킹덤, 홀리 드림, 홀리 파워, 홀리 네임이라 하고 4개의 지역(학교)으로 편성한 뒤, 팀장과 부팀장을 세우고 팀장 중심의 체제로 교사들을 담임과 스텝으로 세워 진행하기로 하였다.

2. 교사의 역량 강화

'교사가 변하지 않으면 아이들의 변화도 기대할 수 없다'라는 목적을 가지고 교사들과 함께 시작하였다. 교사들 대부분의 생각은 교회에 나오는 아이들을 잘 교육하고 관리하자는 것이었다. 또한, 그렇게 하게 된 배경에는 교회 주변으로 대형 교회들이 즐비하였기 때문에 전도 나가도 소용이 없다는 것이었다.

그래서 교회를 중심으로 가까운 초등학교를 직접 다녀보았다. 기도하는 마음으로 다녔다. 부원초등학교를 시작으로 부평동초등학교, 부평서초등학교, 산곡초등학교, 개흥초등학교, 미산초등학교, 마장초등학교 등, 7개 초등학교에서 아이들이 오고 있었고, 교회 동서남북으로 도보로도 충분히 다닐 수 있는 곳의 학교들을 조사하였다.

대형교회들은 더 가까이 있었다. 주안장로교회가 대표적이다. 부평 성전으로 엄청나게 크고 웅장하고 최신식 시설을 갖춘 교회로 스케일이 여타 교회들과 비교할 수 없었으며, 자녀들을 둔 학부모들이라면 누구라도 주안장로교회로 가고 싶을 정도였다. 학교 앞에 전도를 나오면 팀별로 복장을 다 갖추고 먹거리팀, 선물팀, 티켓전도팀, 상담팀 등으로 나누어져서 놀라운 팀웍으로 전도를 하고 있었다. 그 인원도 약 30명 이상이 함께 나와 전도하고, 그분들이 또 그 학교 학부모들이 대부분인 모양이었다. 서로 아는 분들이 너무 많았다.

다음으로 감리교회에서 교육 일번지라고 할 만큼의 부광교회도 있었다. 빌립 전도대로 전도에 대한 교육도 전국적으로 알려져서 매주 세미나가 열릴 만큼, 이 교회 역시 스케일이 남다른 교회였다. 팀별로 거점을 정해서 선물과 간식, 음료 등을 준비하며 횡단보도 중심으로 흩어져서 전도하는 것이 특징이었다.

산곡교회는 아이들 토요학교 및 동아리 활동이 두드러진 교회라고 할 수 있는데, 전문강사를 초빙하여 학기별로, 또 방학 때 학습, 운동, 취미 등, 과목별로 전문가들과 함께할 수 있는 시간을 만들어 학부모님들과 또 주변 지역주민들에게 큰 호응을 얻고 있었다.

결국, 이런저런 이유와 주변 교회들의 상황으로 교사들은 주일날 오는 아이들만 관리하고 주중에는 주일학교 사역이 쉽지 않았다. 그래서 이 패러다임을 깨고 학교 앞 전도를 매일 나가기로 하였다. 그리고 그 사역을 감당하기 위해서 기도회를 시작했다. 모일 때마다 기도하였고, 금요 철야에 헌신예배를 드리고, 평일 저녁 기도회로 모이기 시작하였으며, 주일날 예배를 마치고 난 뒤에 항상 회의보다 다른 그 어떤 행사보다 교사들이 모여서 전체 기도회를 시작하고, 팀별로 구체적으로 기도하기 시작하였다.

기도의 결과로 하나님께서 당장에 크신 응답을 주실 거라 기대하는 교사들도 있었다. 그러나 그 가운데서 교사들이 깨달았던 것은 우리가 하나님을 바라보지 않고 우리의 편한 대로 사역하고 있었고, 기도로 하나님 앞에 은혜를 구하는 것이 아니라 세상의 가치와 기준에 따라서 다른 교회를 의식하며 비교하는 모습에서 주저하는 우리의 연약함을 깨닫게 하셨다. 그래서 기도하는 우리에게 하나님께서는 용기를 주셨다. 담대함을 주셨다. 함께 해보자는 의지를 주셨다. 교사들은 그렇게 바뀌고 있었다.

3. 학교 앞 전도의 시작과 그 결과

학교 앞 전도를 매일 나가기로 하였다. 월요일부터 금요일까지 학교 앞에서 전도하고 토요일은 주변 오거리전도를 하기로 하였다. 쉽지 않은 결정이었지만 선생님들과 함께 기도하면서 '한 영혼에 집중하자'라는 마음을 굳게 하고 사역에 함께 동참하였다.

학교 앞에서 등굣길 아침 8시 10분에 모여 기도하고, 8시 15분부터 9시까지 그리고 하굣길에 1시 20분부터 3시까지 결코 쉽지 않은 사역이다. 직장인 선생님들이 대부분이셨기 때문에 더 불가능해 보이는 사역들이었다. 그러나 기도를 통해 함께 은혜를 받으니까 용기 있게 담대하게 나아갈 수 있었다.

친구들에게 힘내라고 격려할 수 있었고, 또한 새 친구들을, 교회에 가려고 했던 친구들을 하나님께서 미리 예비하셔서 만나게 해주셨고 보내주셨다.

학교 앞 전도의 특징 중에 등굣길 전도는

1) 같은 장소
2) 같은 시간
3) 같은 사람
4) 같은 모습으로 인사하는 것이다.

등굣길에서는 교회 이야기 등, 전도에 관련한 이야기는 절대 하지 않는다. 오히려 캠페인을 하면서 공부 열심히 하기, 인사 잘하기, 웃어른 공경하기, 선생님 말씀 집중하기 등, 꼭 나누어야 할 이야기들을 인사하면서 오늘 하루도 힘내고 파이팅하라고 격려하는 것으로 진행하였다. 공부하느라 수고가 많다고 위로하면서 그들의 마음에 공감해 주는 사역이 바로 아침 등굣길 사역이었다.

하굣길 사역은 이제 아침에 인사를 나누었다면 구체적으로 우리가 누구인지, 왜 나와서 인사를 하는지 알려주고, 많은 친구를 대상으로 전도하기보다는 한 사람씩 만나서 신앙상담을 진행하는 전도를 하였다. 그들에게 복음을 전하고 교회를 다니고 있다면 열심히 잘 다니라고, 교회 다니면서 부모님과 친구들을 전도하라고 꼭 권면하였다. 안 다니거나 자칭 그 친구들 말에 의하면 쉬고 있는 휴가 친구들도 만나게 해주셔서 교회로 꼭 다시 나올 수 있도록 약속하였다. 그렇게 우리 선생님들을 통하여 하나님께서는 일하기 시작하셨다.

등굣길 그 바쁜 시간에 선생님들의 헌신과 하굣길 점심시간을 뒤로 미루면서 빵, 우유를 드셔 가며 섬기니까 선생님들끼리도 서로 못 나오고 함께 못함에 미안해하시면서 격려를 나누고, 또 월차휴가를 내시면서 함께 해주시니 모두에게 든든한 힘이 되었고 도전이 일어나면서 부흥이 시작되고 있었다.

4 부흥의 시작과 연속

하나님께서 계속적으로 새 친구들을 보내주셨고, 좋은 소문들이 많이 나기 시작했다. 물론 심각한 어려움으로 인해서 우리 모두 사역을 포기할 뻔도 했다. 인천에 한 중학생이 초등학생을 유인, 유괴 살인사건이 일어났기 때문이었다. 같은 인천시였고 얼마 떨어지지 않은 동네였기 때문에, 학교 앞 전도의 길은 막혔고, 모두 곱지 않은 시선으로 바라보기 시작했으며, 경찰 및 학교와 학부모회에서도 난리가 났기 때문이었다.

그럼에도 불구하고 기도하고 어떻게 하면 끊기지 않고, 싸우거나 불편을 겪지 않는 방법 내에서 전도할 수 있을까를 고민하였을 때, 하나님께서는 그때그때 길을 열어주셨다.

그래서 약 30여 명의 친구로 시작하였던 유초등부가 여름성경학교를 할 때는 약 85명의 친구가 등록하여 진행하였고, 연말에는 110명 정도의 아이들이 출석하였으며, 한 번씩이라도 와서 예배를 드리고 간 친구들 또한 100명이 넘게 다녀갔다. 이 모든 것이 하나님의 은혜였고, 할 수 있다는 자신감이 생기면서 선생님들과 아이들에게 귀한 동기부여가 되었다.

수원삼일교회

THE CHURCH WILL LIVE
WHEN THE NEXT GENERATION
LIVES

담임목사	송종완 목사
교회연락처	031-211-0085(FAX 031-211-7321)
주소	경기도 수원시 영통구 삼성로 267번길 10
홈페이지	www.s31.kr

수원삼일교회는 다음 세대를 귀하게 여기며, 담임목사님과 모든 교인의 전폭적인 지지 아래 전도에 올인하고 있는 교회이다. 특별히 "다음 세대 2020 비전"을 가지고, 열심히 주일학교 사역에 전심전력하였다. 일반적인 교회와 다른 점은 "아이해피데이"라는 특별한 전도행사를 진행하고 있다.

1. 아이해피데이(매월 첫째 주)

시간	순서	내용	준비	담당자
10:00~ 11:00	예배세팅 방송실 점검	찬양팀 / 대표기도 / 헌금위원 / 광고자(환영)	방송실 음원, PPT, 큐시트	각 부 부장 부감 선생님 임원선생님 찬양팀
11:00~ 11:30	찬양팀리허설 환영 및 안내	찬양팀 유치~초등 환영 및 안내	음원 PPT	맹현실 찬양리더교사 각 부 부감 및 안내교사
11:20~ 11:45	찬양	SI 몸찬양선교단 + 유치부	음원 PPT	맹현실선생님 서경동선생님 최병훈선생님 이민준선생님
11:45~ 11:47	신앙고백	사도신경	기도문/반주	사회:백영곤 유치부장 기도 후 반주 : 김정란 교사
11:47~ 11:50	예배송	나는 예배자입니다	반주	다 같 이 반주:김정란 교사
11:50~ 11:52	대표기도	유초등부	예배 PPT	이고은 선생님
11:52~ 11:55	십계명		예배 PPT	사회자
11:55~ 12:00	예물드림	내게 있는 모든 것을	악보 / PPT	헌금위원:임원선생님
12:00~ 12:20	설교		예배자료	설교:진길창 목사
12:20~ 12:22	예배마침	다음 세대를 축복하며		진길창 목사
12:22~ 12:30	새친구환영	선물 증정 / 축복송	각부 선물	각부 부장(새신자선물증정) 새신자 많으면 제자리에서 선물 증정
12:30~ 12:40	광고	유치부는 퇴장		유초등부 광고시간
12:40~ 12:50	분반	반별 친교모임		친교모임 및 미션전달
12:50~ 14:00	먹거리 미션게임	소공원		미션 게임 활동

매월 첫째 주는 아이해피데이로 예배를 준비한다. 사실 매월 첫째 주마다 전도축제 예배로 준비하여 드린다는 것이 절대 쉽지 않다는 것을 해보신 분들은 아실 거라고 생각한다. 준비하는 시간도, 인력도, 예산도 그 어느 것 하나 만만치 않음을 알 수 있다. 그러나 삼일교회의 열정은 그 어느 하나에도 주저함이 없다. 주일학교 다음 세대를 위해서라면, 영혼을 구원하고 살릴 수 있는 길이라면, 그 어떤 방법도 그 어떤 준비도 함께 머리 맞대고 고민하며, 또 기도하면서 해내려고 최선을 다하는 의지가 있다.

2. 스페셜 아이해피데이 (상반기/하반기)

시간	구분	내용	담당자
9:30~10:30	예배준비	안내 1층 / 소공원	
1 부 예배순서			
10:50~11:10	찬양	경배와찬양	맹현실선생님
11:10~11:12	사회	사도신경	6학년 장주혁
11:12~11:15	기도	대표기도	5학년 정의진
11:15~11:25	특송	유초등부	S I 몸찬양단
	헌금	기도: 임상진 / 위원 : 박소윤 심선아 김가윤 이솔	
11:25~11:30	영상	태신자초청	임대우선생님
11:30~11:45	설교		진길창목사
11:45~11:50	통성기도	결단의 시간	진길창목사
11:50~12:00	축복찬양	새친구, 장결자	전체 교사
12:00~12:20	이벤트	레크리에이션 – 조정현부감님	
12:20~12:30	경품추첨		조정현선생님
12:30~	먹거리대잔치 + 물놀이 시간		
13:30~	청소 및 마무리		안병욱선생님
14:00	평가회		전체교사

시간	구분	내용	담당자
9:30~10:30	기도회	기도회 및 프로그램 확인	
		차량배차 총괄 : 박문길 선생님 1. 산남초 정문 (선탑: 조민숙선생님) 10시 50분 출발 – 원천초 / 한국아파트 입구 경유하여 교회복귀 2. 이의초 후문 (선탑 : 강진규선생님) – 광교 40단지(11시 20분) / 광교 20단지(11시 25분) – 교회 복귀 방송실 총괄 : 서경동 선생님 – 문광입 최병훈 선생님 협조	
10:30~11:30	안내	새친구확인	총괄 : 강인희 부감선생님 접수 : 최아현 장수희 여혜진 석춘화 1층안내: 윤순희 최순호 2층안내: 김정수 3층안내: 심규만 한경애 유예은 소공원 캐릭터 : 이민준 주해성 박준희 박현택 본당 자리안내 (헌금위원도 병행) – 가장왼쪽자리 2.3학년 김은숙 이고은 – 중앙왼쪽자리 유치부 – 중앙우측자리 1.6학년 박숙 최승희 – 가장우측자리 4.5학년 양금자 문미화
11:20~11:45	찬양	SI몸찬양단	유치부 + 맹현실 선생님
11:45~11:47	사회	신앙고백	안병욱 부장선생님
11:47~11:50	찬양	나는 예배자입니다	
11:50~11:52	대표기도		5학년 민다은
11:52~11:55	십계명		
11:55~12:00	헌금	헌금위원 유초 선생님	기도 : 유치부 어린이
12:00~12:05	SI몸찬양단	특별찬양	지도 : 맹현실선생님
12:05~12:15	성극	이태훈 선생님 외 12명	
12:15~12:25	설교	천국은 마치	진길창 목사
12:25~12:30	결단의시간	영접초청	진길창 목사
12:30~12:35	축도		송종완 담임목사님
12:35~12:45	초청 환영의 시간		안병욱 부장
12:45~12:50	광고 및 분반		
12:50~16:00	먹거리 잔치		
	에어바운스 및 놀이기구 *청년부 선생님은 청년부 예배드림 1.2.3.학년 선생님–소공원 바운스 안전요원 / 4.5학년 선생님 – 5층 테라스 안전요원 6학년 선생님 – 바이킹 안전요원		

교회들마다 반기별로 전도축제를 실시하곤 한다.

삼일교회도 마찬가지로 매월 하는 아이해피데이 행사를 통해서 공연도 하고, 맛있는 간식이나 선물도 주고는 하지만, 스페셜 아이해피데이는 그 모든 노력의 결정체라고 해도 과언이 아니다. 일단 그 어느 교회에서도 쉽게 결정할 수 없는 부분이 있는데, 바로 11시 예배의 장년부가 어디서 예배를 드릴 것이냐에 대해서 묻는다면 대예배실 또는 본당이라고 대답을 하리라고 본다. 그러나 삼일교회의 선택은 달랐다. 대예배실 본당을 유초등부에게 내어주고, 장년부 11시 예배는 유초등부실에 가서 예배를 드릴 테니 유초등부가 본당을 가득가득 채웠으면 좋겠다고 내어주셨다.

- **특별새벽기도회** : 모든 부서 교역자들과 부장, 교사들이 총동원되어 특별새벽기도회를 통하여 함께 스페셜 아이해피데이를 위해서 기도로 준비하는 시간을 가지면서, 동기부여 하는 의지를 다졌다.

- **학교 앞 전도** : 전도구역 / 학교별 담당자 / 학원 앞 심방 등, 전도에 관한 구체적인 전략을 가지고 현장에서 아이들을 만나고 부모님들을 만나서 축제를 알리도록 한다.

- **토요 노방전도** : 아이들과 선생님들이 교회 주변을 동서남북 4개 지역으로 나눠서 거리를 다니면서 전도 축제를 알리고 직접적으로 초대(초청)하여 함께 준비하는 시간을 갖도록 한다.

- **아파트 칼갈이 전도** : 남전도회 주관으로 아파트 소공원에서 관리실의 도움을 받아 칼갈이 전도를 진행한다. 가정마다 못 쓰는 칼 등을 가지고 나와 칼날을 가는 동안 축제를 알리도록 한다.

- **여전도회 음식준비** : 스페셜 아이해피데이에는 행사만큼이나 준비하는 음식도 특별하다. 아이들이 원하는 것이라면 무엇이든 해주려고 한다. 함박스테이크, 햄버거, 삼겹살 돌판구이, 떡볶이, 오뎅, 콜팝, 핫바, 슬러시, 팝콘, 군고구마, 붕어빵, 솜사탕, 꼬마김밥, 볶음밥, 사발면, 아이스크림 등, 그 종류만도 어마어마하다.

• **교사들의 예배 준비** : 각 부서 교사들은 연합하여 예배를 준비한다. 크게 유초등부 안에(영아부, 유치부, 유초등부)가 연합하고, 청소년부(중등부, 고등부)가 연합하여 진행한다. 또한, 입구에서부터 방명록 작성 및 쿠폰함, 특송, 공연, 이벤트 등을 하나하나 세밀하게 환경정리까지 준비한다.

3. 아이해피데이에 대한 결과

매번 목표 인원을 정하고 그 인원이 달성될 수 있도록, 계획과 실행, 그리고 그 모든 상황에 기도로 준비하는 아이해피데이와 반기별 스페셜 아이해피데이는 장기적으로 "다음 세대 2020 비전"이라는 플랜으로 차곡차곡 준비하고 진행하는 전도축제이다.

512 스페셜 아이해피데이 평가 및 향후 계획

1. 참석인원

구분	영아부	유치부	유초등부	청소년부	합 계
기존	19	35	108	76	238
신규	4	16	79	14	113
합계	23	51	187	90	351

목표 달성 부서 없음

2. 소요예산 : 현수막, 선물, 경품, 먹거리, 외부업체 비용 포함

1) 전도우수자 시상 :

유치부집행, 영아(50), 유초등(100), 청소년부(100) 미집행(250) 5/말한

2) 전도우수반 시상 :

부서별 1개반/인당 1만원 (4개부서 집행후 영수증 첨부 청구 6/15한)

3.평가(잘된 점, 개선할 점)

1) 전체적으로 놀이기구가 운영된 것 잘되고 토요일 전날 하루 운영하면 홍보가 더 효과적 먹거리 어른들 함께 먹으므로 부족한 것 아이디어 필요 (예:자율모금설치, 음식량 추가)
   가. 잘된 점 : 놀이기구 설치운영, 무사고, 선물박스
   나. 개선 점 : 안전요원배치, 놀이기구 쿠폰제 운영, 먹거리부족(초등), 방송실 운영미흡
2) 영아부: 놀이기구 운영 만족(공간 협소로 미니카 부족 아쉬움)
3) 유치부: 놀이기구, 헬륨풍선 만족, 새친구에 대한 전담교사 검토, 전도활성화 필요
4) 유초등부: 지도목사 입원중 교사 협력 잘 됨, 남전도협력, 새친구 부모 관리 필요, 전도물품개선
5) 청소년부: 장소 시간 운영 미흡, 도시락부실, 아이해피데이와 맞지 않음, 교사 열심 떨어짐(지침)

4. 6월 온가족 초청 예배

1) 일시: 6/9(주) 청소년부(10시), 유치,유초등부(11:30) 장소:비전홀
2) 이후 프로그램 운영, 학부모/교사 상담, 영아부 별도계획 수립
3) 학생 간식, 교사학부모 식사겸한 상담(테라스), 메뉴추가 논의, 3부 성가대와 엘합창단

5. 기타 눈물기도회 운영 개선(안)

–개선검토요지:평일 직장, 토요일 기도와 부서모임, 주일 새벽부예배(청소년부 의무)로 지침
1) 현행 토요일 오후 1시 기도회는 운영하되, 자율성 부여토록 함.
2) 교사 전체 연합으로 진행은 매주 금요일 독려하여 기도(잘 안되면 토요일 연합의무 부여)

하나님 나라의 승리를 위해 반드시 해야 하는 한 가지,
바로 이 땅의 다음 세대를 살리는 일입니다

부산이삭교회

THE CHURCH WILL LIVE
WHEN THE NEXT GENERATION
LIVES

담임목사	정진섭 목사
교회연락처	051-513-4928(FAX 051-513-4930)
주소	부산광역시 금정구 금단로 94(구서동)
홈페이지	www.isaac21.org

1. 반 편성 및 교사훈련 시작

1월부터 새학년을 시작하면서 3학년 7반, 4학년 7반으로 편성하고 임원 편성을 새로이 하며, 조직개편을 하였다. 그러면서 연간계획을 수립하였고, 활동 계획과 함께 신앙의 훈련을 고취하여 복음으로 부흥하고 성장하기 위한 발걸음을 내딛도록 하였다.

"어릴 때 받은 은혜가 평생을 좌우한다"라는 슬로건을 가지고, "한 아이가 변하면 부흥은 시작된다"라고 선생님들과 함께 도서를 선정하여 읽어와서 나누면서 북리뷰를 시작하였다. 북리뷰는 한 달에 한 권을 선정하여 읽고 나누는 시간을 가지고 있다. 반 담임과 스텝을 나누어서 예배를 준비하도록 하며, 학교별로 반을 최대한 묶어서 나누려고 준비하였다. 물론 남, 여 분반으로 나누어 선생님들이 관리 및 지도할 수 있도록 편성하였다.

2. 예배순서의 변화

앞에서 주도적인 예배의 형식보다는 아이들이 함께 참여하는 방식의 예배를 통한 쌍방소통의 예배를 만들려고 준비하고 있다.

그래서 각 반 담임선생님과 함께 예배를 준비하면서, 담임선생님이 예배의 사회를 보시고, 대표기도는 반 친구 중에서 한 명이, 헌금위원은 반 친구들이 함께 준비하도록 한다.

또한, 말씀 암송을 챈트를 통하여 함께 하도록 하고, 십계명을 함께 외우도록 하고, 예배 중간중간에 관련된 영상을 활용하여 아이들이 눈으로 보고, 귀로 듣고, 입으로 고백하여 오래도록 기억하고 곱씹을 수 있도록 예배를 만들어가고 있다.

<table>
<tr><th>시간</th><th>내용</th><th>담당자</th><th>준비사항</th><th>비고</th></tr>
<tr><td>08:30 ~ 08:45</td><td>예배 준비</td><td>예배팀 담당자</td><td>청소 및 냉·난방, 점등
컴퓨터 셋팅 및 악기, 마이크</td><td></td></tr>
<tr><td>08:45 ~ 08:50</td><td>예배 전 교사
기도 모임</td><td>진길창 목사</td><td>광고 사항 전달
예배를 위한 기도</td><td>전 교사 참석</td></tr>
<tr><td rowspan="2">08:55 ~ 09:00</td><td>환영 인사</td><td>예배팀 담담자</td><td>주보
축복송(축복합니다 찬양)</td><td></td></tr>
<tr><td>예배시작</td><td rowspan="2">찬양인도자</td><td>마이크, 찬양팀, PPT</td><td>사도신경</td></tr>
<tr><td>08:55 ~ 09:15</td><td>경배와 찬양</td><td>마이크, 찬양팀, PPT
악기팀 및 반주자</td><td>찬양팀 주관</td></tr>
<tr><td>09:15 ~ 09:17</td><td>신앙고백
(사도신경)</td><td>사회자</td><td>마이크, 프로젝터</td><td>예배순서 교사</td></tr>
<tr><td>09:15 ~ 09:17</td><td>입례송
(성경 목록가)</td><td>사회자</td><td>마이크, 프로젝터</td><td>예배순서 교사</td></tr>
<tr><td>09:17 ~ 09:20</td><td>대표기도</td><td>예배 주관 반</td><td>마이크, 프로젝터</td><td></td></tr>
<tr><td>09:20 ~ 09:22</td><td>십 계 명</td><td>사회자</td><td>마이크, 프로젝터</td><td></td></tr>
<tr><td>09:22 ~ 09:24</td><td>성경말씀</td><td>사회자</td><td>마이크, 프로젝터</td><td></td></tr>
<tr><td>09:24 ~ 09:45</td><td>설교</td><td>진길창 목사</td><td rowspan="4">마이크, 프로젝터
반주자 : “내마음의 한자리”

기도회연주
‘내 마음의 한 자리’ 찬양</td><td></td></tr>
<tr><td>09:45 ~ 09:50</td><td>기도 및 결단</td><td>진길창 목사</td><td></td></tr>
<tr><td>09:50 ~ 09:52</td><td>헌금기도
주기도문</td><td>진길창 목사</td><td></td></tr>
<tr><td>09:52 ~ 10:00</td><td>환영 및 광고</td><td>부장 선생님</td><td></td></tr>
<tr><td>10:00 ~ 10:30</td><td>분반공부</td><td>각반 교사</td><td>공과</td><td></td></tr>
<tr><td colspan="5">월례회 등 특별한 경우에 시간이 조정될 수 있습니다.</td></tr>
</table>

또한, 원 포인트 교육으로 설교 내용에 대한 리뷰 형식의 공과를 준비하여 함께 생각하고 고민하고 나눌 수 있는 공부 방법을 채택하고 있으며, 딥러닝 교육이 될 수 있도록 주중에 연락이 들어가고 주일에 공부하고 다시 주중에 복기할 수 있도록 진행하여, 아이들이 성경말씀을 잘 배울 수 있도록 최선을 다하고 있다.

3. 코로나19 사태에 따른 대응

전국의 교회가 코로나19 사태로 인하여 새로운 형식의 온라인 예배를 준비하게 되었다. 이에 저희도 발맞추어 온라인 예배를 사전녹화 및 편집하여 유튜브 계정을 통해 공급하고, 아이들이 링크를 클릭하여 온라인 예배를 가정에서 드리고, 교회에서 현장예배로 함께 할 수 없지만, 예배 형식을 갖추어 단순히 설교만이 아닌 영상을 보면서 현장예배 드리듯이 순서대로 할 수 있도록 만들었다(유튜브 참조).

언제 끝날는지 앞으로 어떻게 진행해 나갈지는 불분명하지만 한 가지 확실하게 선생님들과 함께 기도하고 있는 제목은 있다.

누군가에게는 코로나19 사태가 위기이고, 조심하고 서로를 위해서라도 피해야 하는 시기라고 하지만, 이때에도 우리의 다음 세대들은 세상으로 더 빼앗기기 쉬운, 놓치면 이제는 회복할 수 없는 절박한 상황임을 인지하고, 다음 세대 부흥 골든타임 기회로 생각하고 아이들을 심방하고 위해서 기도하고 예배를 준비하는 교회가 되어야 하겠다.

4. 천국 암호의 심방

교사분들께 여쭤보면 매주 심방하는게 쉽지 않다고 한다. 왜냐하면, 할 말이 그리 많지 않기 때문이라고 말씀한다. 이유인즉슨 관계가 없이 보통은 "잘 지냈는지? 뭐 하고 있었는지? 밥은 먹었는지? 아프지는 않았는지? 어디 갔다 오거나 갈 계획은 없는지?" 이 정도만 형식적으로 묻고 답하는 경우가 많기 때문이다. 하여, 주일 예배 설교에 핵심 되는 단어들 중에서 선정하여 주중에 아이들에게 천국 암호로 알려주는 이벤트를 진행하고 있다.

이 이벤트로 인하여 아이들은 더욱 심방전화를 기다릴 뿐 아니라, 다시금 설교 내용과 분반 공부했던 시간, 그리고 예·복습시간까지도 기억나고 생각나게 하는 딥러닝 학습훈련의 결정판이라고도 할 수 있는 것이다. 선생님은 아이들에게 할 말이 있고, 아이들은 선생님의 연락을 기다리게 되는 아주 효과적인 이벤트이다. 우리 아이들은 벌써 신나서 기다리고 있다. 물론 어떻게 재미있게 하느냐는 노하우가 필요하겠다.

5. 결론

어린이 사역을 15년째 진행하고 있다.

여름과 겨울 사역은 교회학교성장연구소(현. 키즈처치리바이벌)라는 단체에서 어린이 사역을 진행하고 있다. 평소 학기가 진행되는 동안에는 현장 사역과 함께 접목하여 영성훈련과 교육훈련, 그리고 교사훈련을 함께 체계적으로 계획하고 진행하려고 혼신의 힘을 다하고 있다.

어린이 사역이 어렵다고 말한다. 힘들다고 말한다. 지나는 과정이라 말한다. 그러나 중요한 것은 어린이 사역이 멈춰지면 다음은 없다. 정말 우리가 다음 세대, 다음 세대 말로만 하는 것이 아니라 현장에서 함께 뛰어주고, 필요를 함께 나누어가는 또 미래를 준비하는 주일학교 사역이 되었으면 좋겠다.

다음 세대가 다시금 부흥하여 이 세대를 이끌어 가는 그날이 속히 오리라 믿는다.

에필로그

아직도 다음 세대는 희망이 있습니다

아직도 다음 세대는 희망이 있습니다.

우리가 다음 세대를 놓치거나 포기하지 않는다면 아직도 희망이 있습니다. 만약 우리가 다음 세대를 포기한다면 사탄만 좋아할 것이며, 세상이 우리 다음 세대들을 자신의 제자로 삼을 것입니다. 우리라도 다음 세대를 붙잡아야 합니다. 우리가 그들을 포기하지 않는다면 반드시 다음 세대는 회복의 그 날이 올 것입니다.

이 작은 자료집이 목회 철학이 달라 마음이 안 들거나 현실적으로 적용하기 어려운 부분들이 있을 수도 있습니다. 하지만 이 책의 사례를 보면, 미래교회와 다음 세대를 놓치지 않으려는 뜨거운 열정이 있고 나름대로 다음 세대를 위해 고민하는 몸부림이 있고 전도하려는 열정이 있습니다.

사례집을 통해 다음 세대의 비전에 도전을 받고 우리 교회의 상황에 맞게 적용하여 다음 세대가 힘을 얻는 일에 조금이나마 보탬이 되기를 기대해 봅니다.

이 사례집에 15개 교회를 실었지만 아직도 이 땅에는 더 건강하고 좋은 교회들이 많이 있습니다. 비록 알려지지 않았지만 이름도 없이 빛도 없이 묵묵히 다음 세대를 세워나가는 교회들을 축복합니다.

다음 세대를 위한 좋은 정보가 있으면 함께 공유하고 서로 격려하여 한 교회만 잘 되는 것이 아니라 한국의 5만 교회가 다 성장하도록 서로 함께 해야 합니다.

다음 세대를 섬기는 사역이 각 교회마다 많이 다르지는 않겠지만 좋은 아이디어로 다음 세대를 위해 이렇게도 애쓰고 있음에 함께 도전받고 격려하는 일들이 많았으면 합니다.

책 분량상 더 많은 교회를 넣지 못해 아쉬움이 있고 본질과 정신, 철학의 중요성을 많이 넣지 못하고 실제 적용할 수 있는 방법론 중심으로 실었습니다. 하지만 이것만 의지하면 안됩니다. 프로그램으로 영혼을 살릴 수 없으며, 다음 세대가 변하지 않습니다. 교회는 본질로 승부해야 합니다. 복음으로 승부해야 합니다. 그래야 복음 때문에 다음 세대가 어디 있더라도 무엇을 하더라고 신앙이 흔들리지 않을 것입니다.

다음 세대는 누구만의 사역이 아닙니다. 교회 전체가 집중하지 않으면 안 되는 사역입니다. 물론 사역 일선에서 온몸을 바쳐 헌신하는 교사들이 가장 많은 수고를 합니다. 하지만 교회 리더십들이 협력과 투자를 아끼지 말아야 합니다. 또 뒤에서 기도로 지원하시는 분, 옆에서 물질로 격려하시는 분, 모두가 소중한 분들입니다.

아버지의 심정으로 한국교회와 다음 세대를 바라보며 가슴 아파하면서 민첩하고 발 빠르게 대처하는 용천노회 하충열 노회장님의 비전과 열정에 귀한 자료가 탄생되었습니다. 믿음의 선배들의 뜨거운 열정과 헌신에 깊은 감사를 드립니다.

마지막으로 코로나 시대에 많은 교회와 다음 세대가 어렵고 힘들텐데 위축되지 말고 힘내기를 기도합니다.

우리 주님 다시 오실 때에 수고하는 종들을 위하여 "착하고 충성된 종아" 말씀하시며 안아주시고 등 두드려 주실 것을 기대하며…

한국교회와 다음 세대를 섬기는 것을 기뻐하는

편집자 최규명 목사

(대한예수교장로회 용천노회 교육부 총무)

15개 교회 담당자

번동제일교회 **정의식 목사** (010–4034–0922)

보배로운교회 **안진성 전도사** (010–2253–3764)

창동염광교회 **임성호 목사** (010–3764–5583)

한사랑교회 **이희준 전도사** (010–3093–0692)

예향교회 **황병택 목사** (010–9639–4782)

충정교회 **권미진 목사** (010–3225–7047)

수원성교회 **오상익 목사** (010–8258–0532)

드림교회 **윤주남 목사** (010–8602–6732)

혜성교회 **류명한 목사** (010–3054–8739)

대림교회 **이혜정 전도사** (010–8260–6044)

당진예빛교회 **황만철 전도사** (010–5601–0153)

판암교회 **정상모 목사** (010–4415–3957)

갈보리교회 **신재국 목사** (032–515–8771)

삼일교회 **송종완 목사** (031–211–0085)

이삭교회 **진길창 목사** (010–2644–0591)

초판1쇄 | 2020년 10월 12일
발 행 처 | 대한예수교장로회 용천노회
발 행 인 | 하충열
주 소 | 서울 종로구 김상옥로 30 한국기독교연합회관 1410호
전 화 | 02)708-4467~70
홈페이지 | yc21.or.kr
편집위원 | 류철배 김종욱 최규명 강정용
디 자 인 | 디자인 창(디자이너 장창호)
제 작 | 따스한 이야기(070-8699-8765)

가격 16,000원